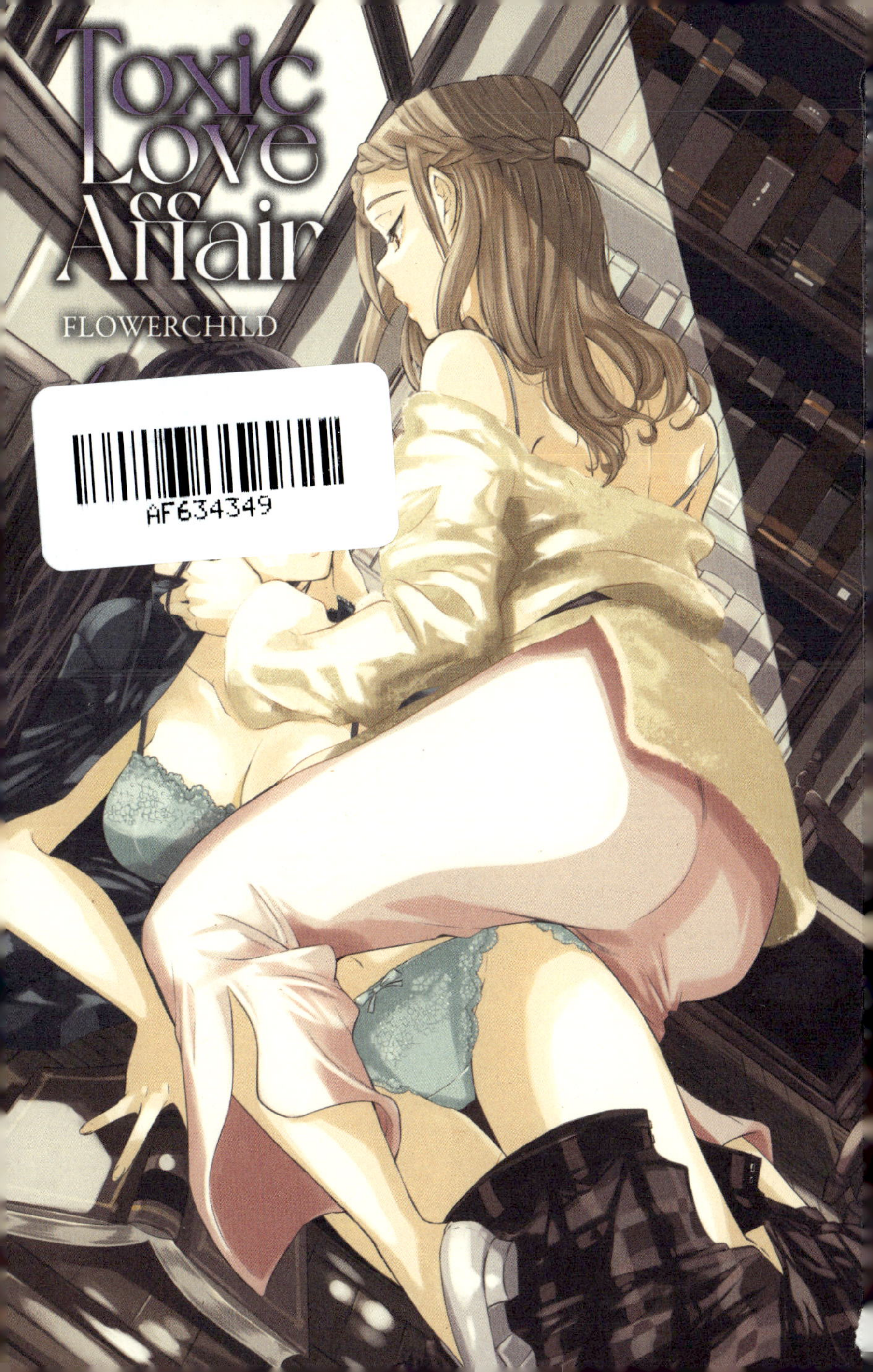
Toxic Love Affair
FLOWERCHILD

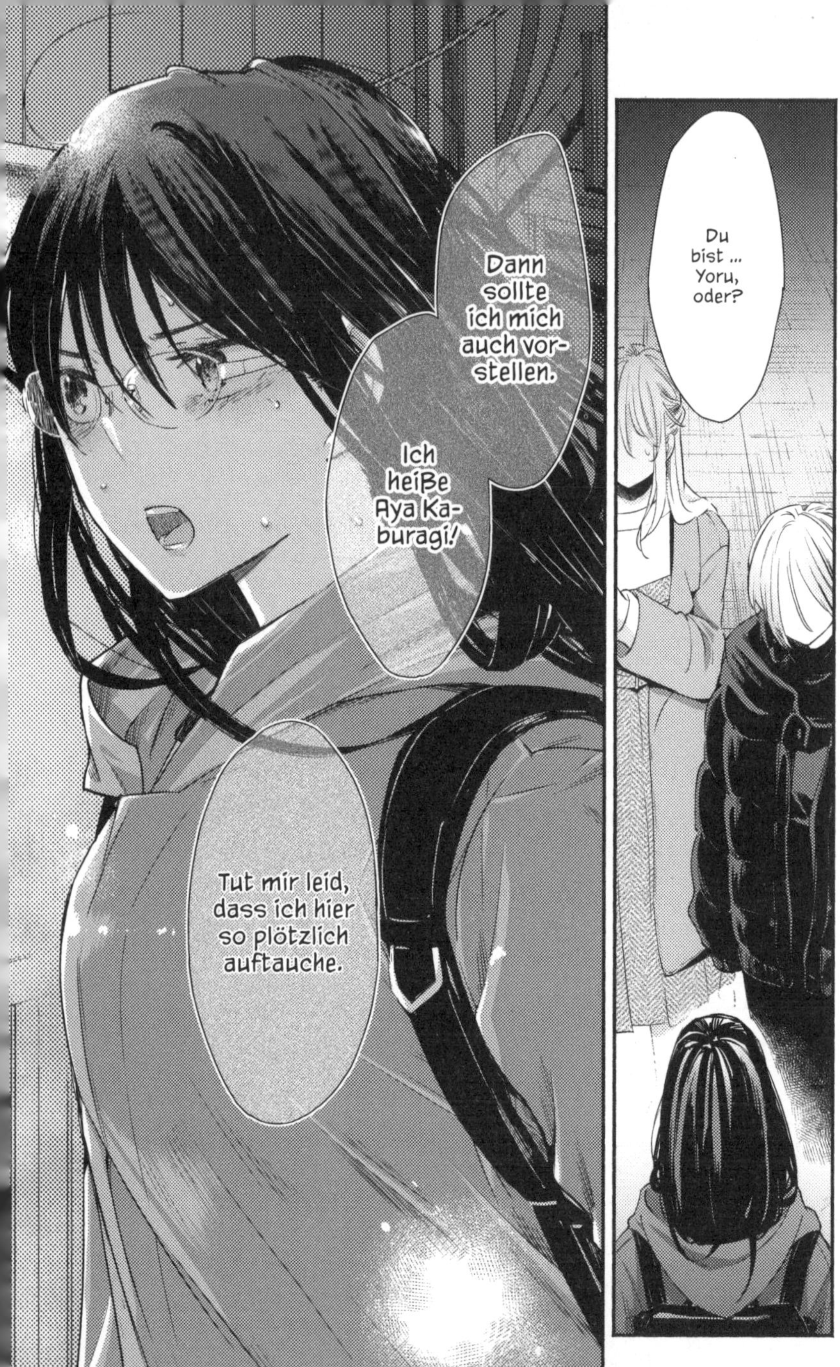
Du bist ... Yoru, oder?
Dann sollte ich mich auch vorstellen.
Ich heiße Aya Kaburagi!
Tut mir leid, dass ich hier so plötzlich auftauche.

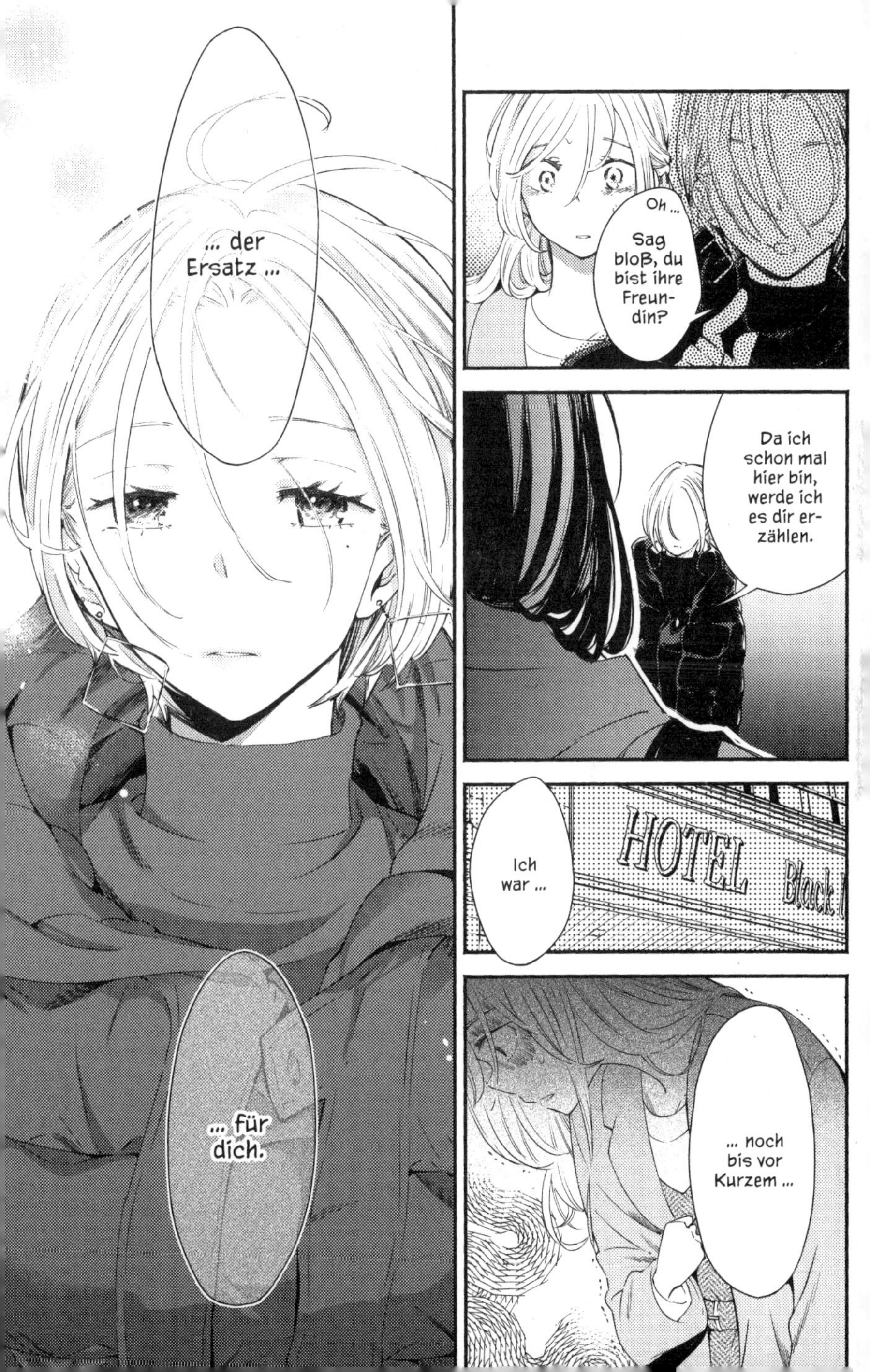
Oh ...
Sag bloß, du bist ihre Freundin?
Da ich schon mal hier bin, werde ich es dir erzählen.
HOTEL
Black
Ich war ...
... noch bis vor Kurzem ...
... der Ersatz ...
... für dich.

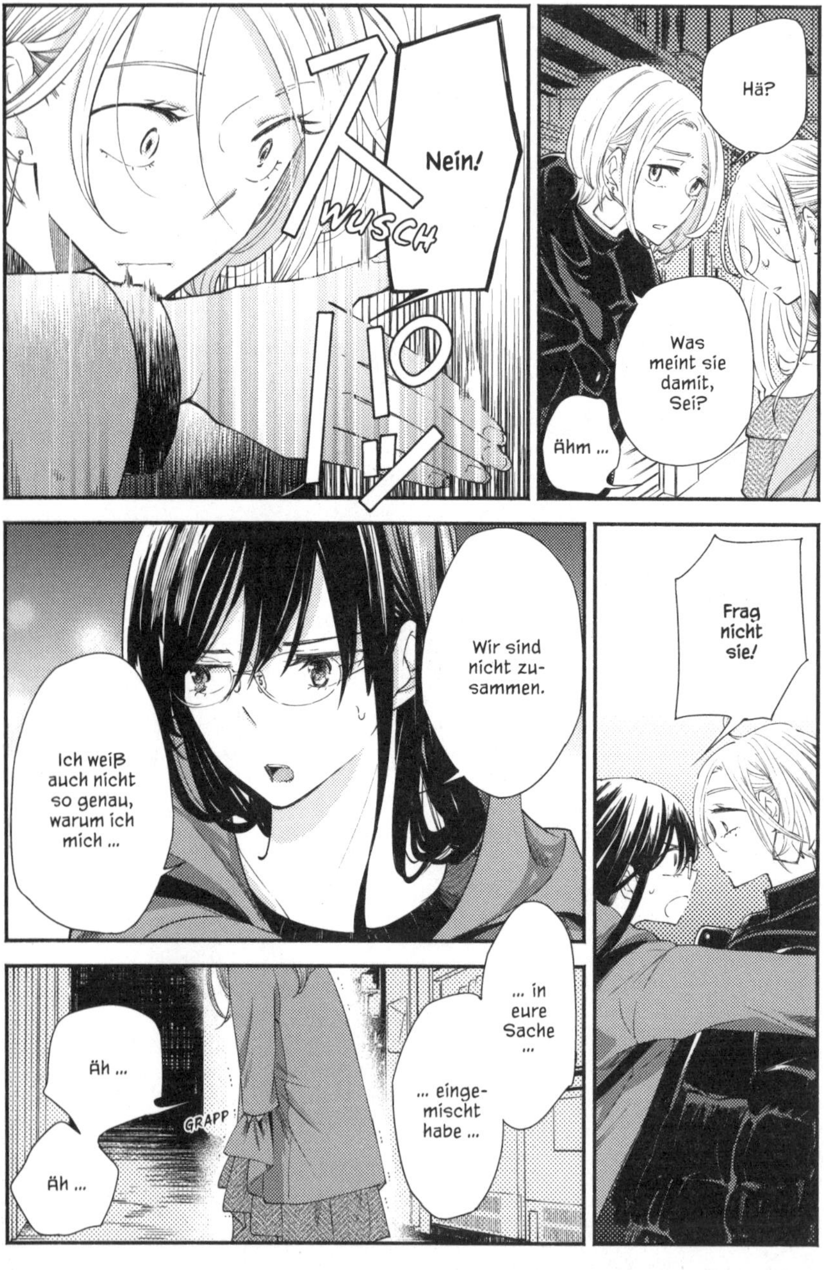

Hä?
Was meint sie damit, Sei?
Ähm ...
Nein!
WUSCH
Frag nicht sie!
Wir sind nicht zu-sammen.
Ich weiß auch nicht so genau, warum ich mich ...
... in eure Sache ...
... einge-mischt habe ...
Äh ...
GRAPP
Äh ...

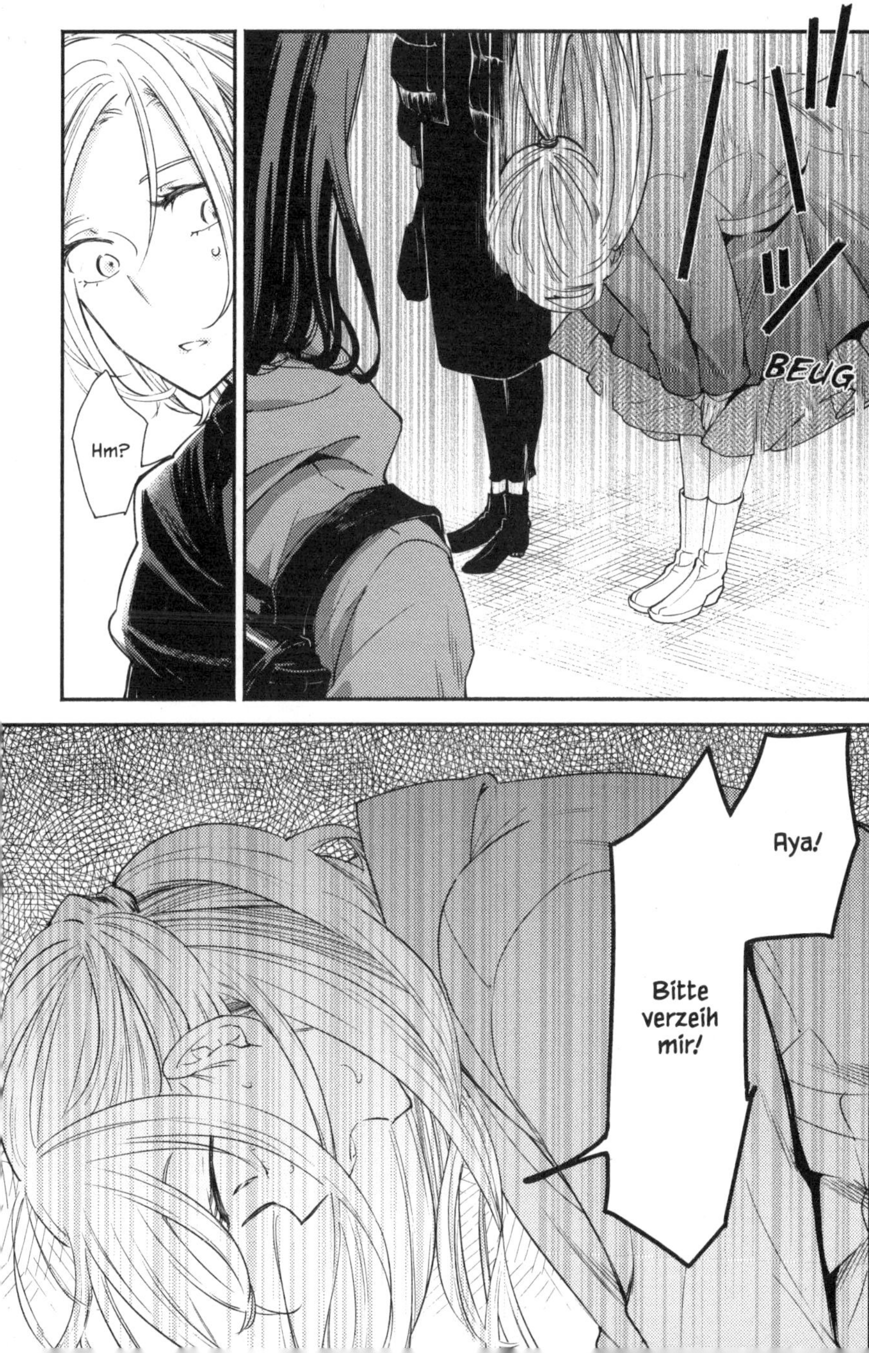
BEUG
Hm?
Aya!
Bitte verzeih mir!

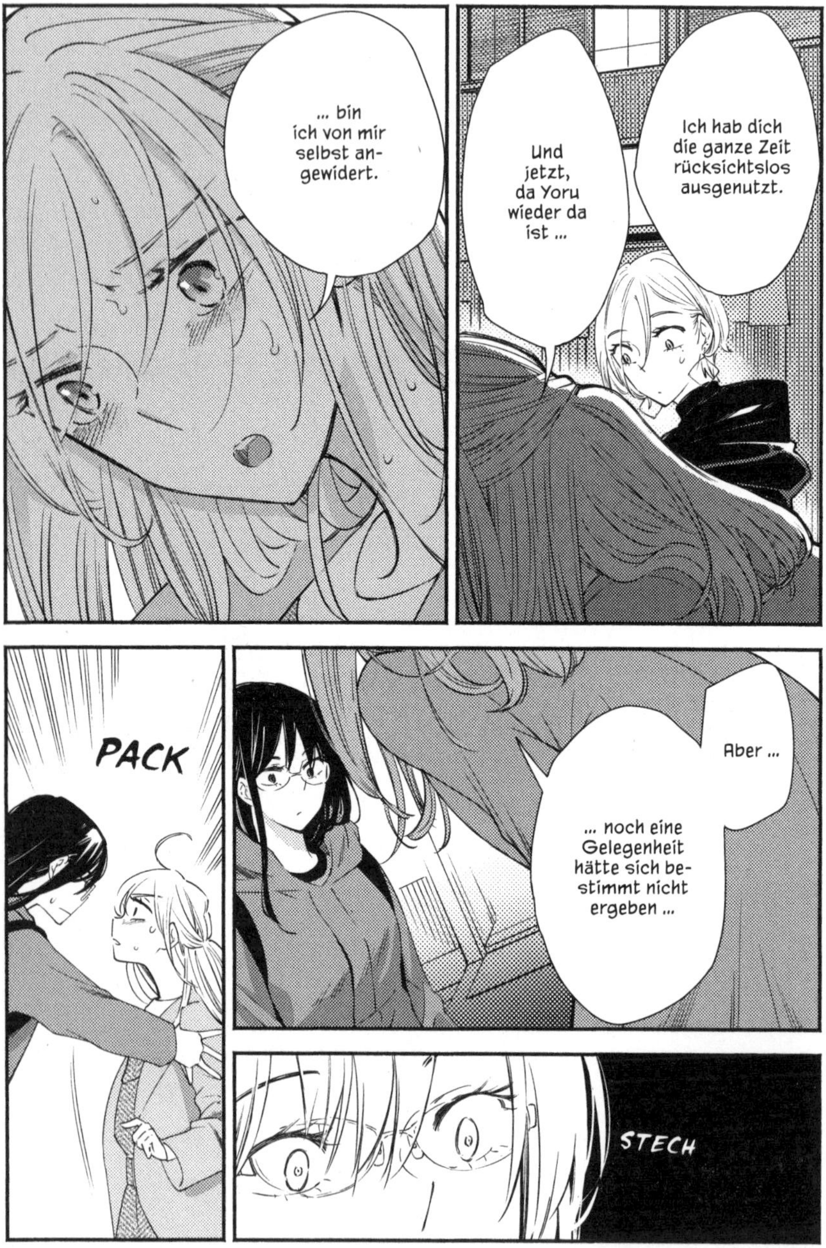
Ich hab dich die ganze Zeit rücksichtslos ausgenutzt.
Und jetzt, da Yoru wieder da ist ...
... bin ich von mir selbst angewidert.
Aber ...
... noch eine Gelegenheit hätte sich bestimmt nicht ergeben ...
STECH
PACK

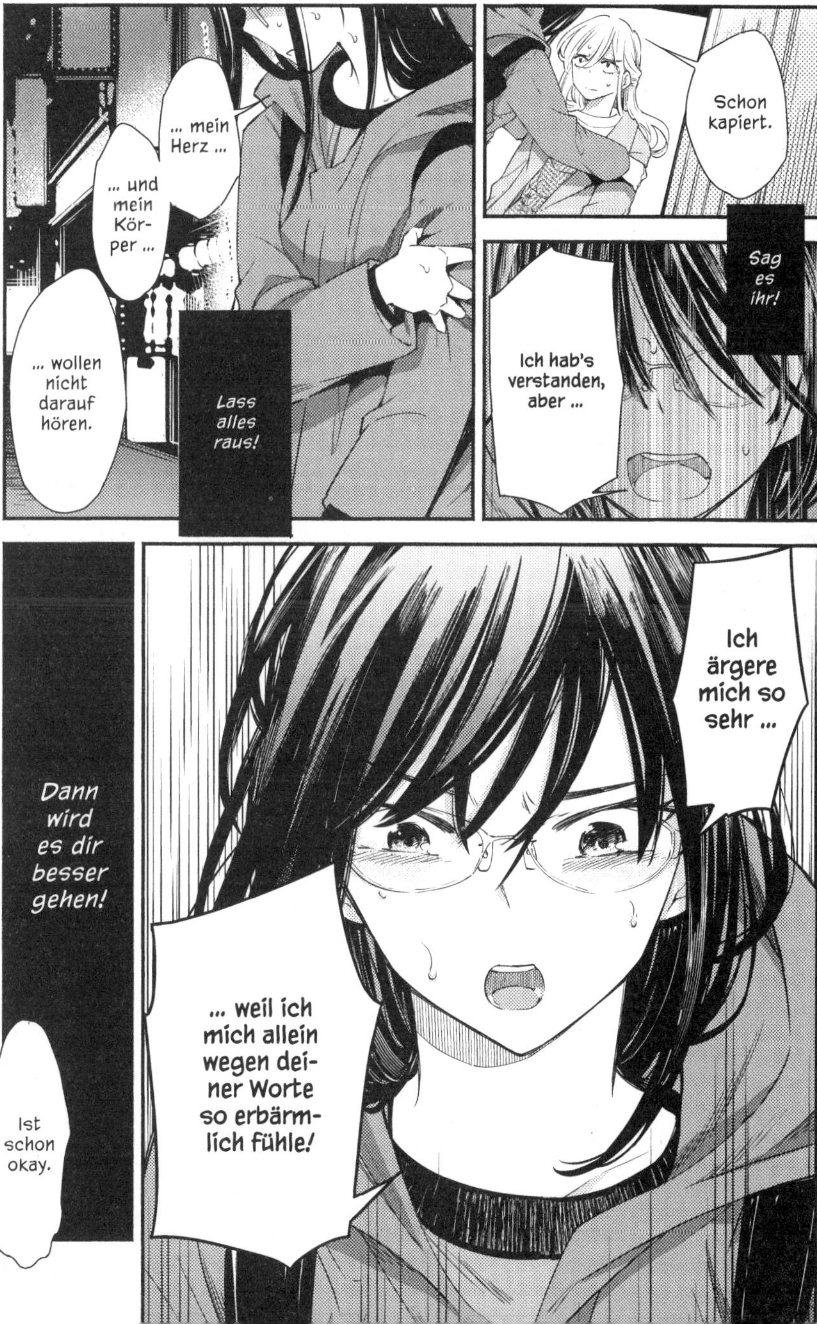
Schon kapiert.
Sag es ihr!
Ich hab's verstanden, aber ...
... mein Herz ...
... und mein Kör-per ...
... wollen nicht darauf hören.
Lass alles raus!
Ich ärgere mich so sehr ...
... weil ich mich allein wegen dei-ner Worte so erbärm-lich fühle!
Dann wird es dir besser gehen!
Ist schon okay.

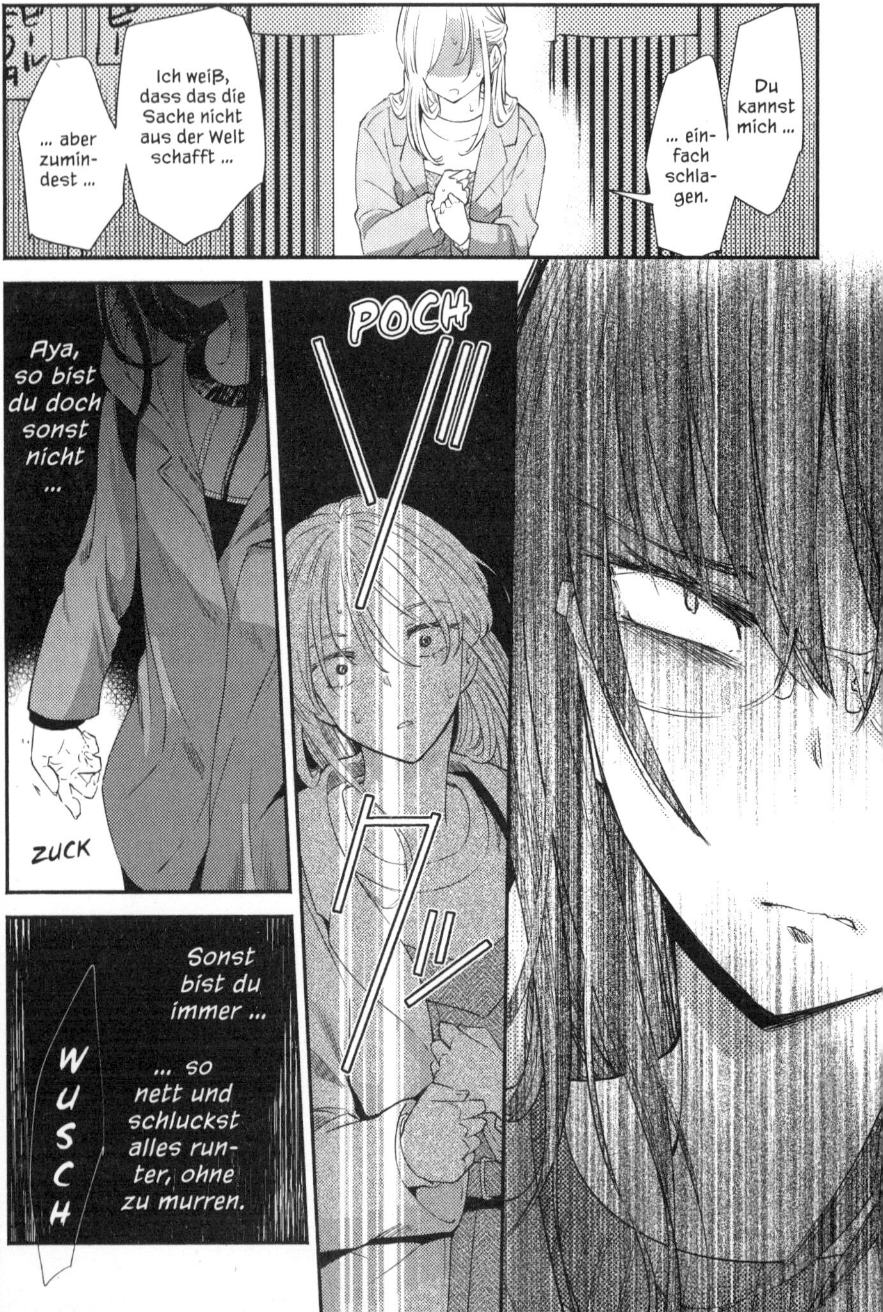
Du kannst mich ...
... einfach schlagen.
Ich weiß, dass das die Sache nicht aus der Welt schafft ...
... aber zumindest ...
POCH
Aya, so bist du doch sonst nicht ...
ZUCK
Sonst bist du immer ...
... so nett und schluckst alles runter, ohne zu murren.
WUSCH

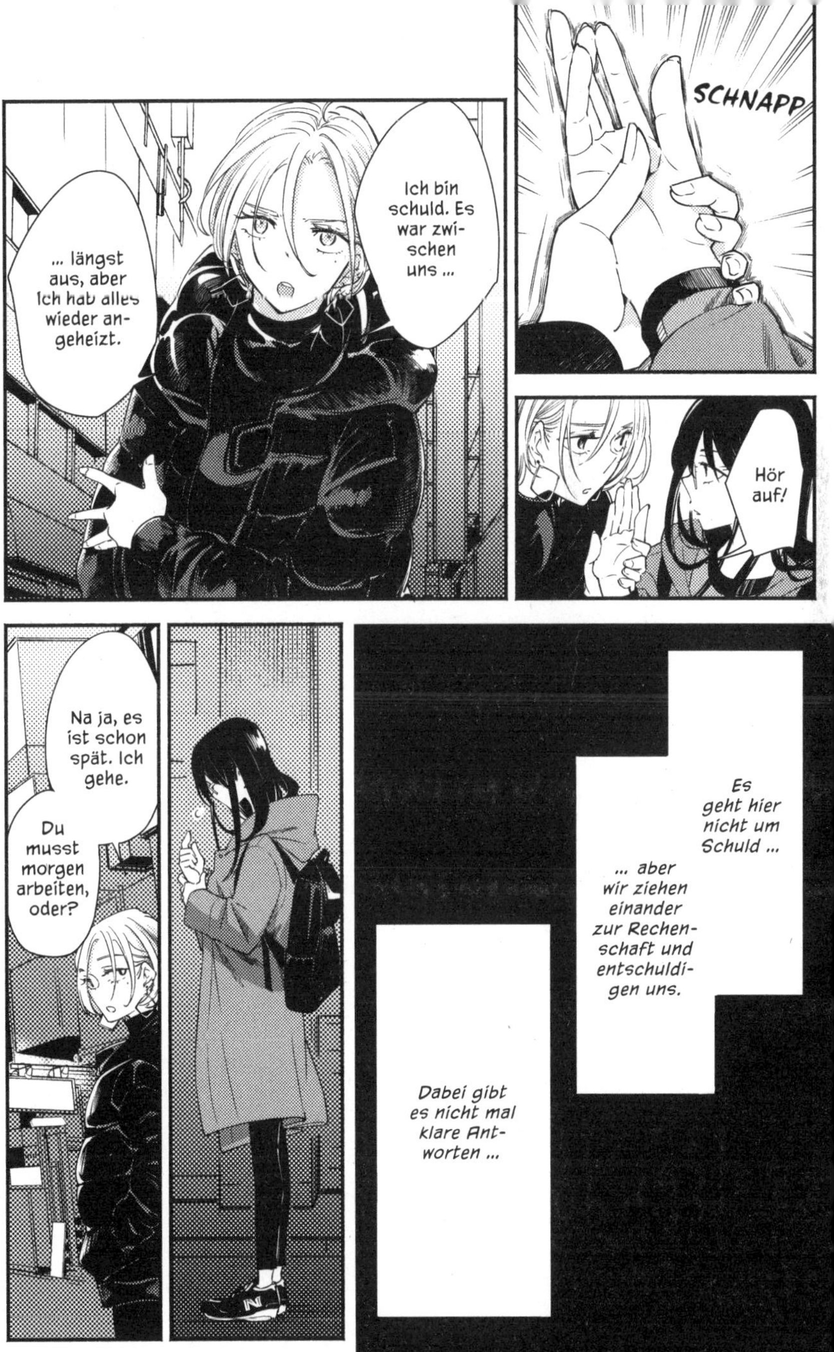

Ich bin schuld. Es war zwischen uns ...
... längst aus, aber ich hab alles wieder angeheizt.
SCHNAPP
Hör auf!
Es geht hier nicht um Schuld ...
... aber wir ziehen einander zur Rechenschaft und entschuldigen uns.
Dabei gibt es nicht mal klare Antworten ...
Na ja, es ist schon spät. Ich gehe.
Du musst morgen arbeiten, oder?

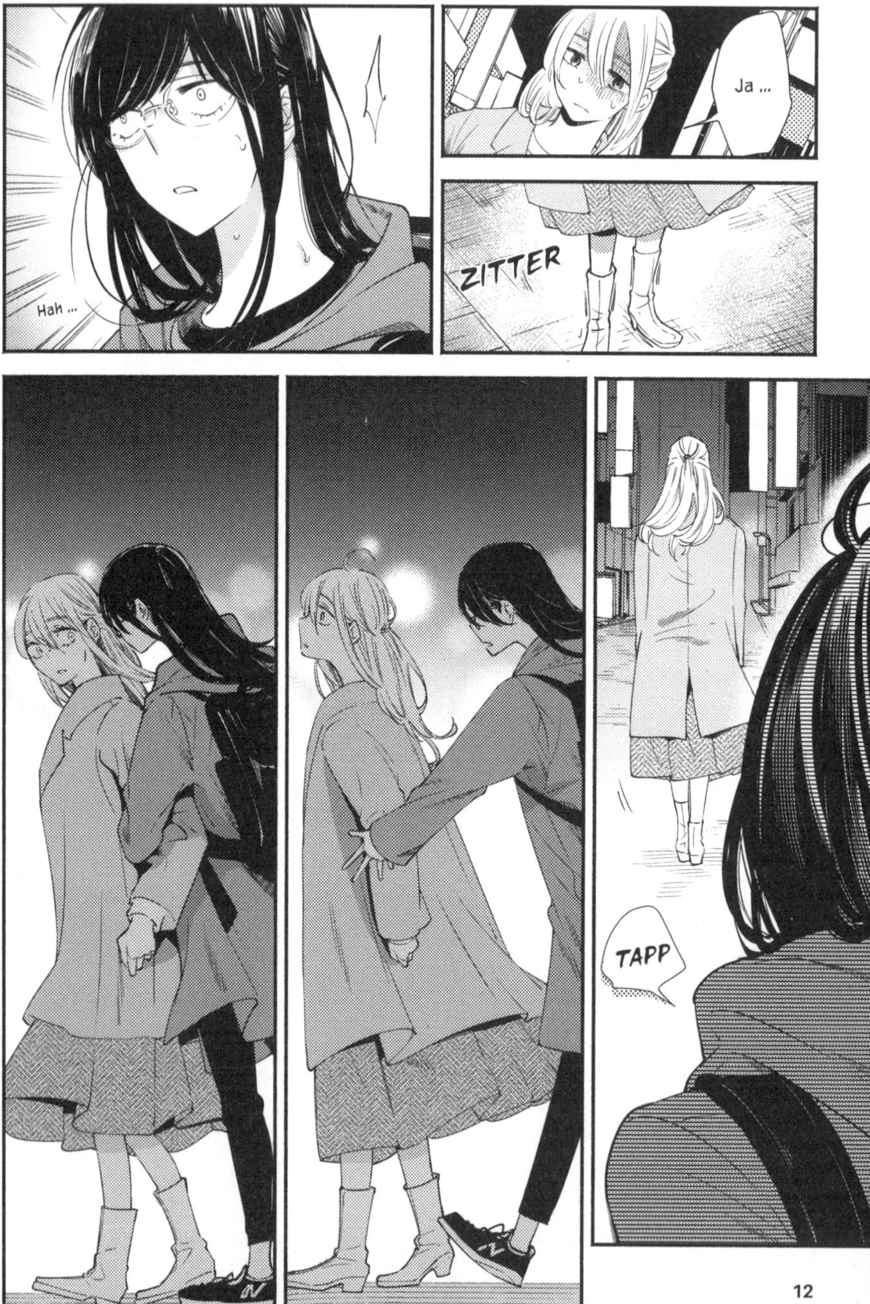
Ja ...
ZITTER
Hah ...
TAPP

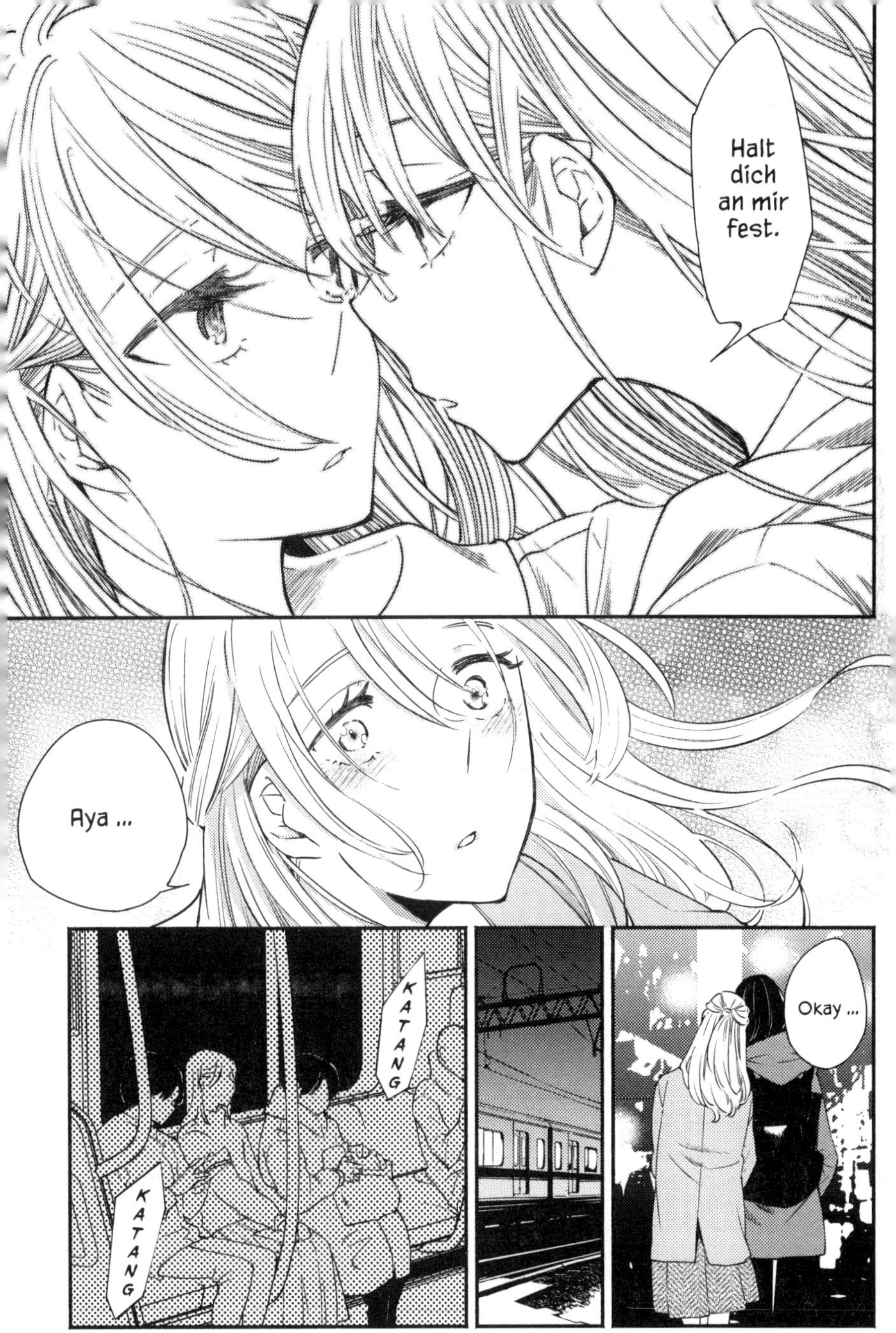
Halt dich an mir fest.
Aya ...
Okay ...
KATANG
KATANG

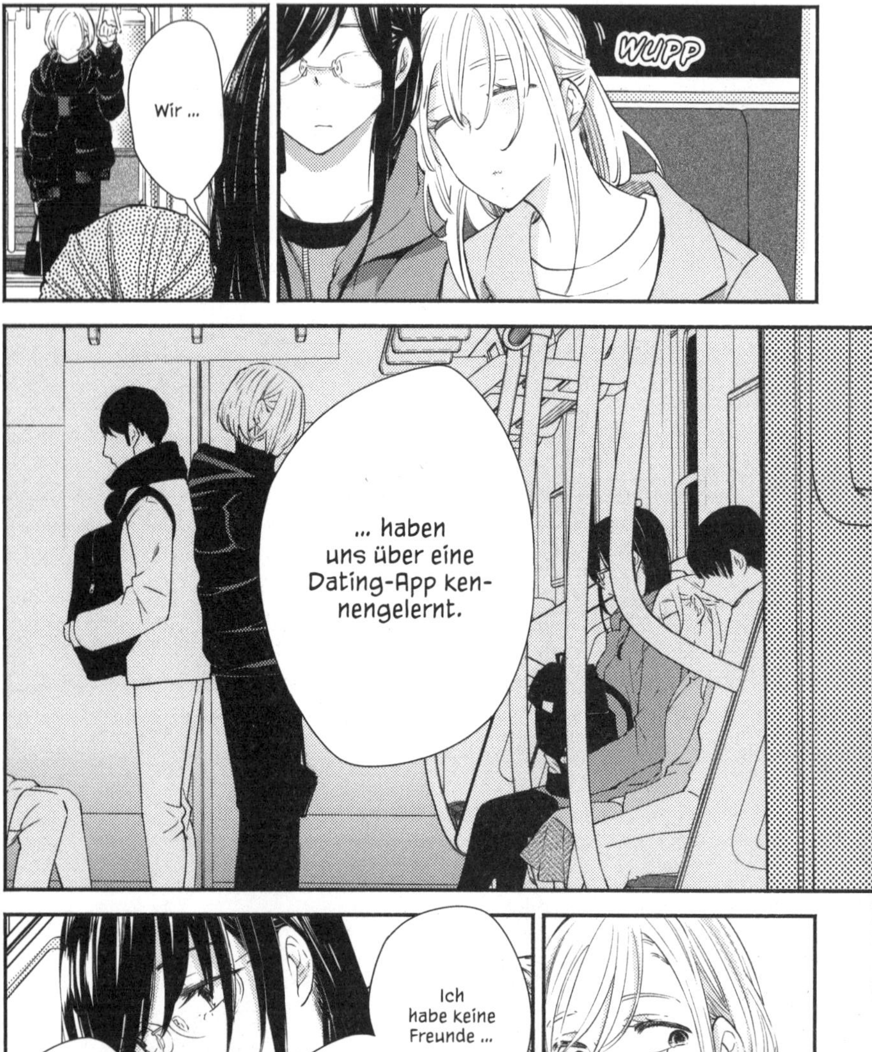
WUPP
Wir ...
... haben uns über eine Dating-App kennengelernt.
Ich habe keine Freunde ...
... und kapsele mich ab.
Ich bleibe immer in meinem Schneckenhaus.

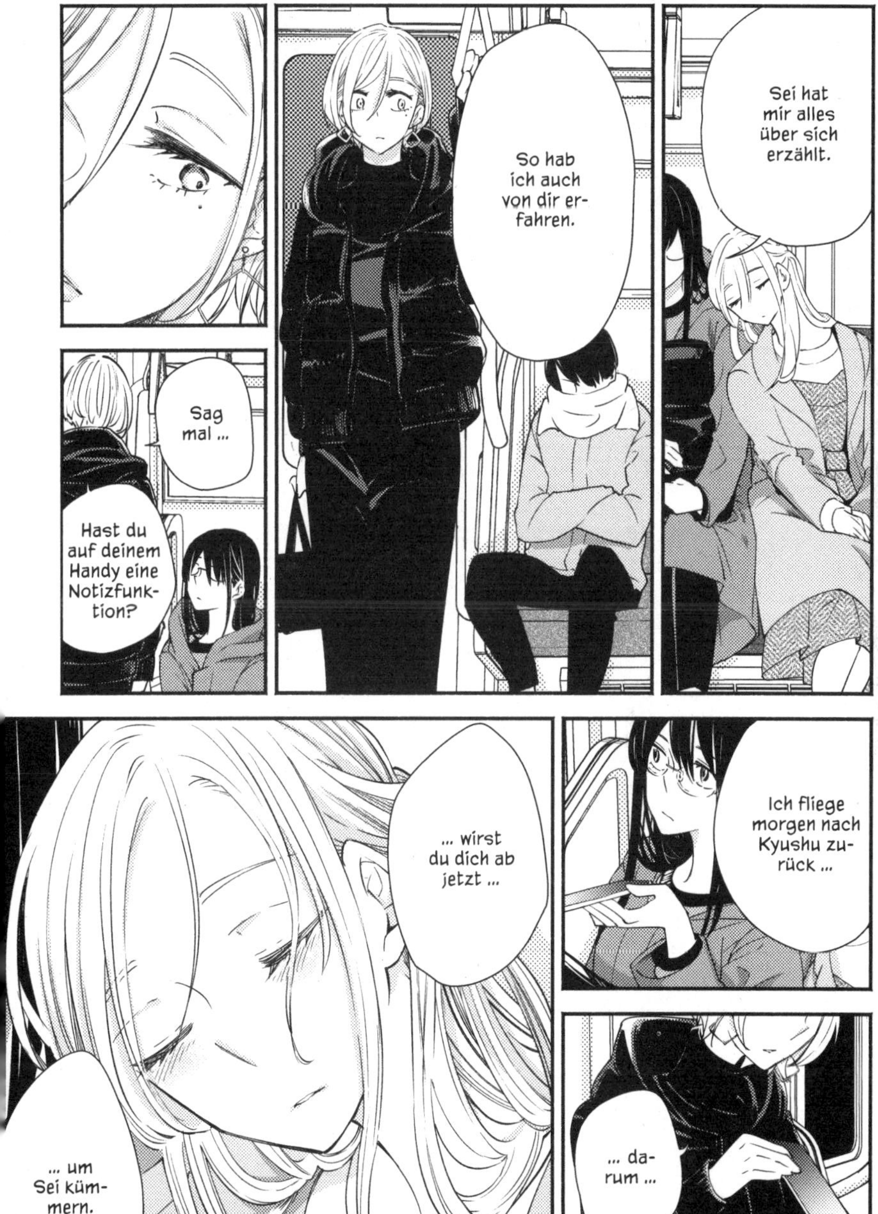
Sei hat mir alles über sich erzählt.
So hab ich auch von dir erfahren.
Sag mal ...
Hast du auf deinem Handy eine Notizfunktion?
Ich fliege morgen nach Kyushu zurück ...
... darum ...
... wirst du dich ab jetzt ...
... um Sei kümmern.

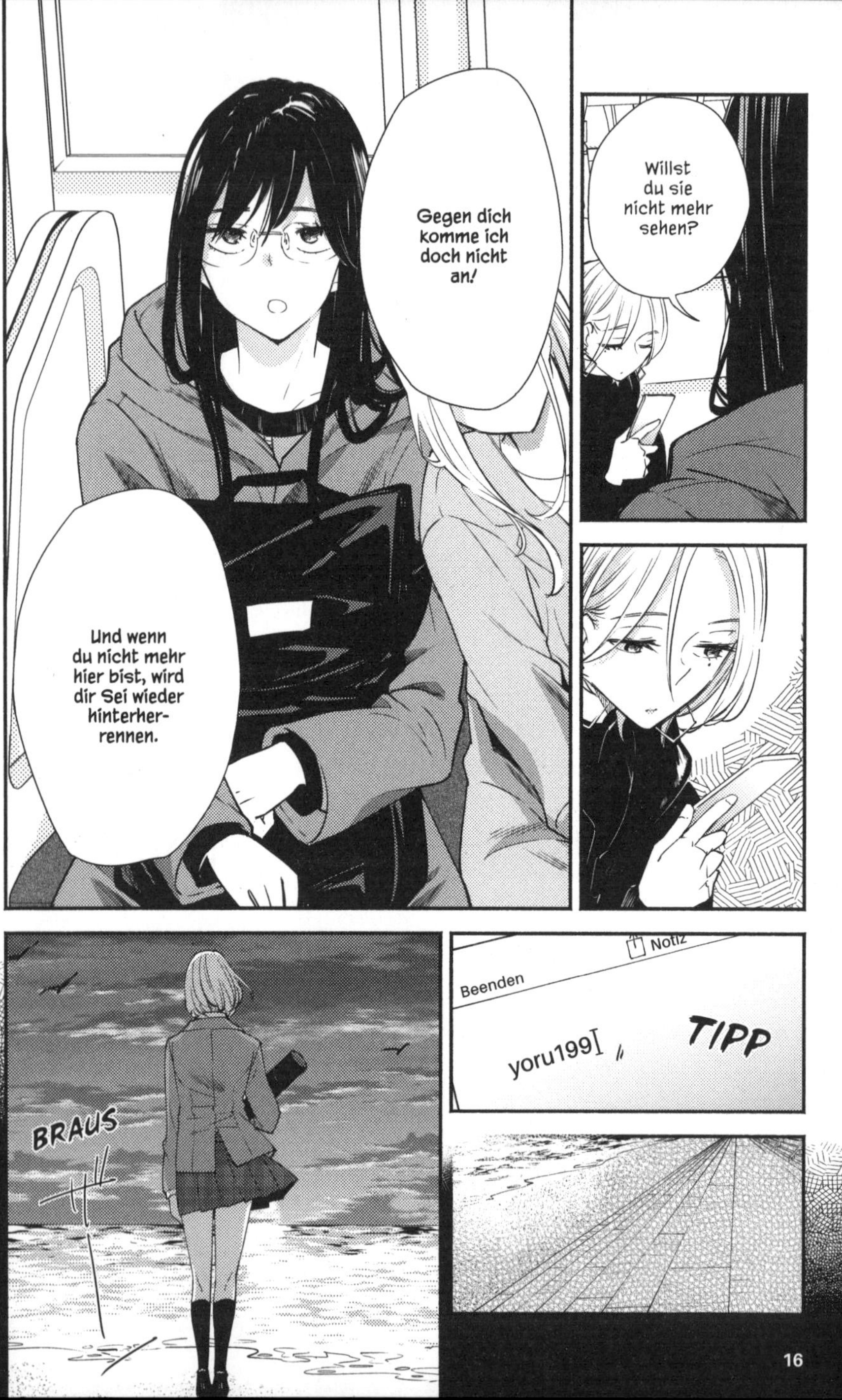
Willst du sie nicht mehr sehen?
Gegen dich komme ich doch nicht an!
Und wenn du nicht mehr hier bist, wird dir Sei wieder hinterher-rennen.
Notiz
Beenden
yoru199
TIPP
BRAUS

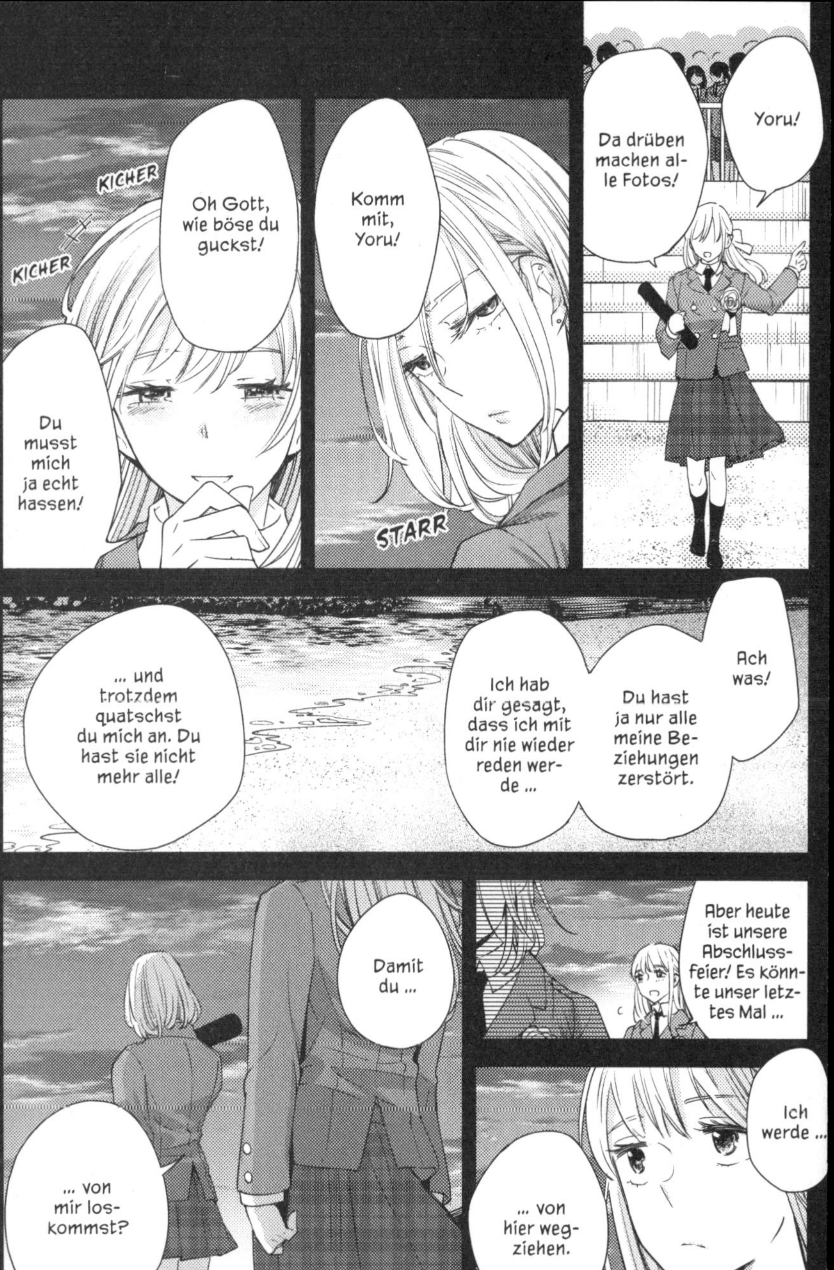
Yoru!
Da drüben machen al- le Fotos!
Komm mit, Yoru!
STARR
Oh Gott, wie böse du guckst!
KICHER
KICHER
Du musst mich ja echt hassen!
Ach was!
Du hast ja nur alle meine Be- ziehungen zerstört.
Ich hab dir gesagt, dass ich mit dir nie wieder reden wer- de ...
... und trotzdem quatschst du mich an. Du hast sie nicht mehr alle!
Aber heute ist unsere Abschluss- feier! Es könnte unser letz- tes Mal ...
Ich werde ...
... von hier weg- ziehen.
Damit du ...
... von mir los- kommst?

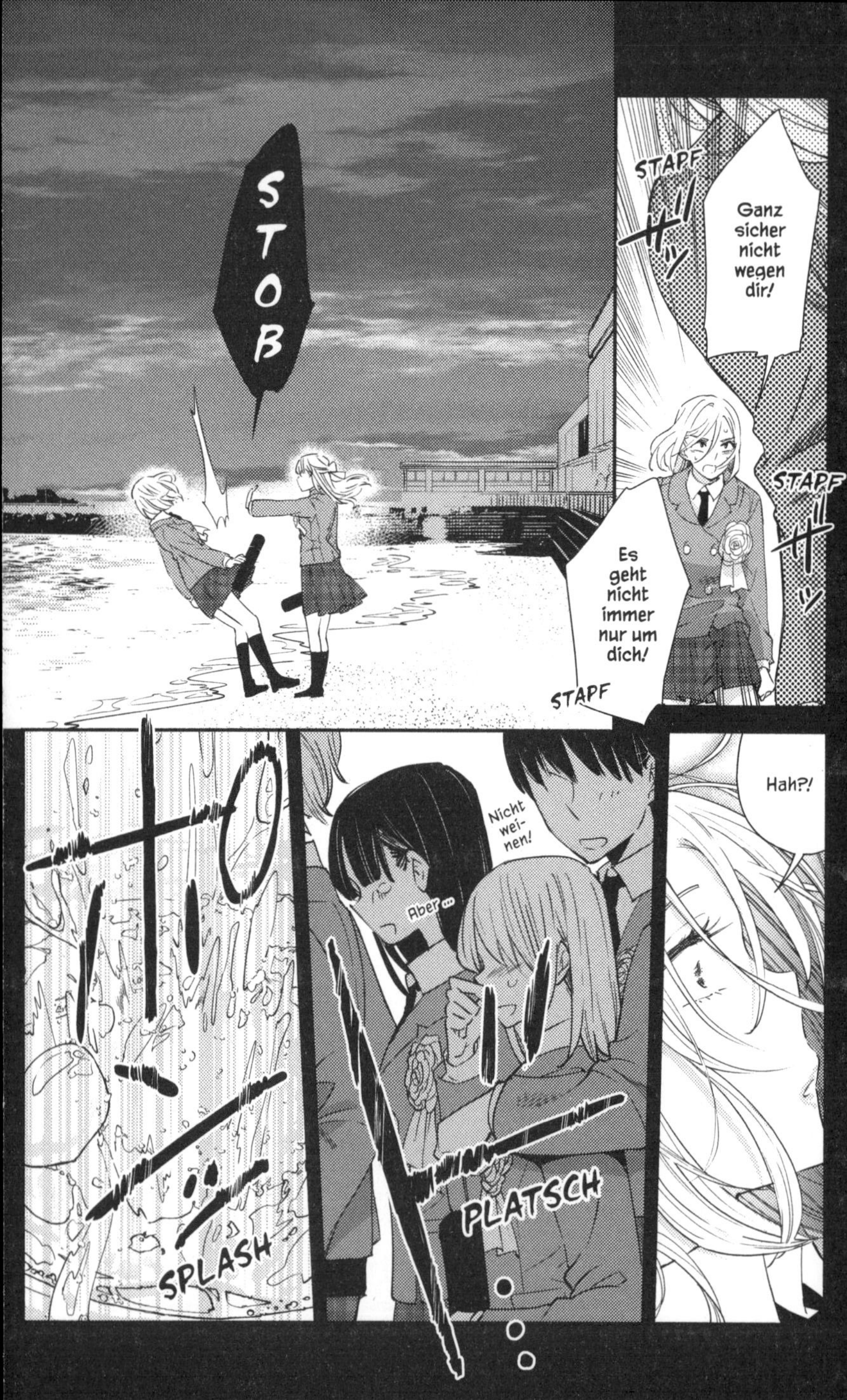
STAPF
Ganz sicher nicht wegen dir!
STAPF
Es geht nicht immer nur um dich!
STAPF
STOB
Hah?!
Nicht wei-nen!
Aber ...
PLATSCH
SPLASH

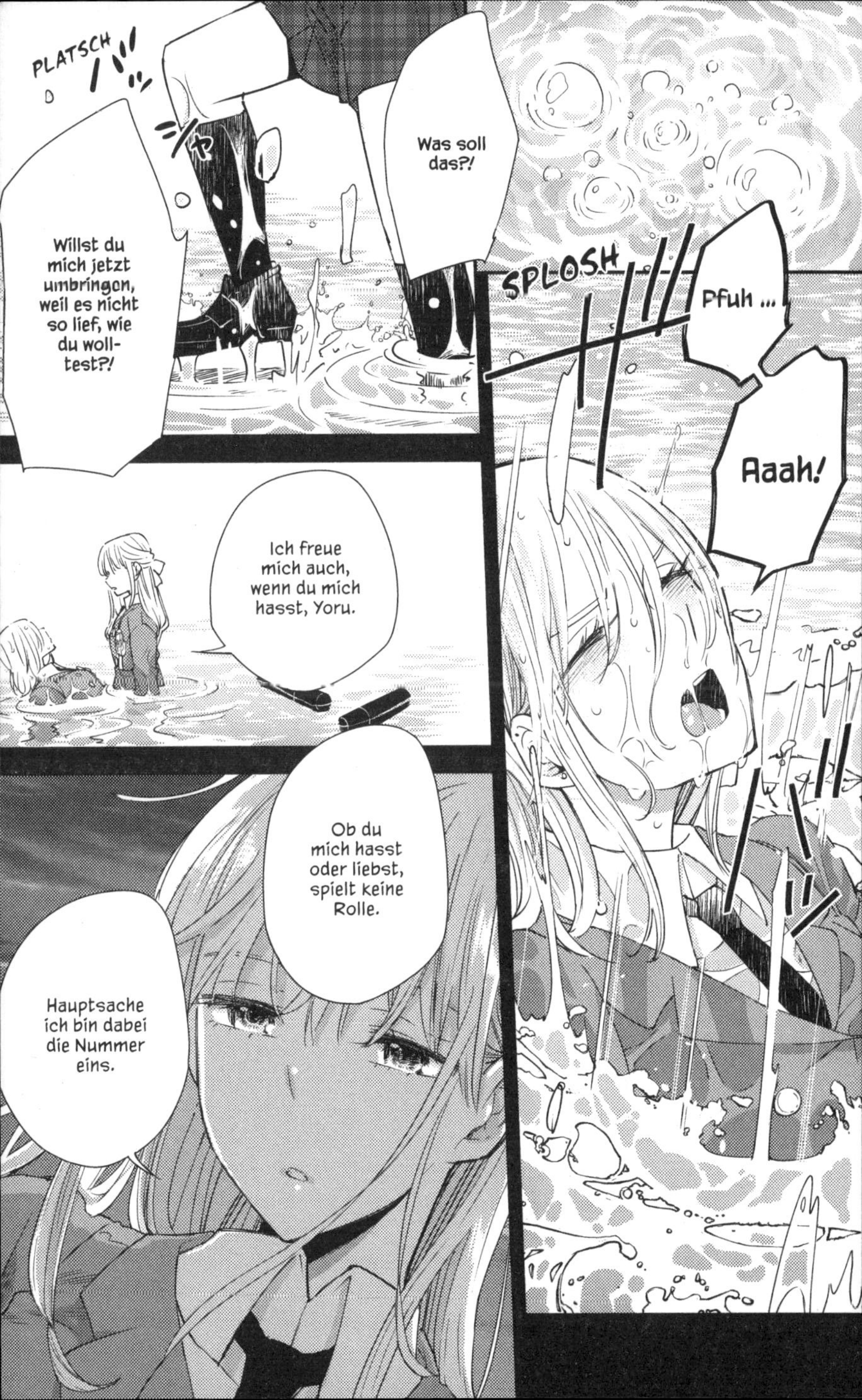
SPLOSH
Pfuh ...
Aaah!
PLATSCH
Was soll das?!
Willst du mich jetzt umbringen, weil es nicht so lief, wie du wolltest?!
Ich freue mich auch, wenn du mich hasst, Yoru.
Ob du mich hasst oder liebst, spielt keine Rolle.
Hauptsache ich bin dabei die Nummer eins.

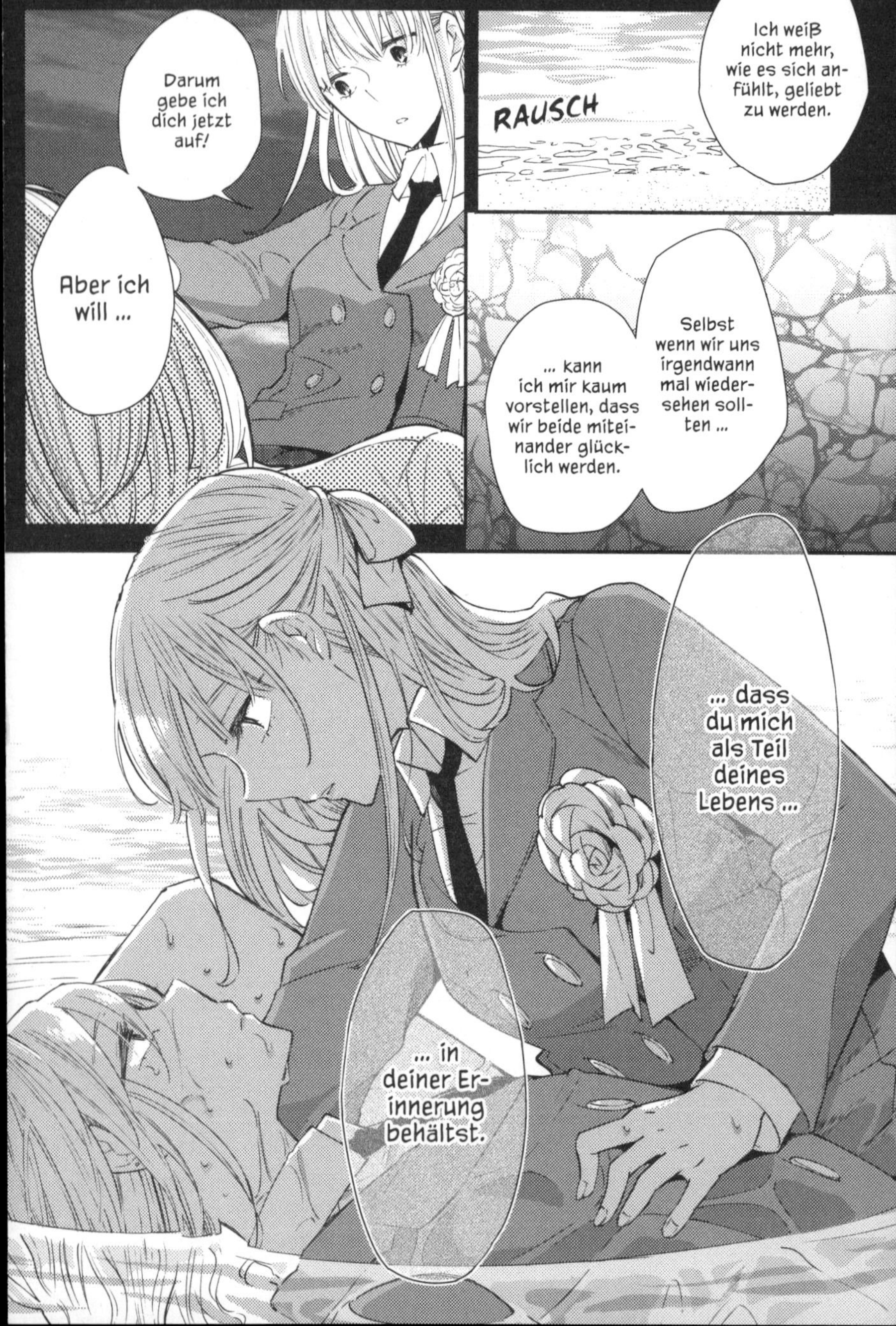
RAUSCH
Ich weiß nicht mehr, wie es sich anfühlt, geliebt zu werden.
Darum gebe ich dich jetzt auf!
Aber ich will ...
Selbst wenn wir uns irgendwann mal wiedersehen sollten ...
... kann ich mir kaum vorstellen, dass wir beide miteinander glücklich werden.
... dass du mich als Teil deines Lebens ...
... in deiner Erinnerung behältst.

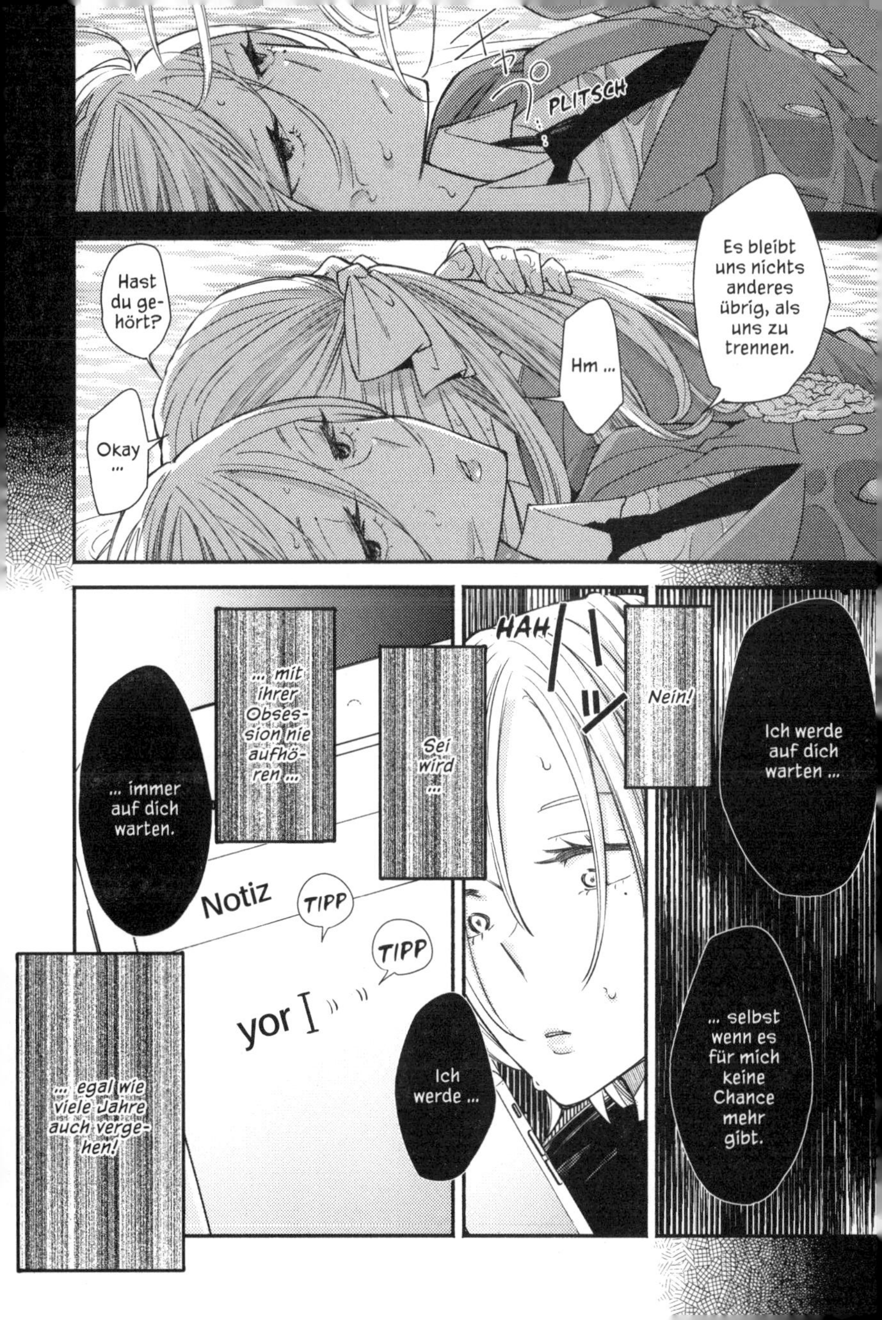
PLITSCH
Es bleibt uns nichts anderes übrig, als uns zu trennen.
Hm ...
Hast du gehört?
Okay ...
Ich werde auf dich warten ...
... selbst wenn es für mich keine Chance mehr gibt.
Nein!
HAH
Ich werde ...
Sei wird ...
... mit ihrer Obsession nie aufhören ...
... immer auf dich warten.
Notiz
TIPP
TIPP
yor
... egal wie viele Jahre auch vergehen!

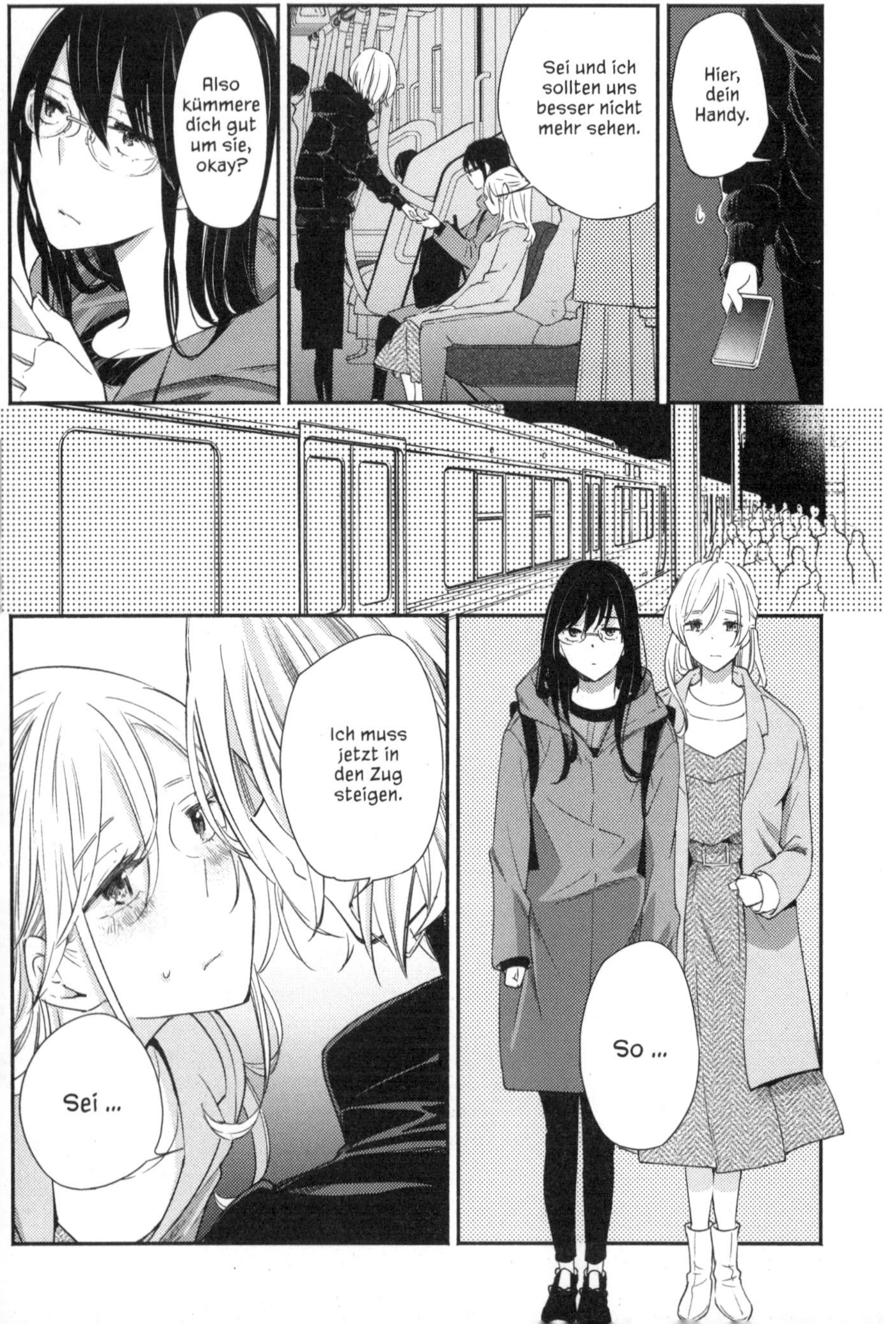

Hier, dein Handy.
Sei und ich sollten uns besser nicht mehr sehen.
Also kümmere dich gut um sie, okay?
So ...
Ich muss jetzt in den Zug steigen.
Sei ...

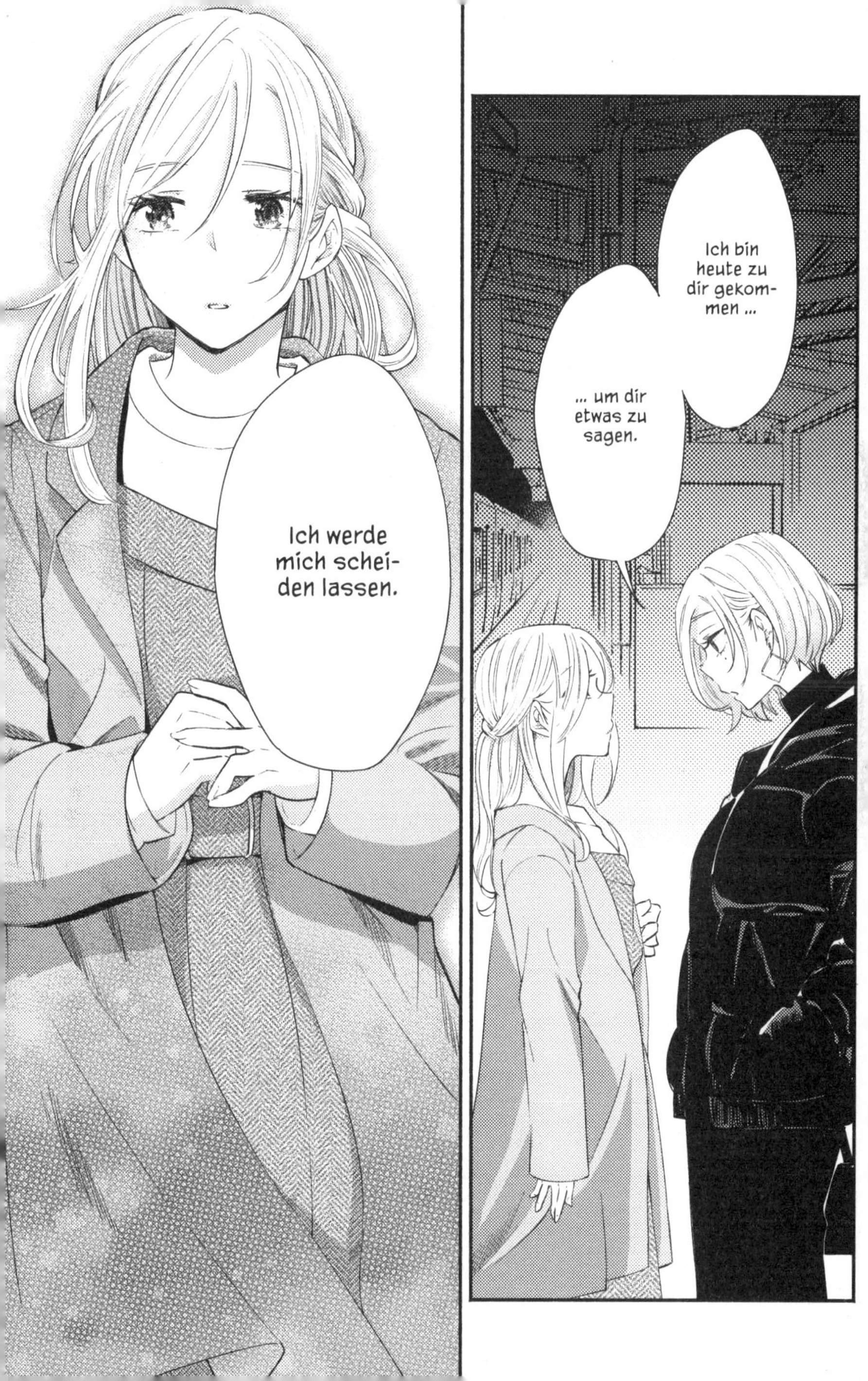
Ich bin heute zu dir gekommen ...
... um dir etwas zu sagen.
Ich werde mich scheiden lassen.

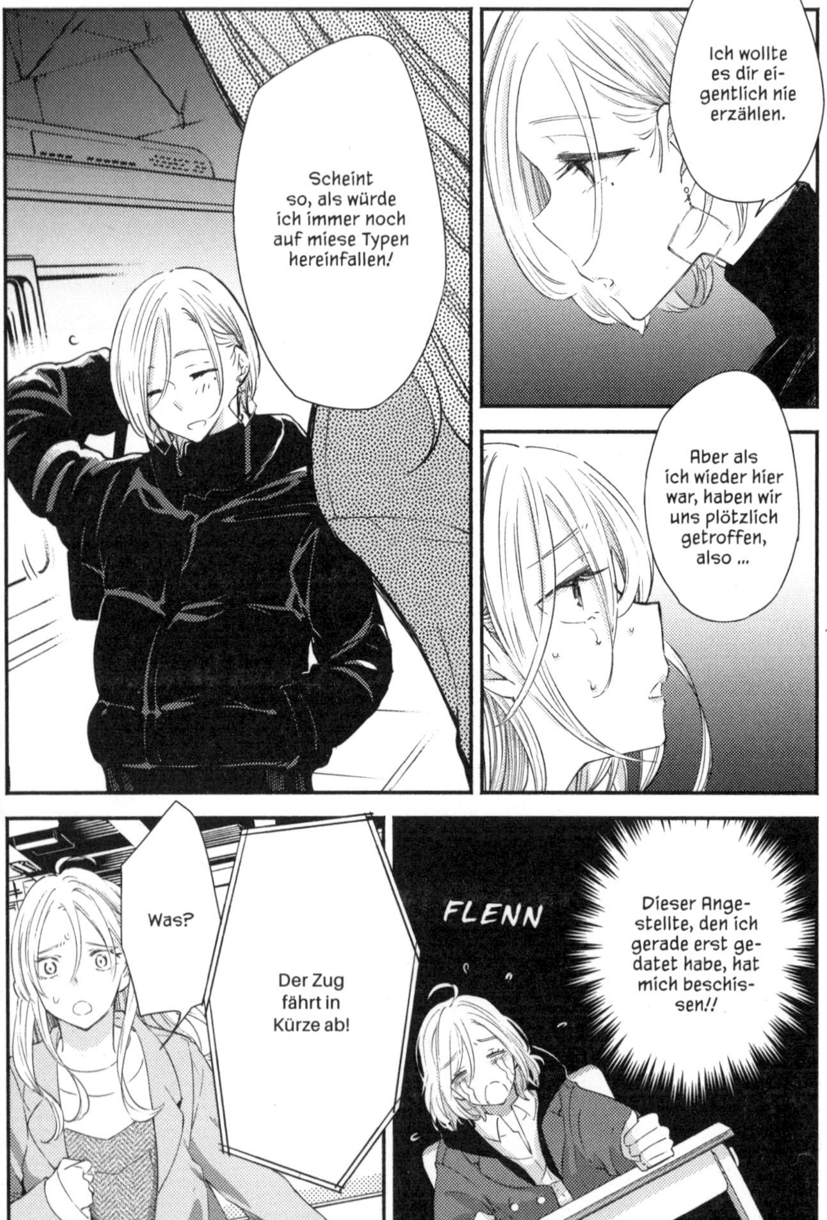
Ich wollte es dir eigentlich nie erzählen.
Aber als ich wieder hier war, haben wir uns plötzlich getroffen, also ...
Scheint so, als würde ich immer noch auf miese Typen hereinfallen!
FLENN
Dieser Angestellte, den ich gerade erst gedatet habe, hat mich beschissen!!
Was?
Der Zug fährt in Kürze ab!

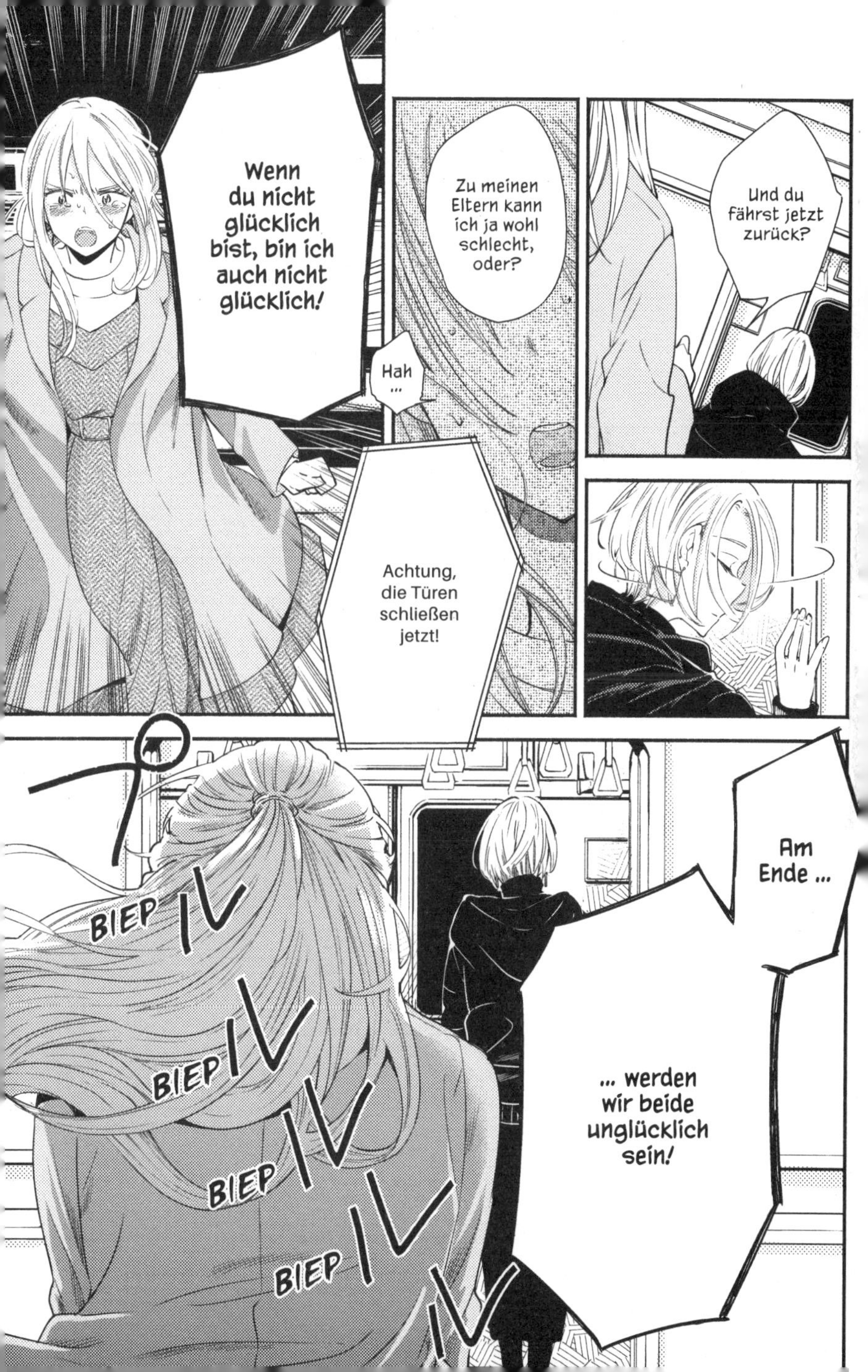
Und du fährst jetzt zurück?
Zu meinen Eltern kann ich ja wohl schlecht, oder?
Hah ...
Wenn du nicht glücklich bist, bin ich auch nicht glücklich!
Achtung, die Türen schließen jetzt!
Am Ende ...
... werden wir beide unglücklich sein!
BIEP
BIEP
BIEP
BIEP

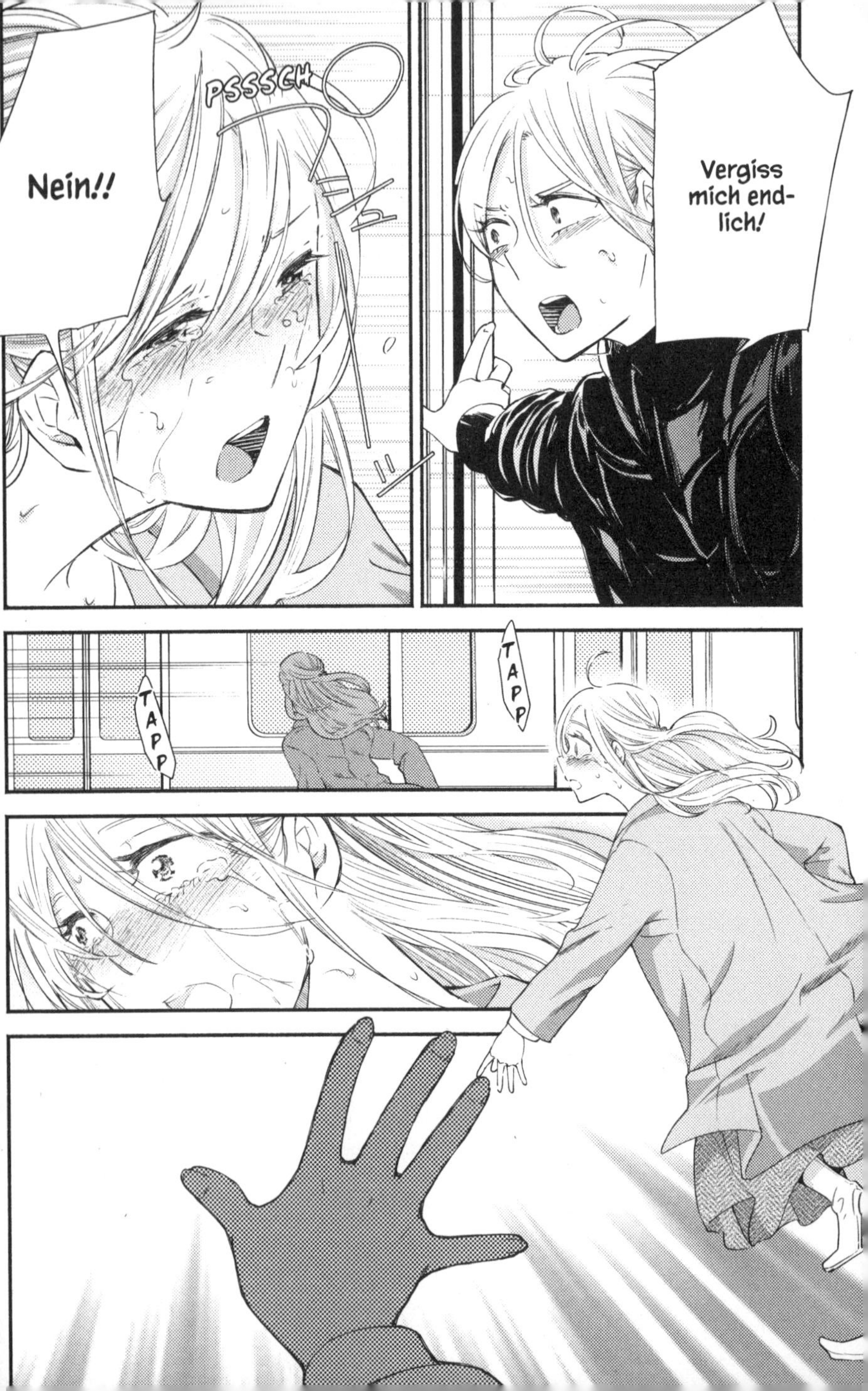
Vergiss mich endlich!
PSSSCH
Nein!!
TAPP
TAPP

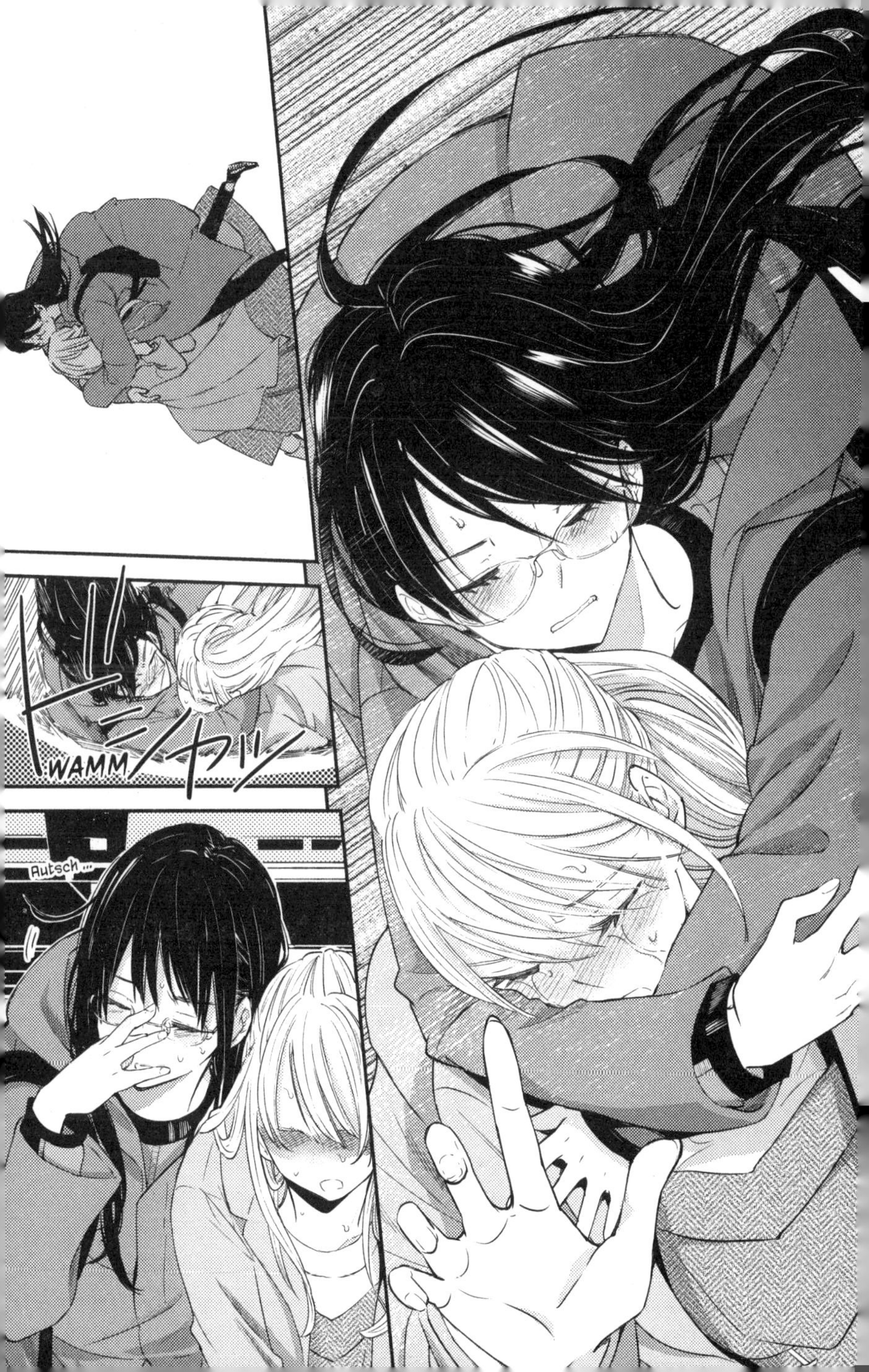
WAMM
Autsch ...

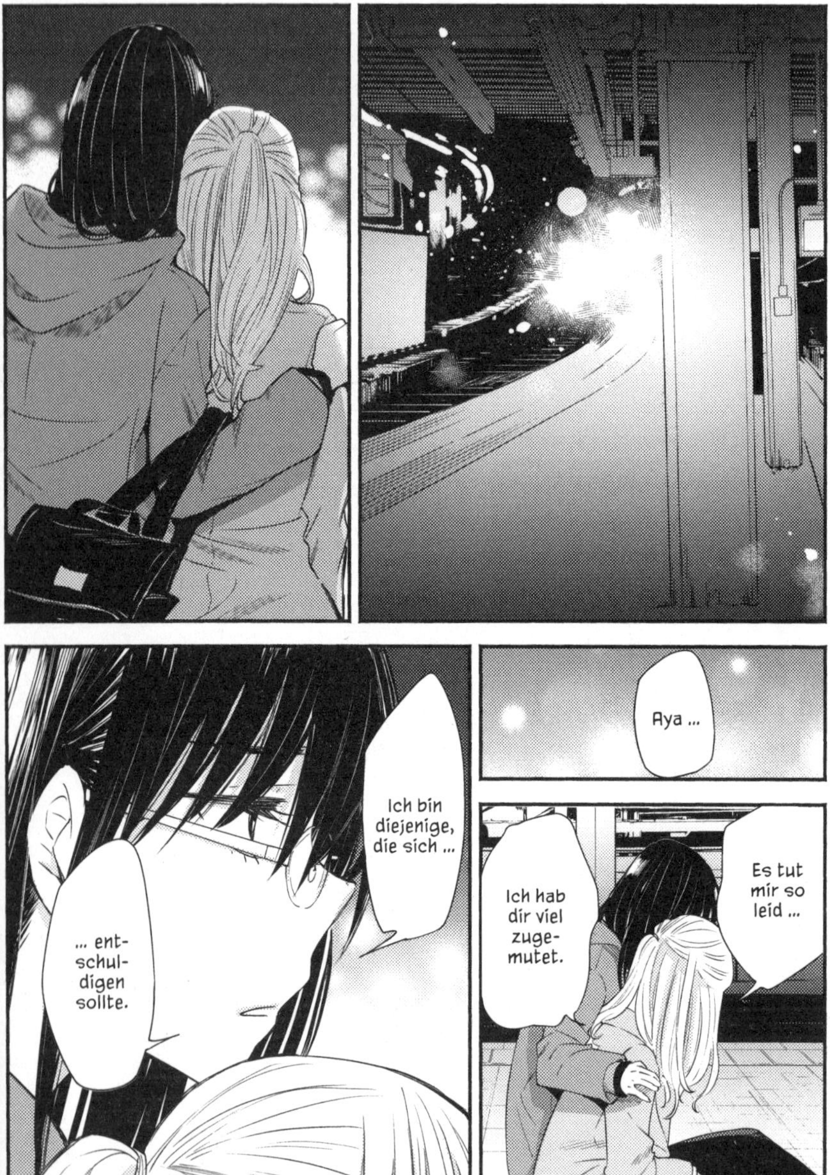
Aya ...
Es tut mir so leid ...
Ich hab dir viel zugemutet.
Ich bin diejenige, die sich ...
... ent-schul-digen sollte.

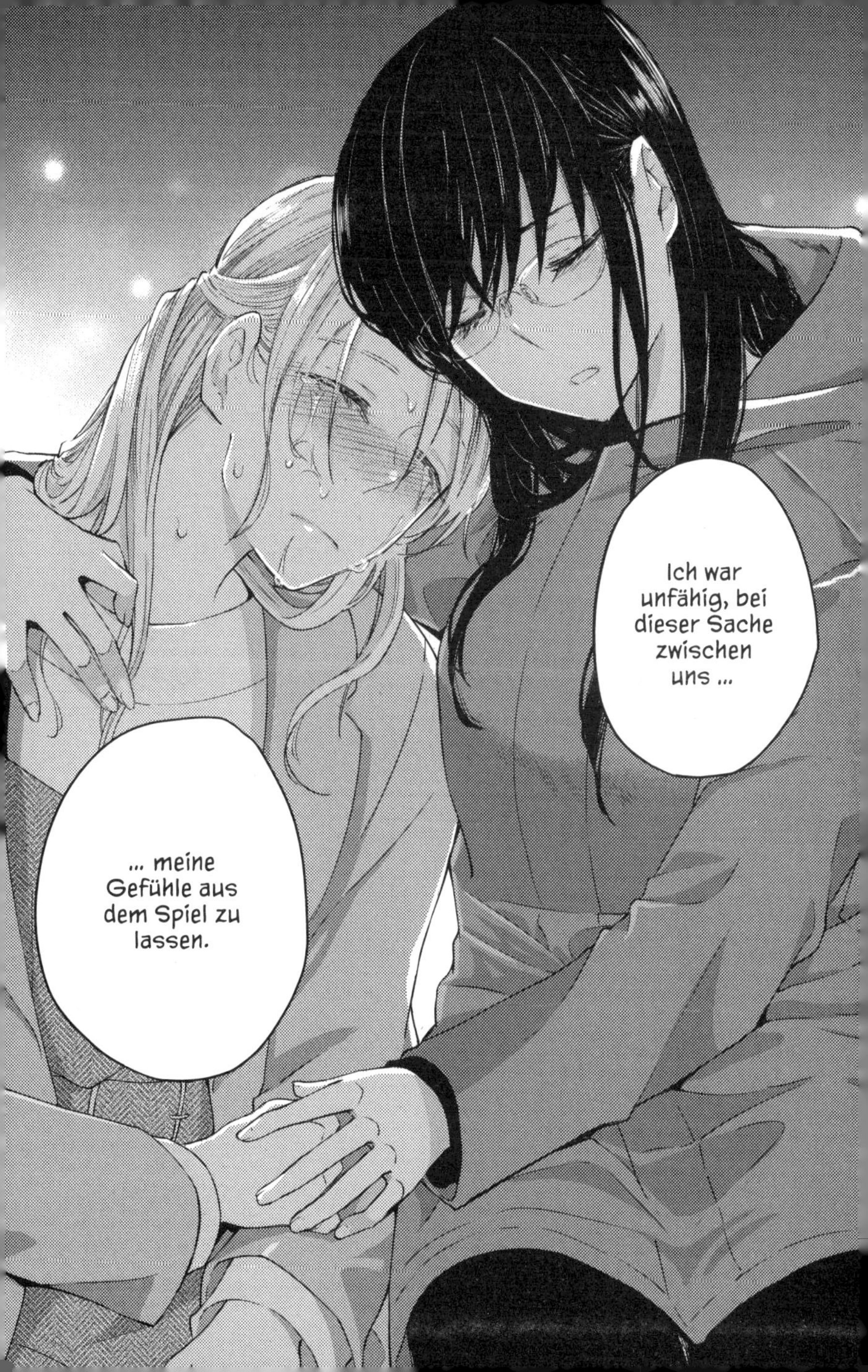
Ich war unfähig, bei dieser Sache zwischen uns ...
... meine Gefühle aus dem Spiel zu lassen.

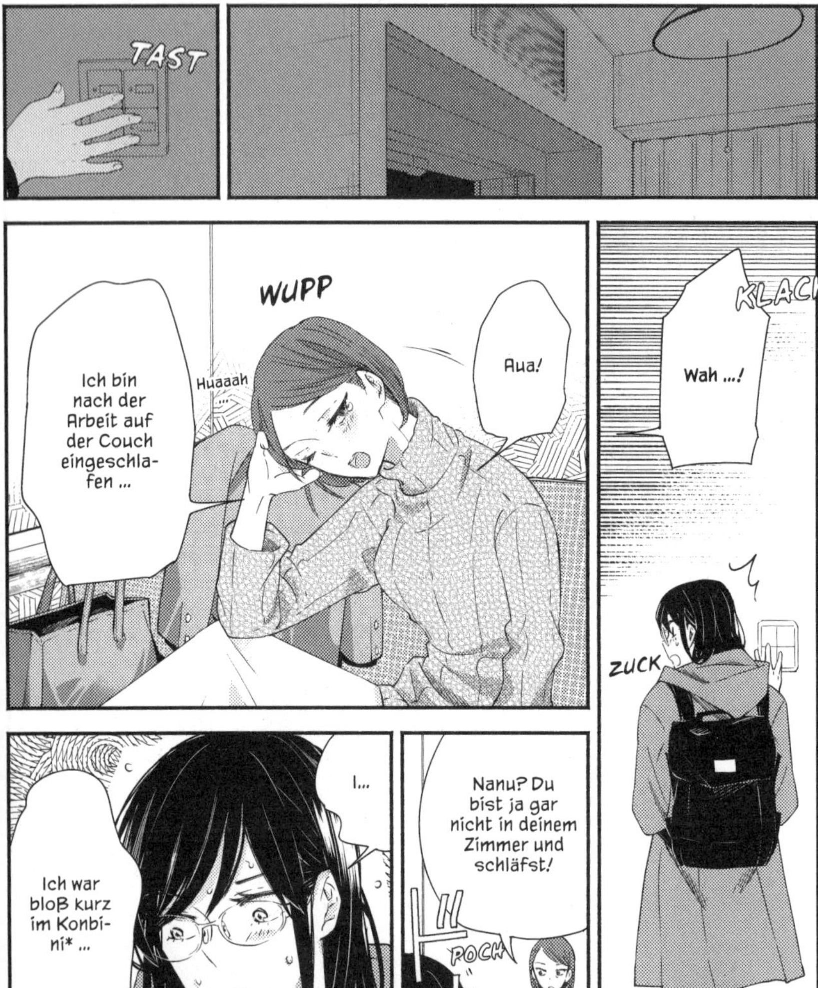


*24-Stunden-Supermarkt

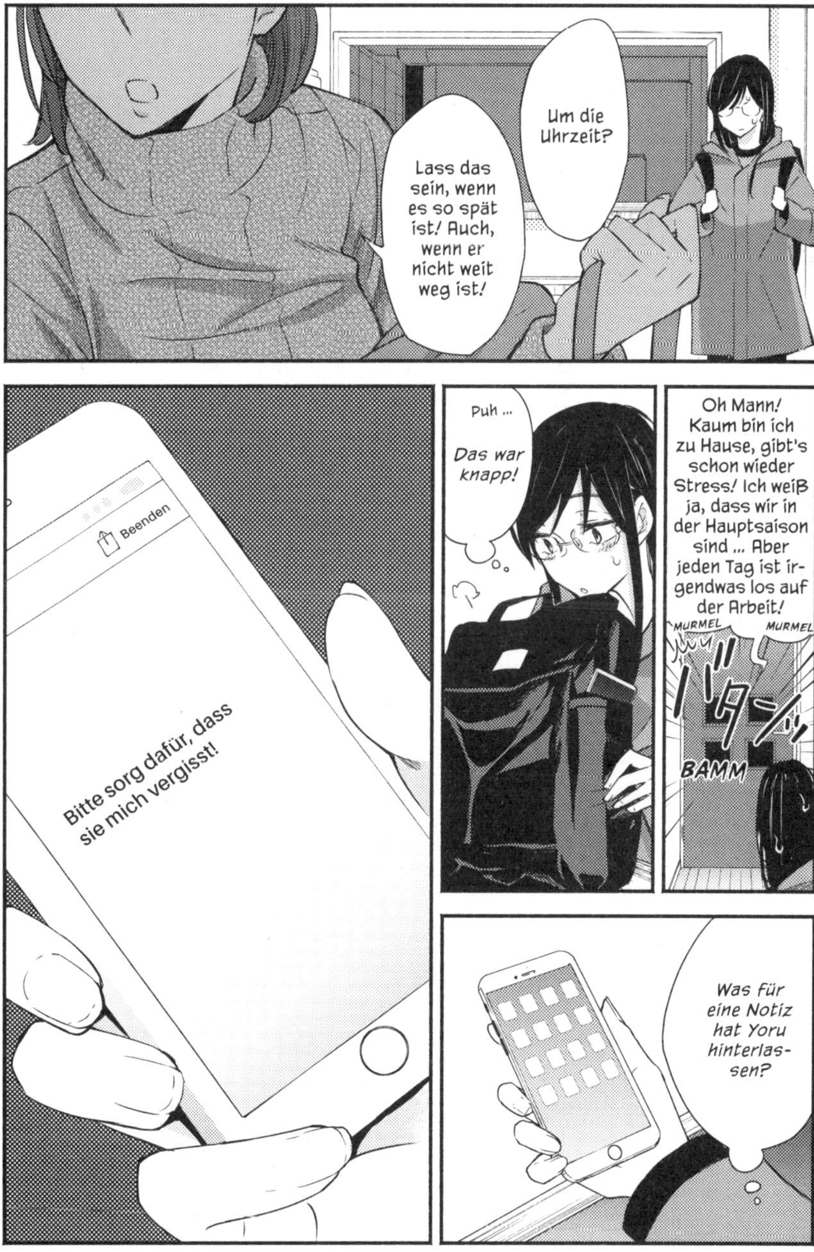
Um die Uhrzeit?
Lass das sein, wenn es so spät ist! Auch, wenn er nicht weit weg ist!
Oh Mann! Kaum bin ich zu Hause, gibt's schon wieder Stress! Ich weiß ja, dass wir in der Hauptsaison sind ... Aber jeden Tag ist irgendwas los auf der Arbeit!
MURMEL
MURMEL
BAMM
Puh ...
Das war knapp!
Was für eine Notiz hat Yoru hinterlassen?
Beenden
Bitte sorg dafür, dass sie mich vergisst!

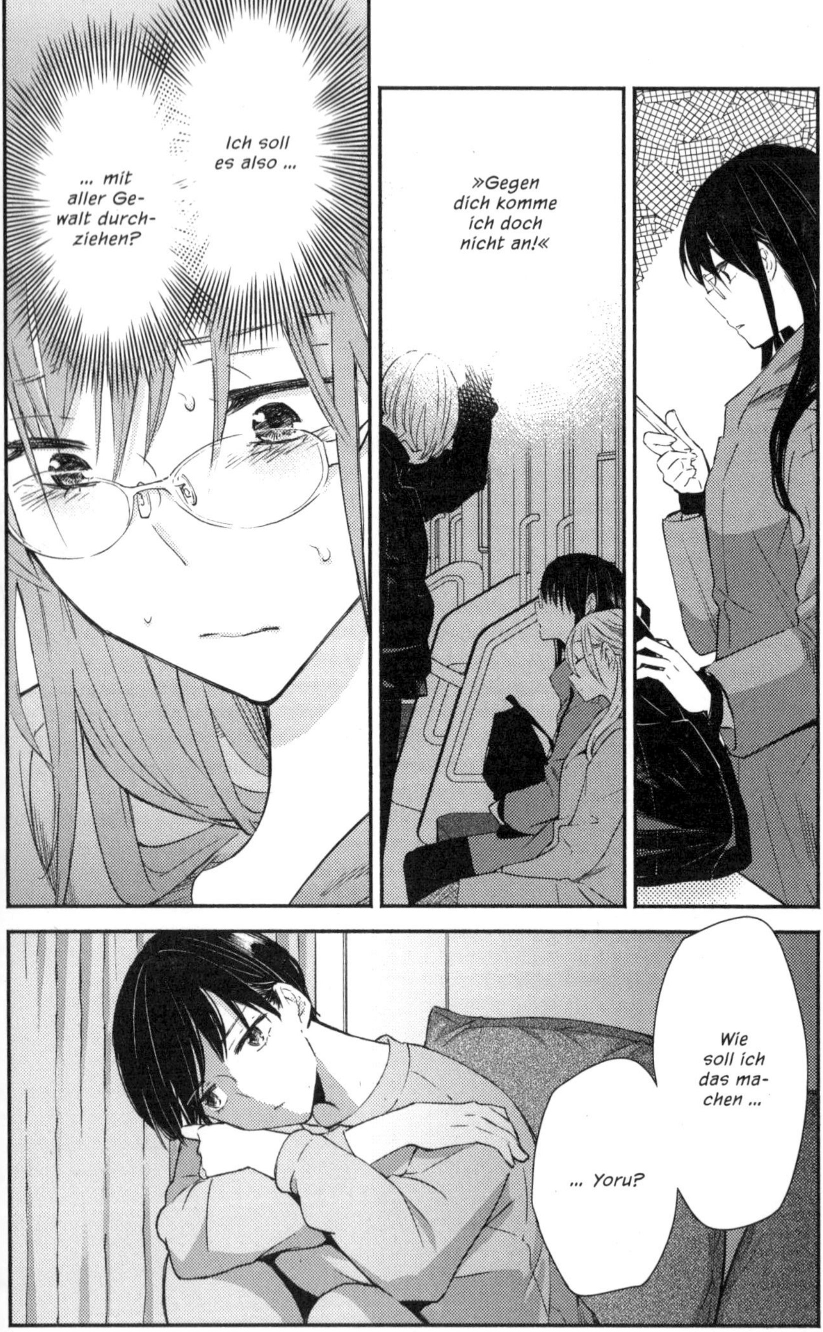
»Gegen dich komme ich doch nicht an!«
Ich soll es also ...
... mit aller Gewalt durchziehen?
Wie soll ich das machen ...
... Yoru?

# Toxic Love Affair

# Toxic Love Affair

# Bitte sorg dafür, dass sie mich vergisst!

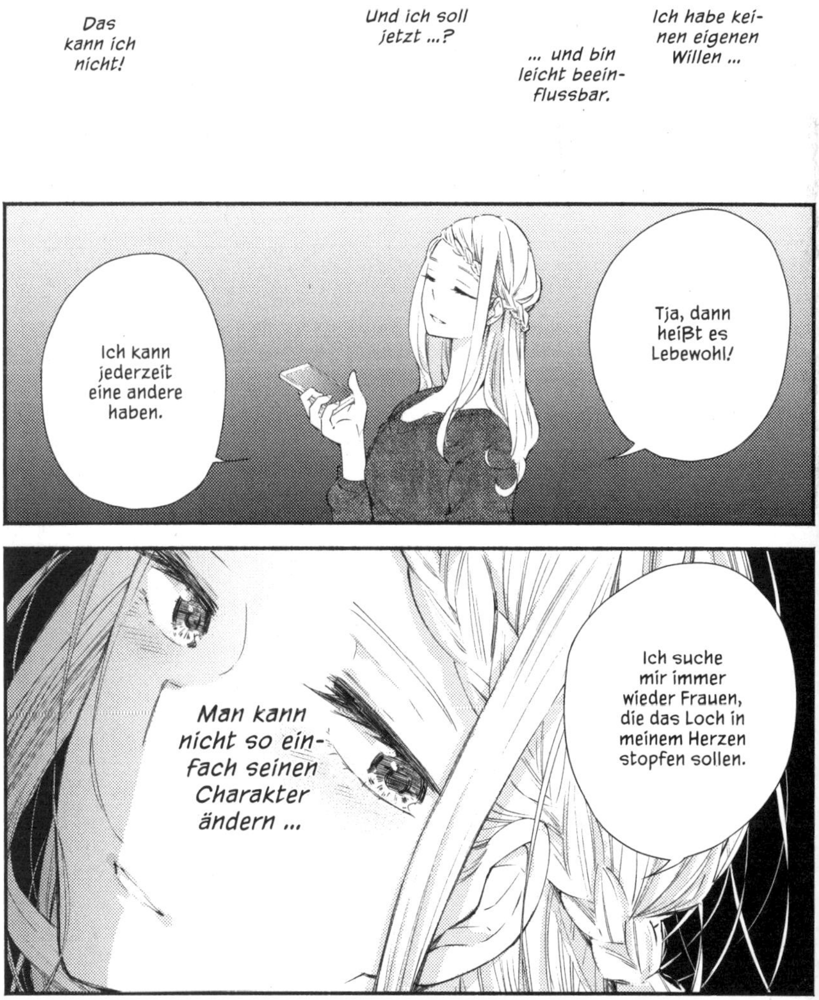

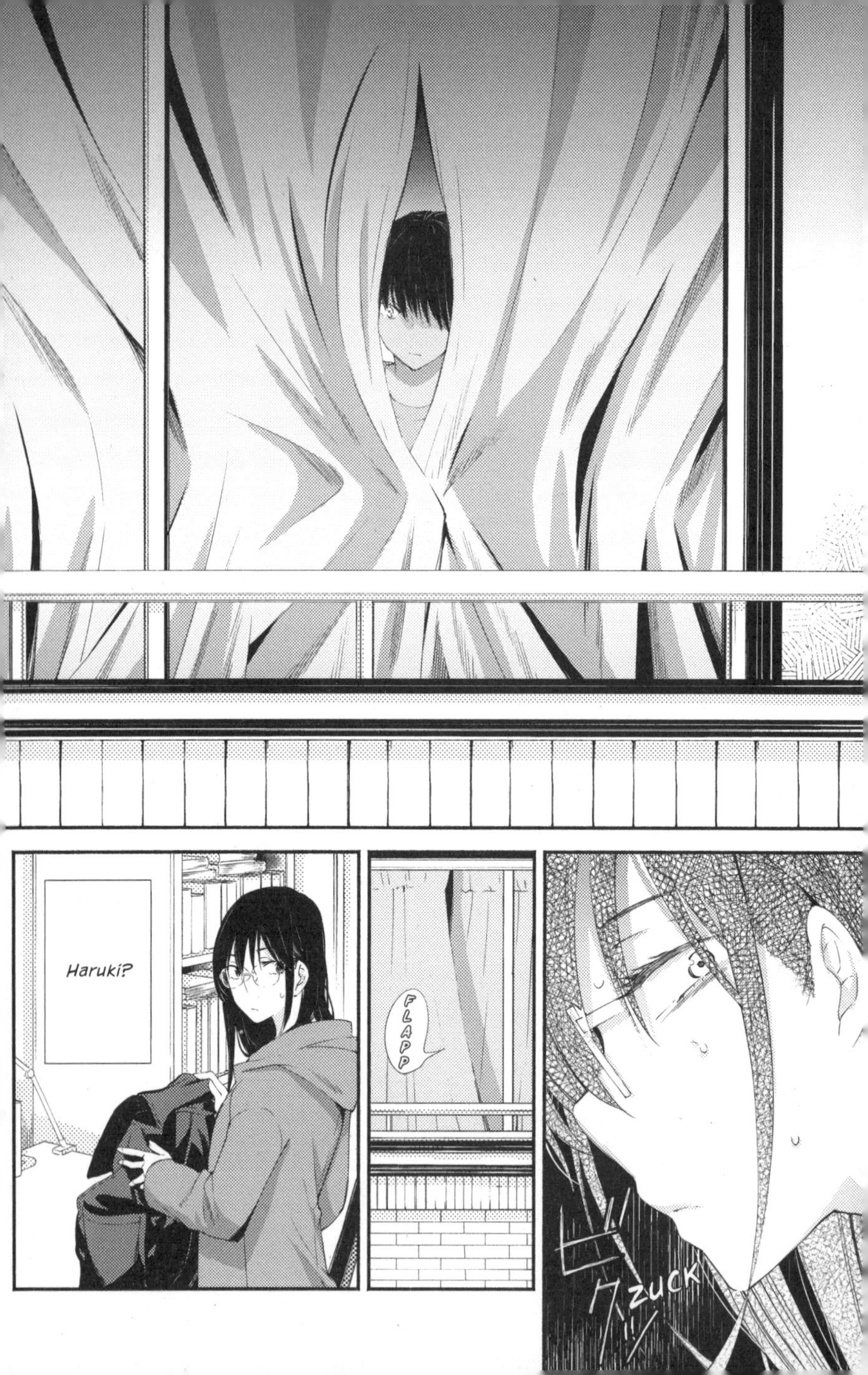
Haruki?
FLAPP
ZUCK

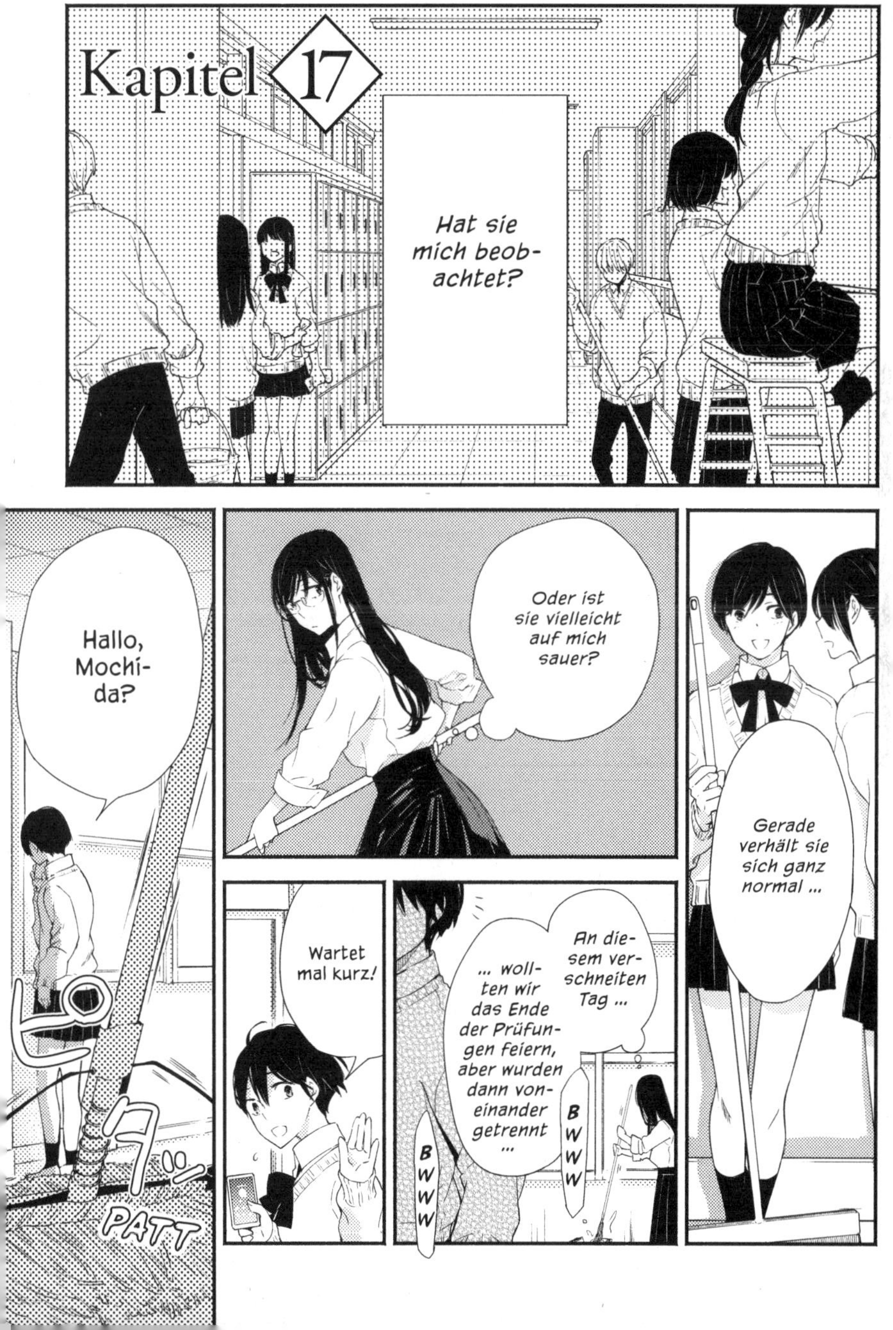

Kapitel 17
Hat sie mich beobachtet?
Gerade verhält sie sich ganz normal ...
Oder ist sie vielleicht auf mich sauer?
An diesem verschneiten Tag ...
... wollten wir das Ende der Prüfungen feiern, aber wurden dann voneinander getrennt ...
BWWW
BWWW
Wartet mal kurz!
Hallo, Mochida?
PATT

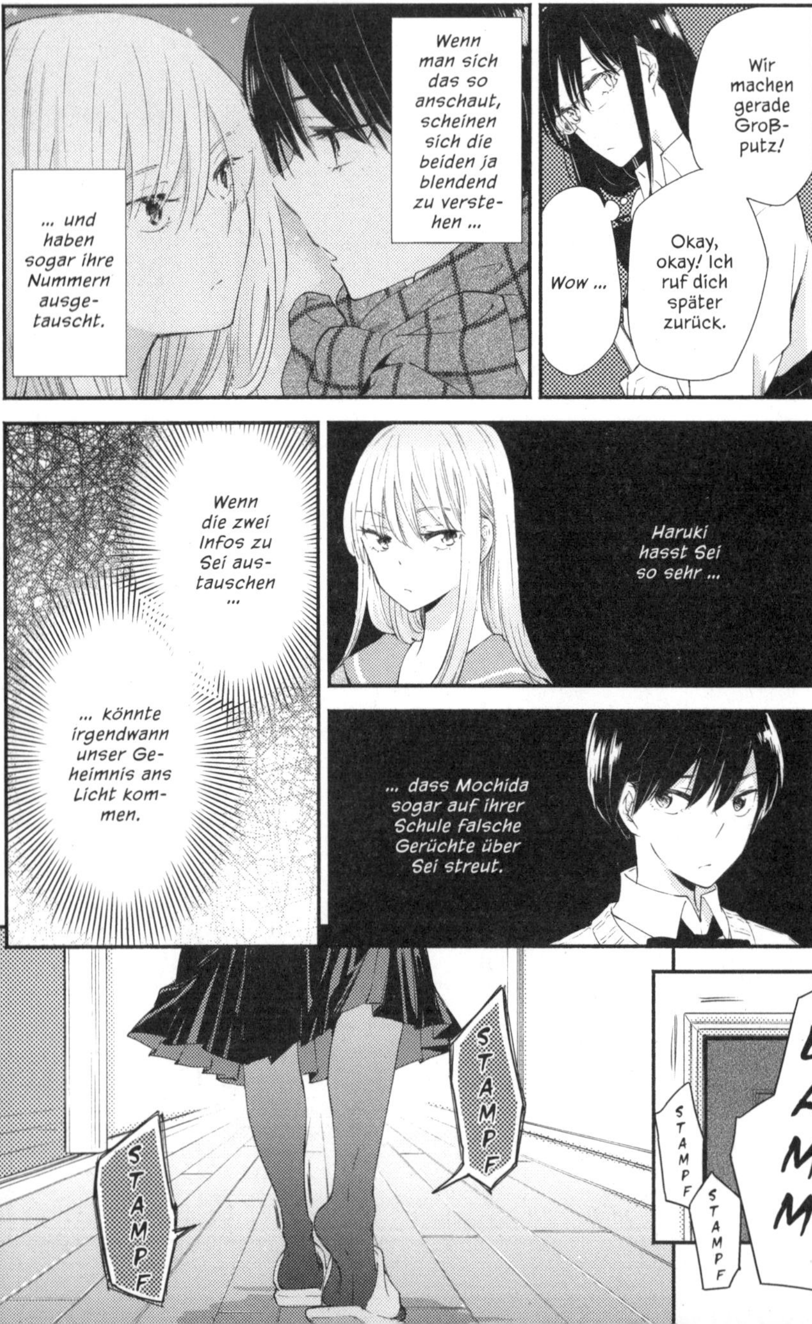

Wir machen gerade Großputz!
Okay, okay! Ich ruf dich später zurück.
Wow ...
Wenn man sich das so anschaut, scheinen sich die beiden ja blendend zu verstehen ...
... und haben sogar ihre Nummern ausgetauscht.
Haruki hasst Sei so sehr ...
... dass Mochida sogar auf ihrer Schule falsche Gerüchte über Sei streut.
Wenn die zwei Infos zu Sei austauschen ...
... könnte irgendwann unser Geheimnis ans Licht kommen.
BAMM
STAMPF
STAMPF
STAMPF
STAMPF

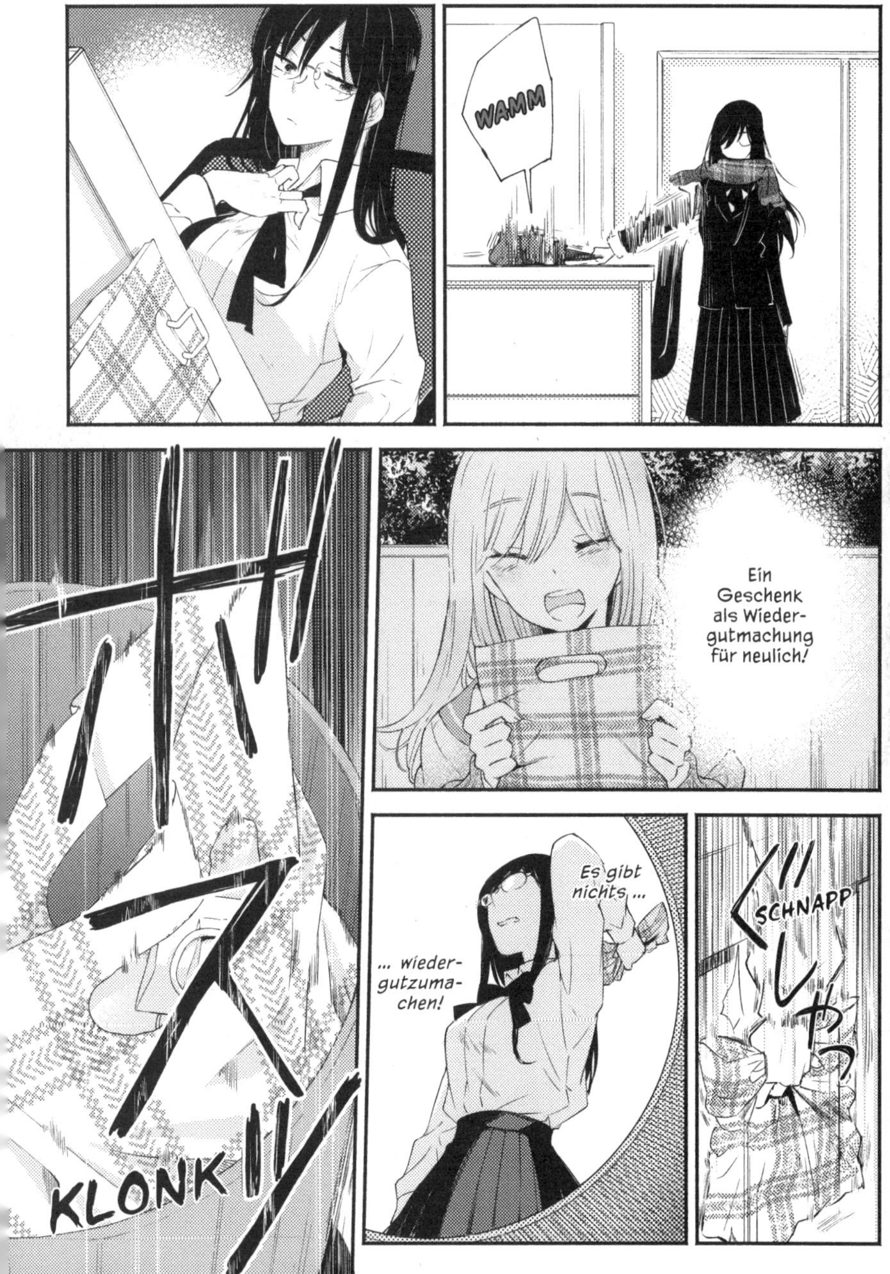
WAMM
Ein Geschenk als Wiedergutmachung für neulich!
SCHNAPP
Es gibt nichts ...
... wieder-gutzumachen!
KLONK

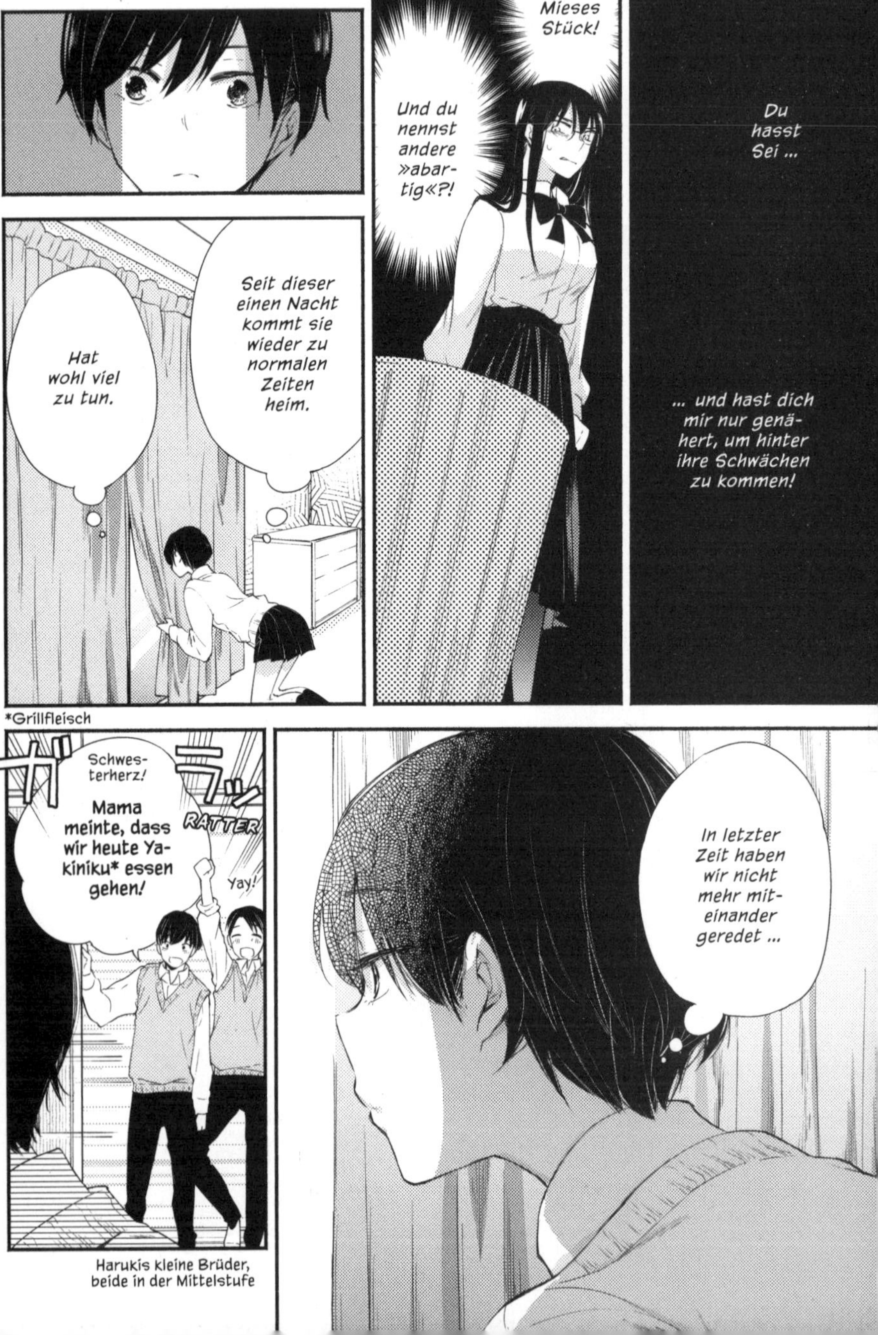


*Grillfleisch

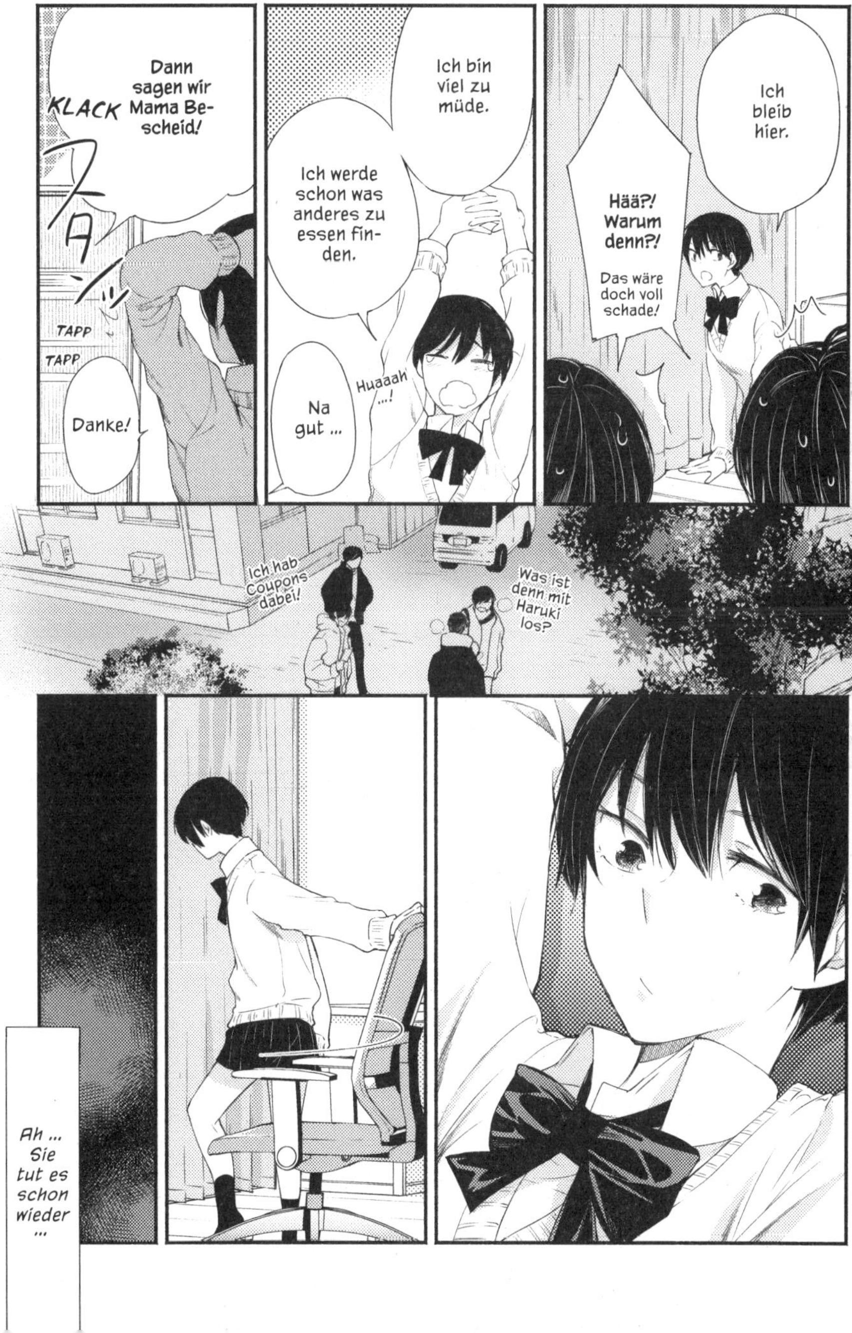
Ich bleib hier.
Hää?! Warum denn?!
Das wäre doch voll schade!
Ich bin viel zu müde.
Ich werde schon was anderes zu essen finden.
Huaaah ...!
Na gut ...
Dann sagen wir Mama Bescheid!
KLACK
TAPP
TAPP
Danke!
Was ist denn mit Haruki los?
Ich hab Coupons dabei!
Ah ... Sie tut es schon wieder ...

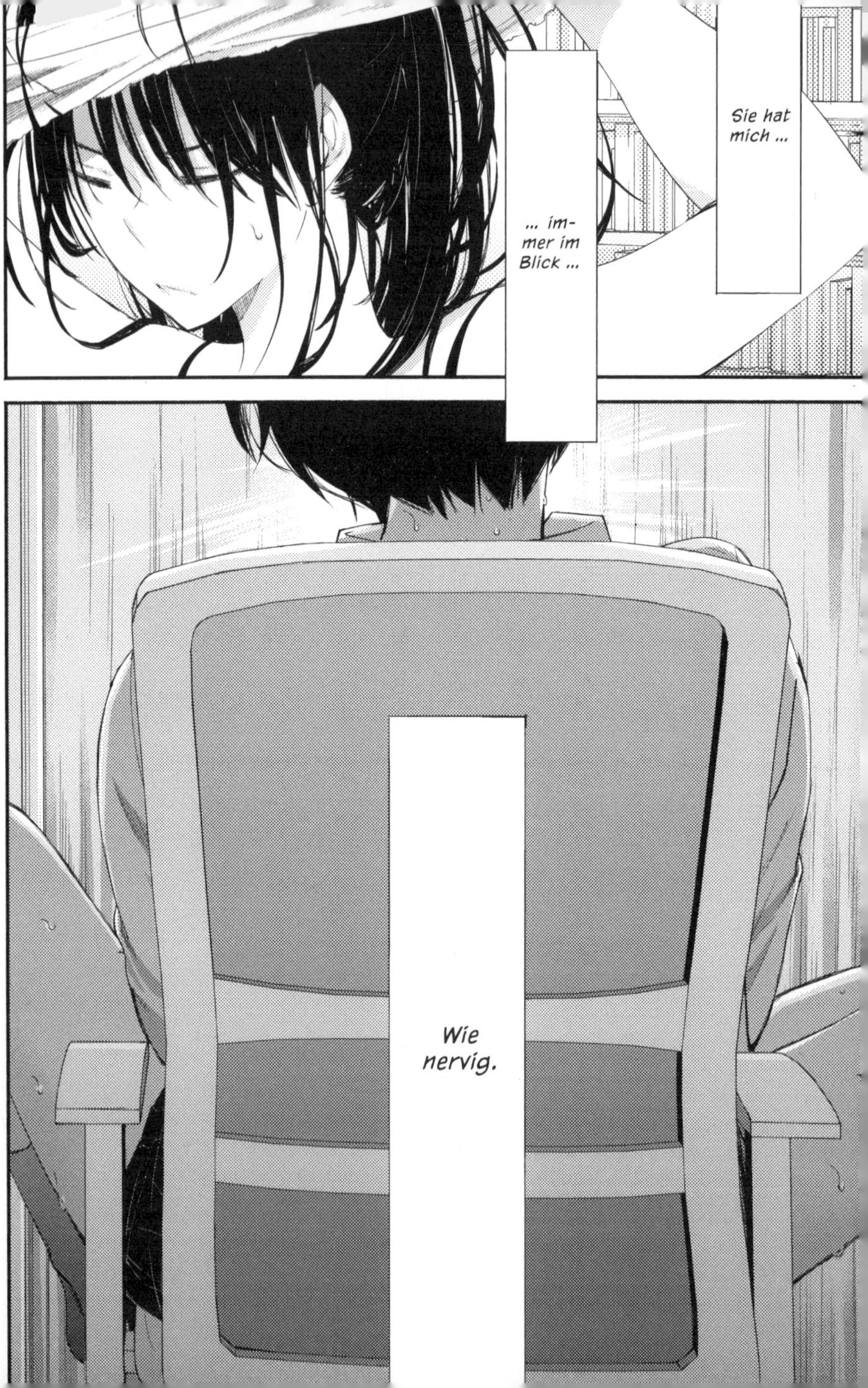
Sie hat mich ...
... immer im Blick ...
Wie nervig.

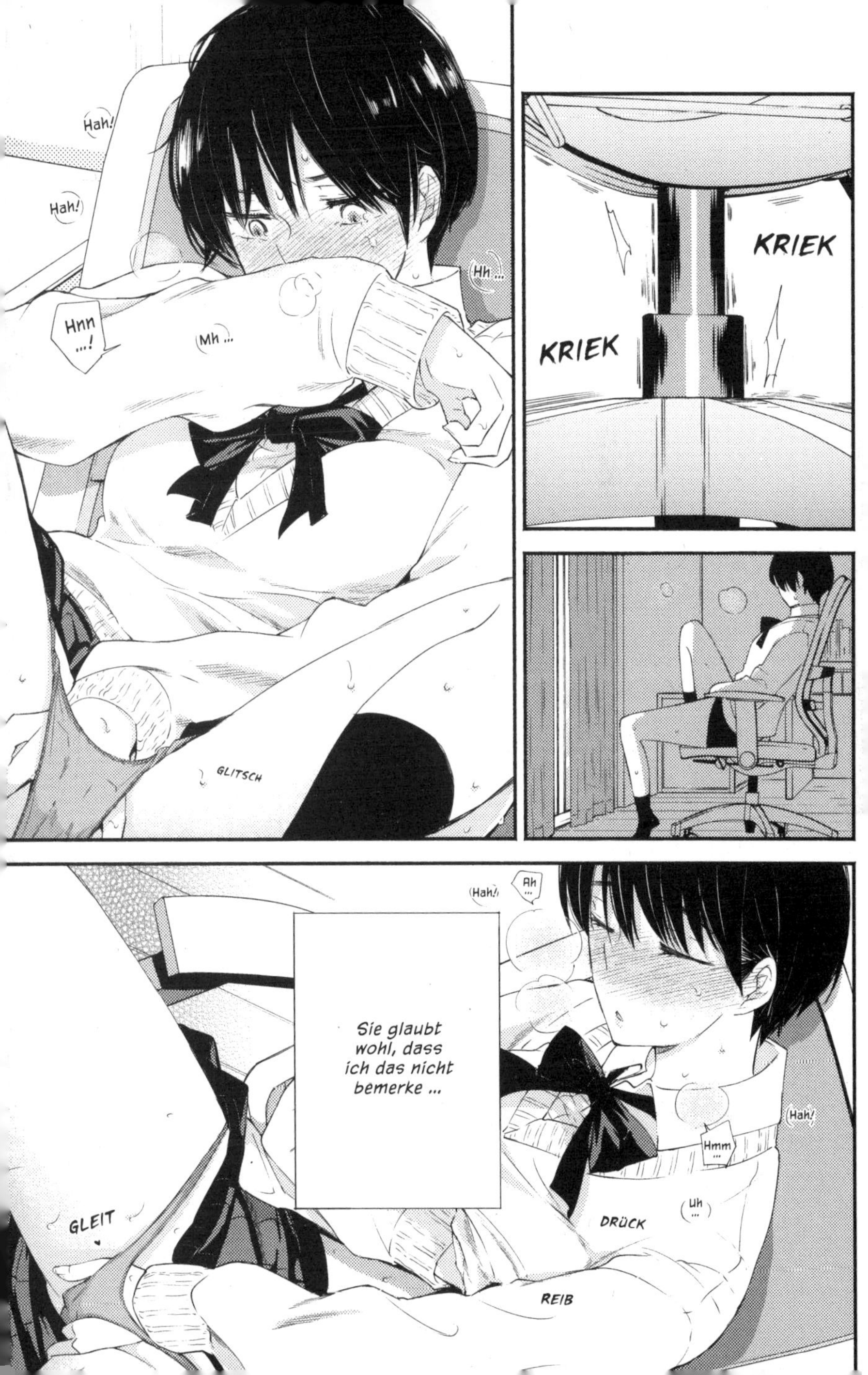
KRIEK
KRIEK
Hah!
Hah!
Hh ...
Hnn ...!
Mh ...
GLITSCH
Ah ...
Hah!
Sie glaubt wohl, dass ich das nicht bemerke ...
Hah!
Hmm ...
Uh ...
DRÜCK
GLEIT
REIB

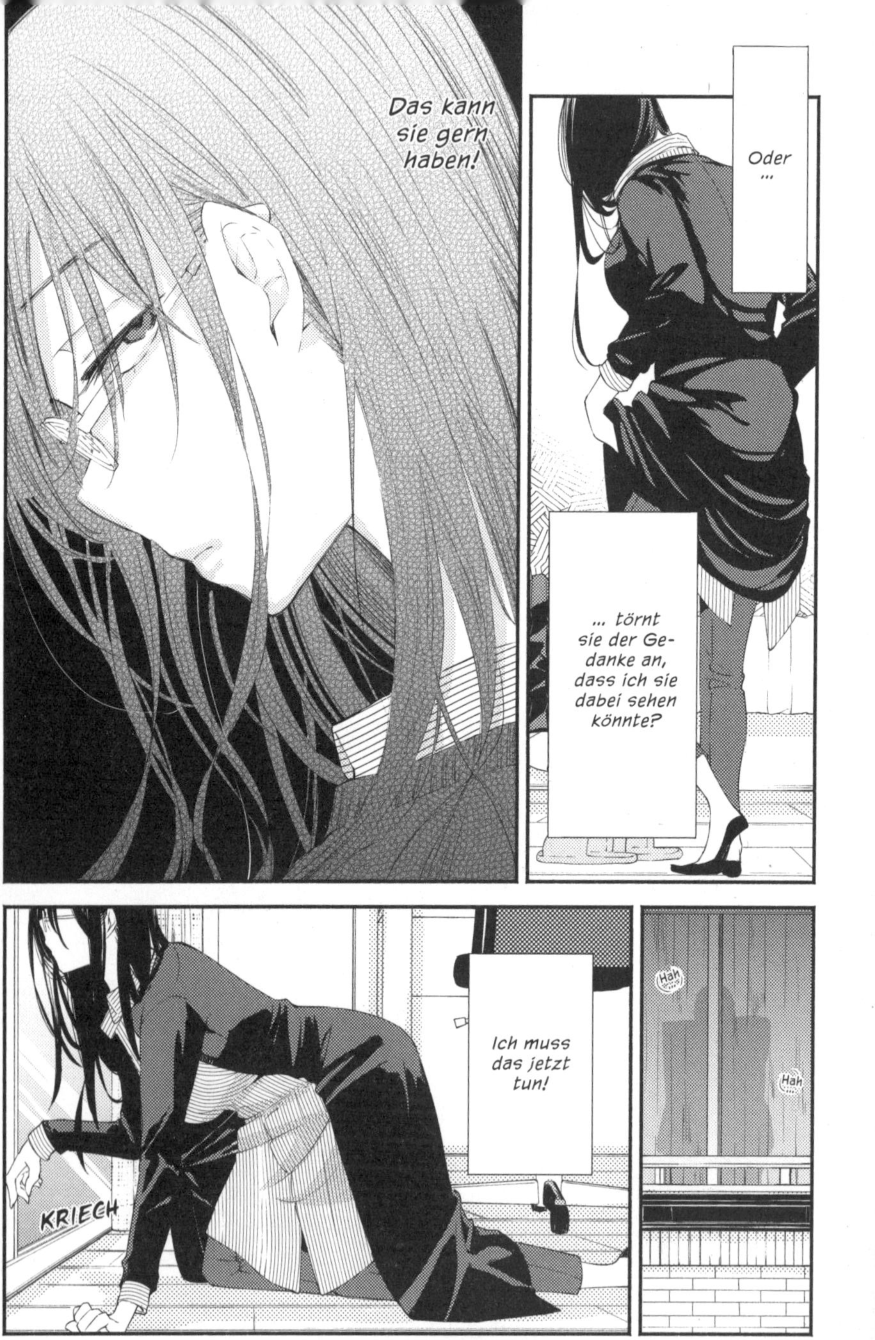
Oder …
… törnt sie der Gedanke an, dass ich sie dabei sehen könnte?
Das kann sie gern haben!
Hah
Hah
Ich muss das jetzt tun!
KRIECH

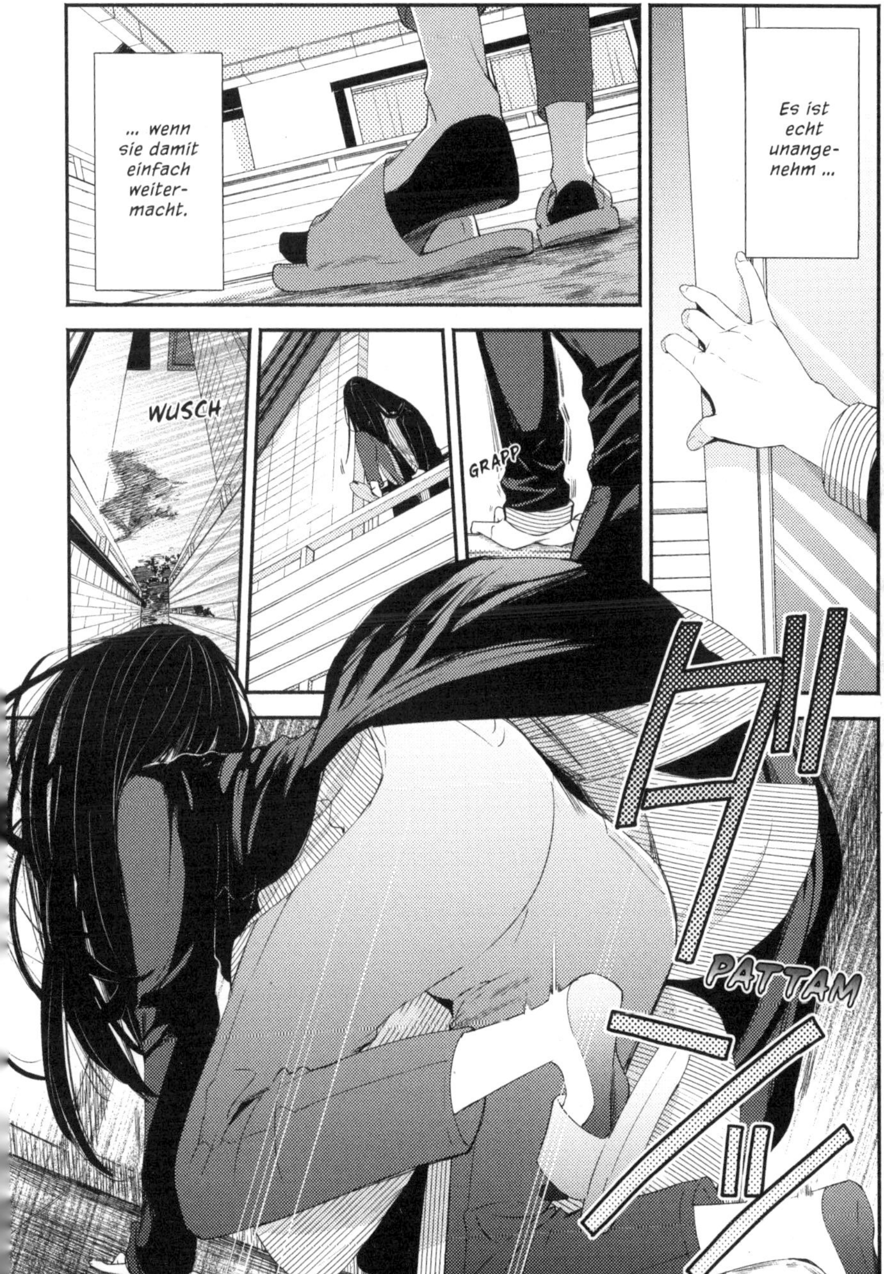

Es ist echt unangenehm ...
... wenn sie damit einfach weitermacht.
GRAPP
WUSCH
PATTAM

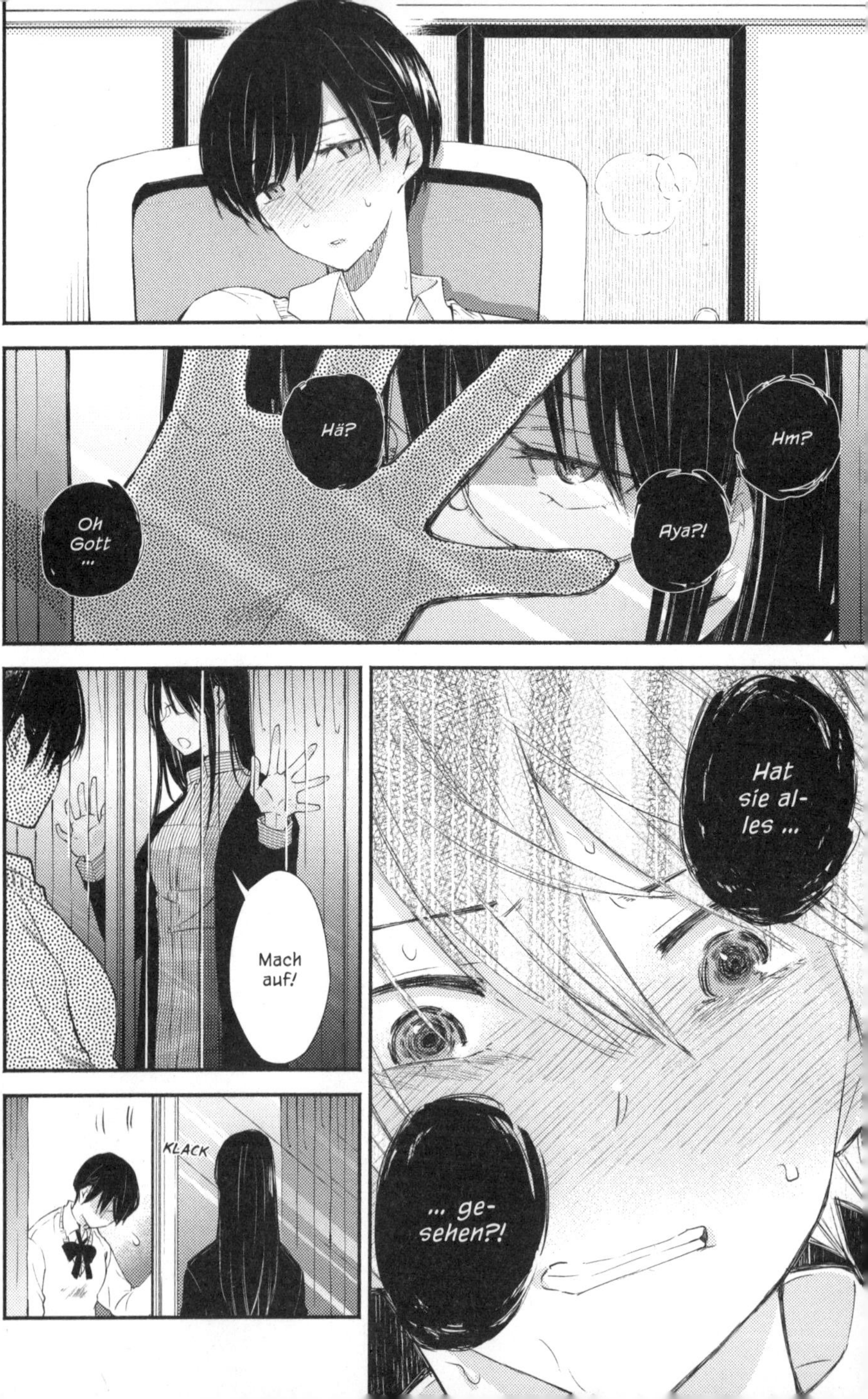
Hm?
Aya?!
Hä?
Oh Gott ...
Hat sie alles ...
... gesehen?!
Mach auf!
KLACK

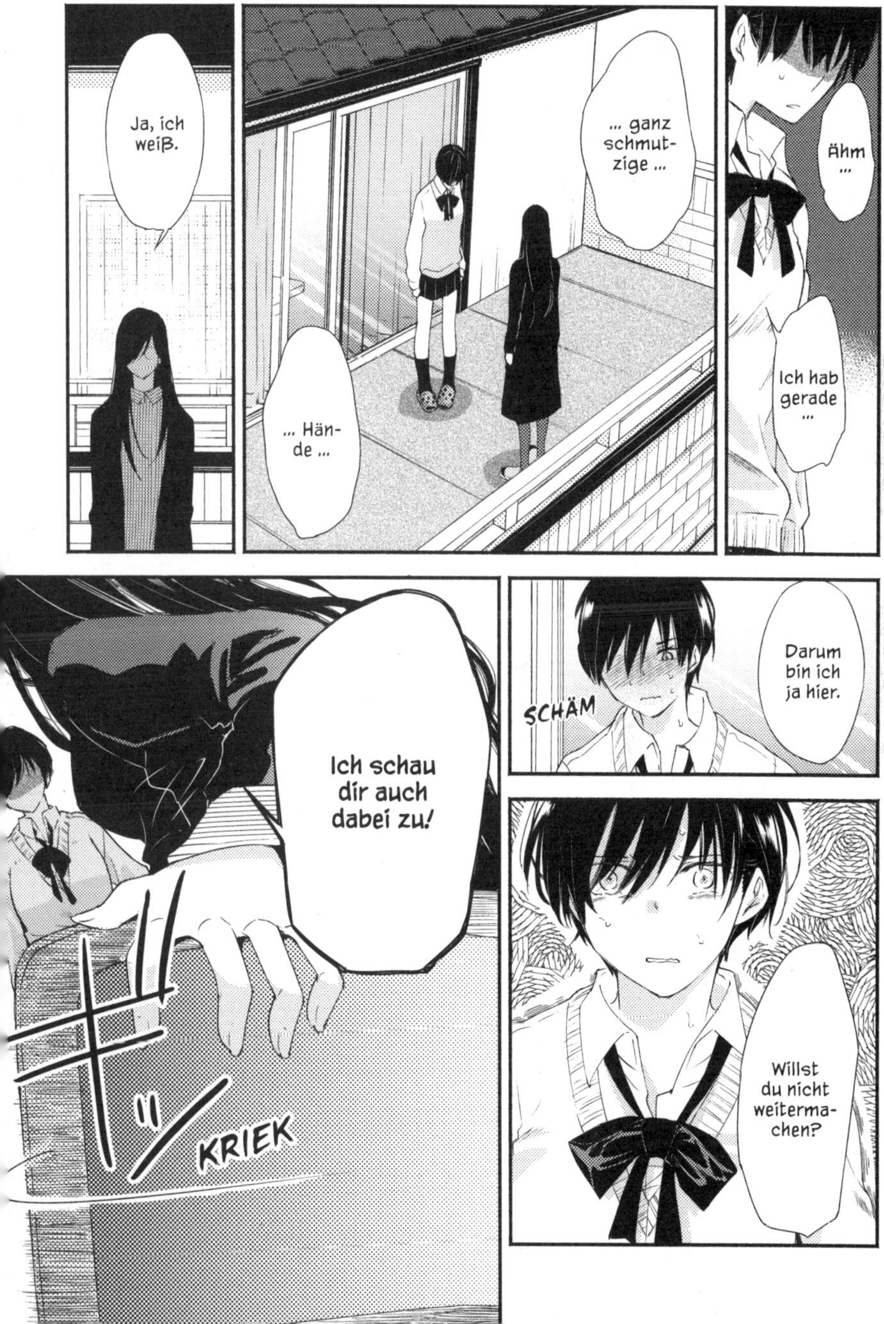
Ähm …
Ich hab gerade …
… ganz schmutzige …
… Hände …
Ja, ich weiß.
Darum bin ich ja hier.
SCHÄM
Ich schau dir auch dabei zu!
KRIEK
Willst du nicht weitermachen?

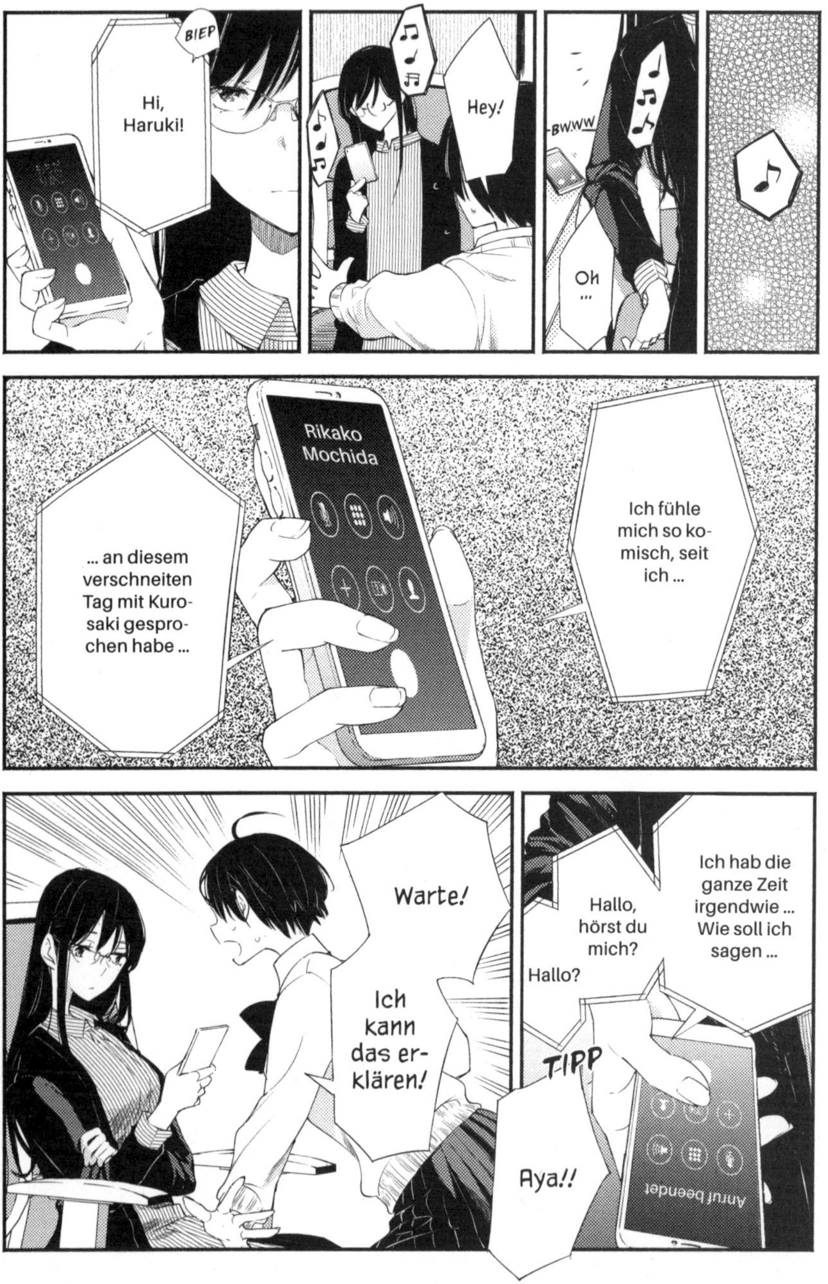
BWWW
Oh ...
Hey!
BIEP
Hi, Haruki!
Rikako Mochida
Ich fühle mich so komisch, seit ich ...
... an diesem verschneiten Tag mit Kurosaki gesprochen habe ...
Ich hab die ganze Zeit irgendwie ... Wie soll ich sagen ...
Hallo, hörst du mich?
Hallo?
TIPP
Aya!!
Warte!
Ich kann das erklären!

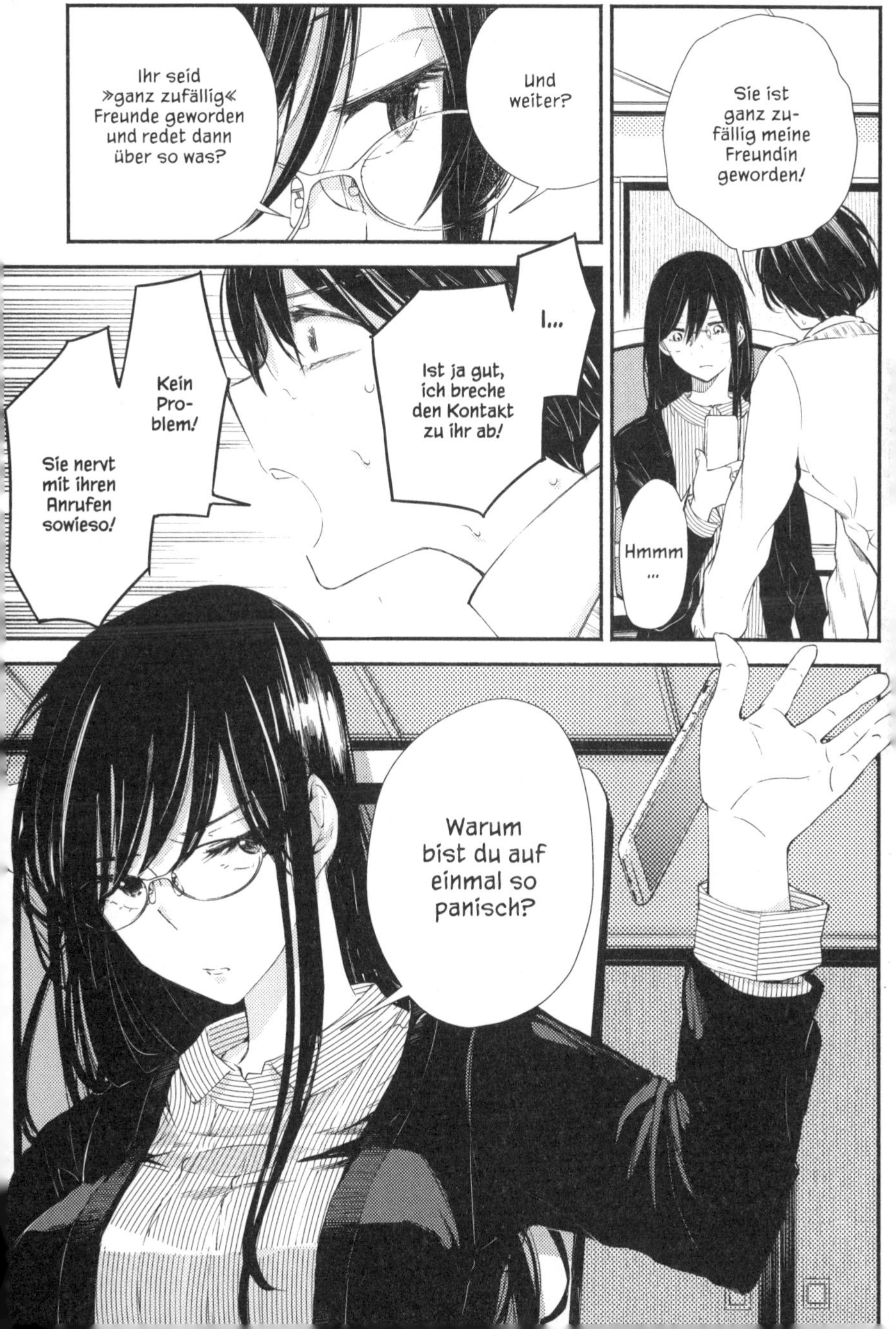

Sie ist ganz zufällig meine Freundin geworden!
Und weiter?
Ihr seid »ganz zufällig« Freunde geworden und redet dann über so was?
I...
Ist ja gut, ich breche den Kontakt zu ihr ab!
Kein Problem!
Sie nervt mit ihren Anrufen sowieso!
Hmmm ...
Warum bist du auf einmal so panisch?

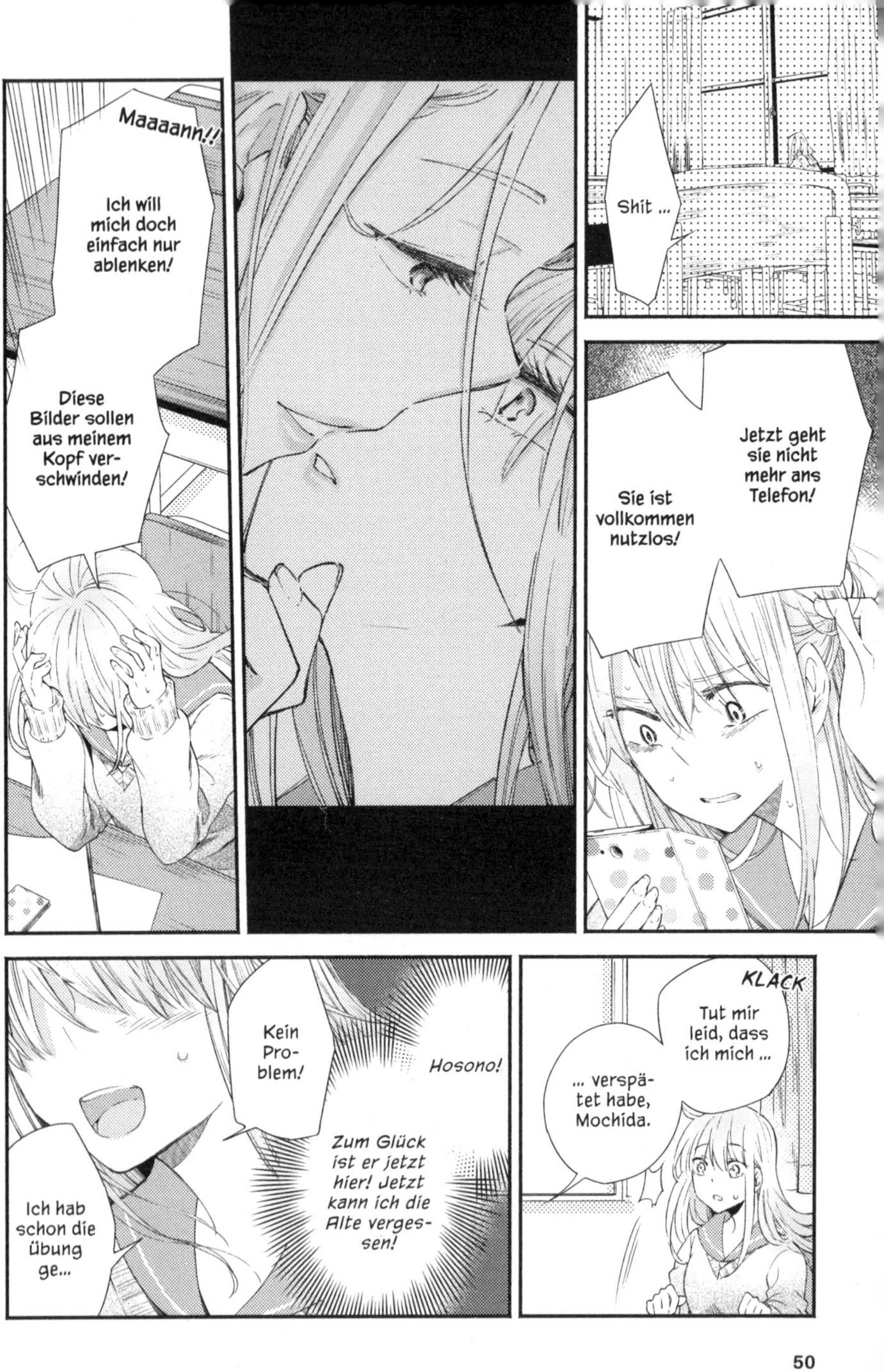

Shit ...
Jetzt geht sie nicht mehr ans Telefon!
Sie ist vollkommen nutzlos!
Maaaaann!!
Ich will mich doch einfach nur ablenken!
Diese Bilder sollen aus meinem Kopf verschwinden!
KLACK
Tut mir leid, dass ich mich ...
... verspätet habe, Mochida.
Hosono!
Kein Problem!
Zum Glück ist er jetzt hier! Jetzt kann ich die Alte vergessen!
Ich hab schon die übung ge...

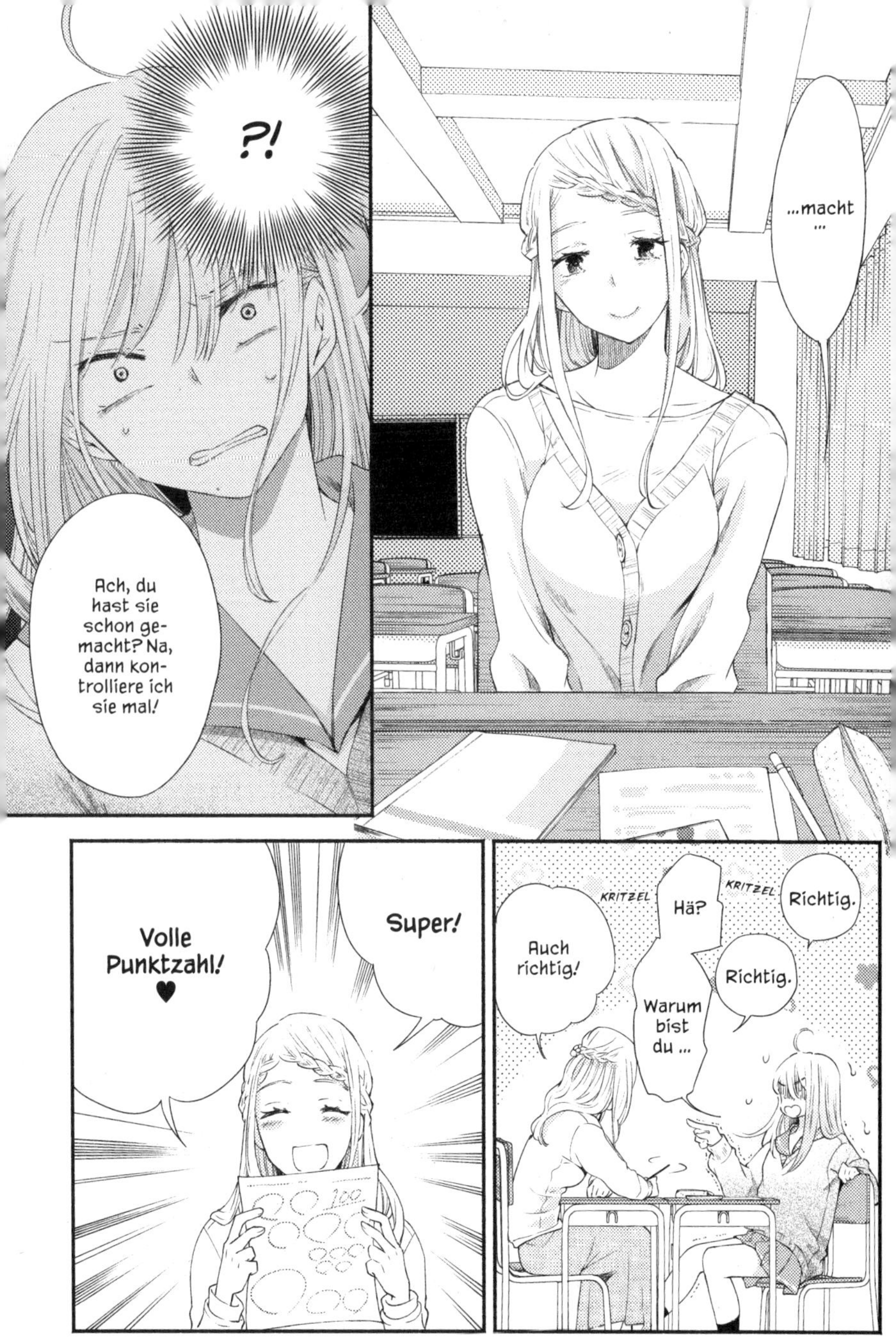
...macht ...
?!
Ach, du hast sie schon gemacht? Na, dann kontrolliere ich sie mal!
KRITZEL
Richtig.
KRITZEL
Hä?
Richtig.
Auch richtig!
Warum bist du ...
Super!
Volle Punktzahl! ♥
100

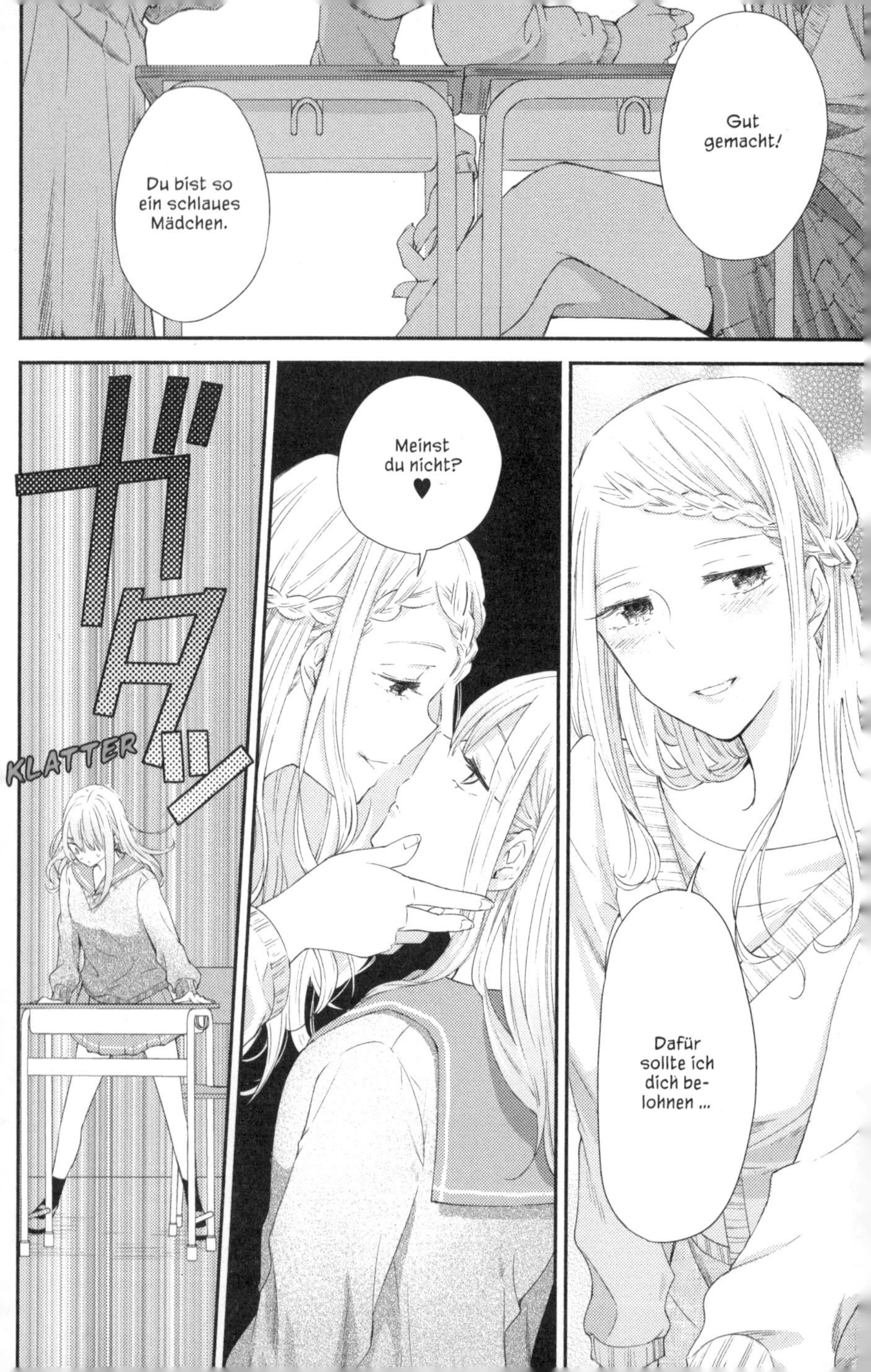
Gut gemacht!
Du bist so ein schlaues Mädchen.
Dafür sollte ich dich be- lohnen ...
Meinst du nicht? ♥
ガタッ
KLATTER

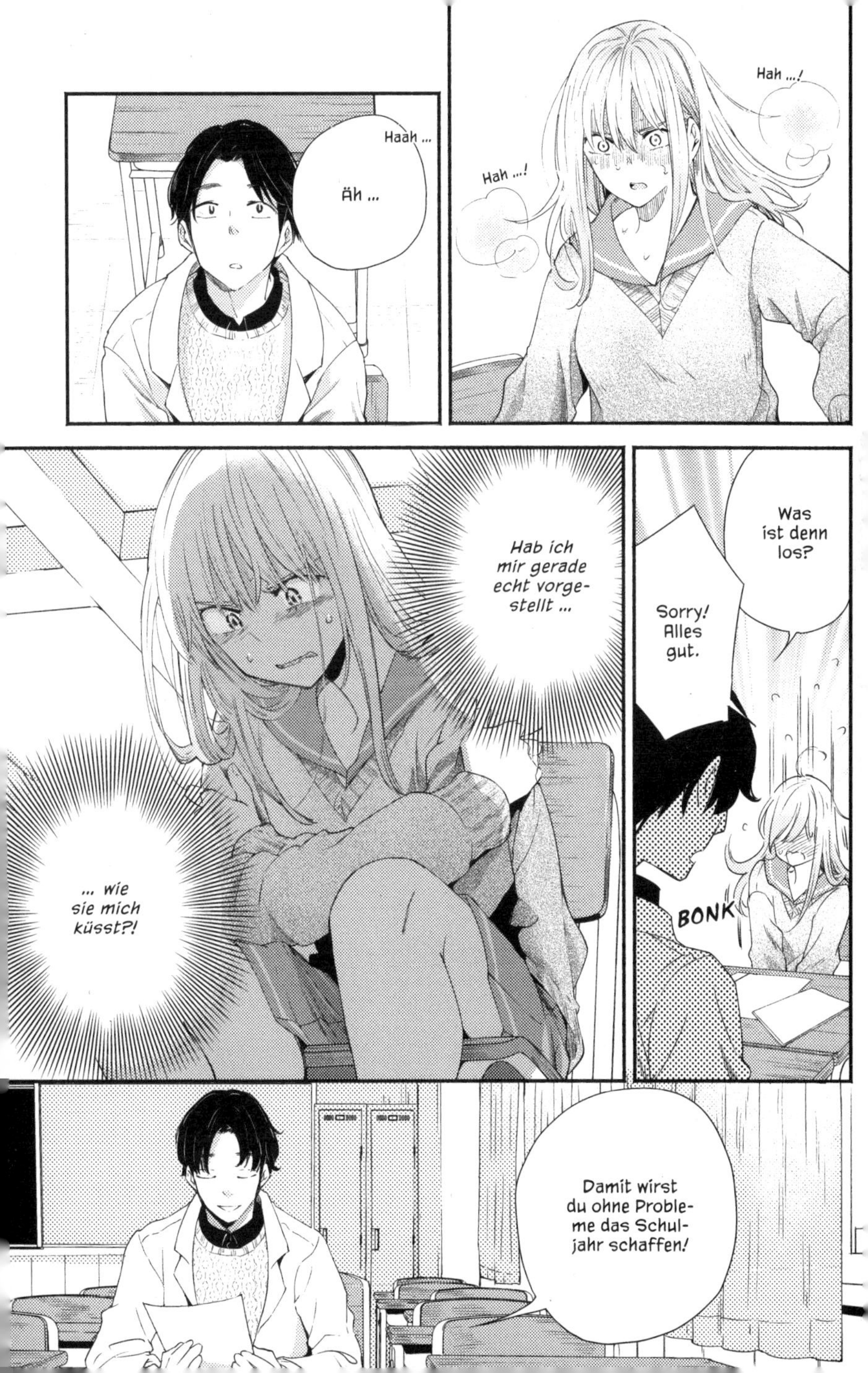
Hah ...!
Hah ...!
Haah ...
Äh ...
Was ist denn los?
Sorry! Alles gut.
BONK
Hab ich mir gerade echt vorgestellt ...
... wie sie mich küsst?!
Damit wirst du ohne Probleme das Schuljahr schaffen!

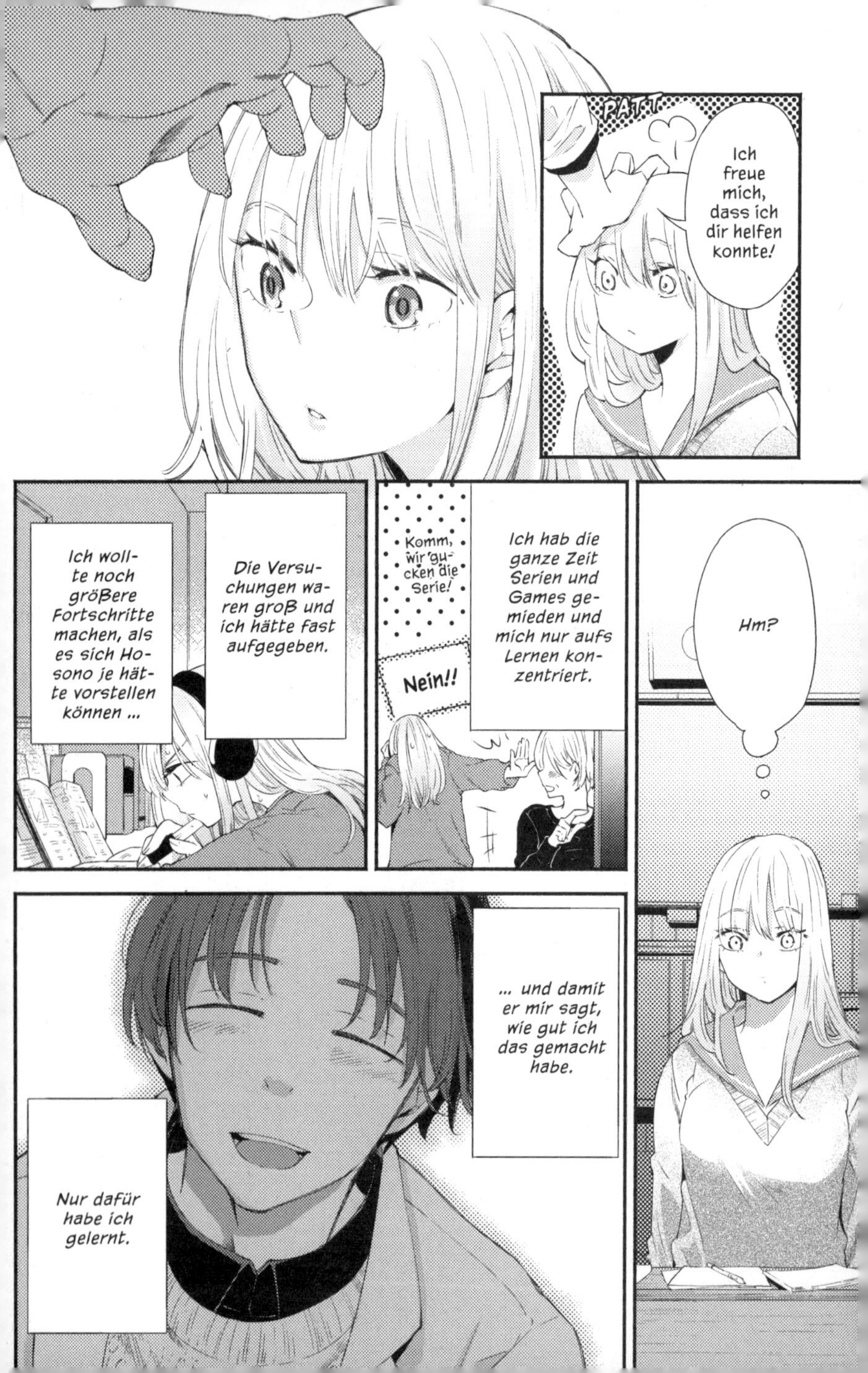
PATT
Ich freue mich, dass ich dir helfen konnte!
Hm?
Ich hab die ganze Zeit Serien und Games gemieden und mich nur aufs Lernen konzentriert.
Komm, wir gucken die Serie!
Nein!!
Die Versuchungen waren groß und ich hätte fast aufgegeben.
Ich wollte noch größere Fortschritte machen, als es sich Hosono je hätte vorstellen können ...
... und damit er mir sagt, wie gut ich das gemacht habe.
Nur dafür habe ich gelernt.

Aber ...
... warum ...
... emp-
finde
ich jetzt
nichts?

Ngh …
FLAPP
Das ist echt …
… krank …

Musst du unbedingt auf mir sitzen?
W... Wenn ich das jetzt machen soll ...
... will ich dir dabei zumindest so nah wie möglich sein ...
Bitte, nur ein bisschen ...
Aber fass mich nicht an!
Es fühlt sich an ...
Hah ...
Hah ...
Hah ...
Mmh ...
Tropf bloß nicht auf mich drauf!
Okay ...
... als würde ich hier etwas total Perverses tun ...
Ja-ja ...

STRECK
Wenn es unbedingt sein muss ...
... als würde ich Haruki disziplinieren.
Raube ich ihr ...
... damit den Verstand?
Sonst lässt du ...
... mich ja nicht in Ruhe, oder?
SST
Äh ...
Hä?!
Dominanz, die auch Seis Leben ...
REIB
... komplett verändern soll ...
Hey!
Nein ...
Warte ...
Hmm ...
Hah ...
ZITTER
Uh ...
Wenn du so was machst, bin ich ...
Fuuuh ...
KNET

Warum erregt mich das so sehr?
... in die ich mich verliebt habe.
Sie hat sich verändert durch ...
... Sei.
So ist die Frau jetzt also drauf ...
ピタッ
PATT
Stopp!

Es reicht.
Aber wir sind ...
Nein, Schluss!
Ich will nicht, dass du mit mir das Gleiche machst ...
... was du mit Kurosaki machst!
SPLISCH
SPLISCH
Die Aya, die ich mal kannte, hätte so was nie gemacht ...
Ich wollte gar nicht, dass es so weit kommt.
Das sollte bloß ...
... eine Art Rollenspiel sein.

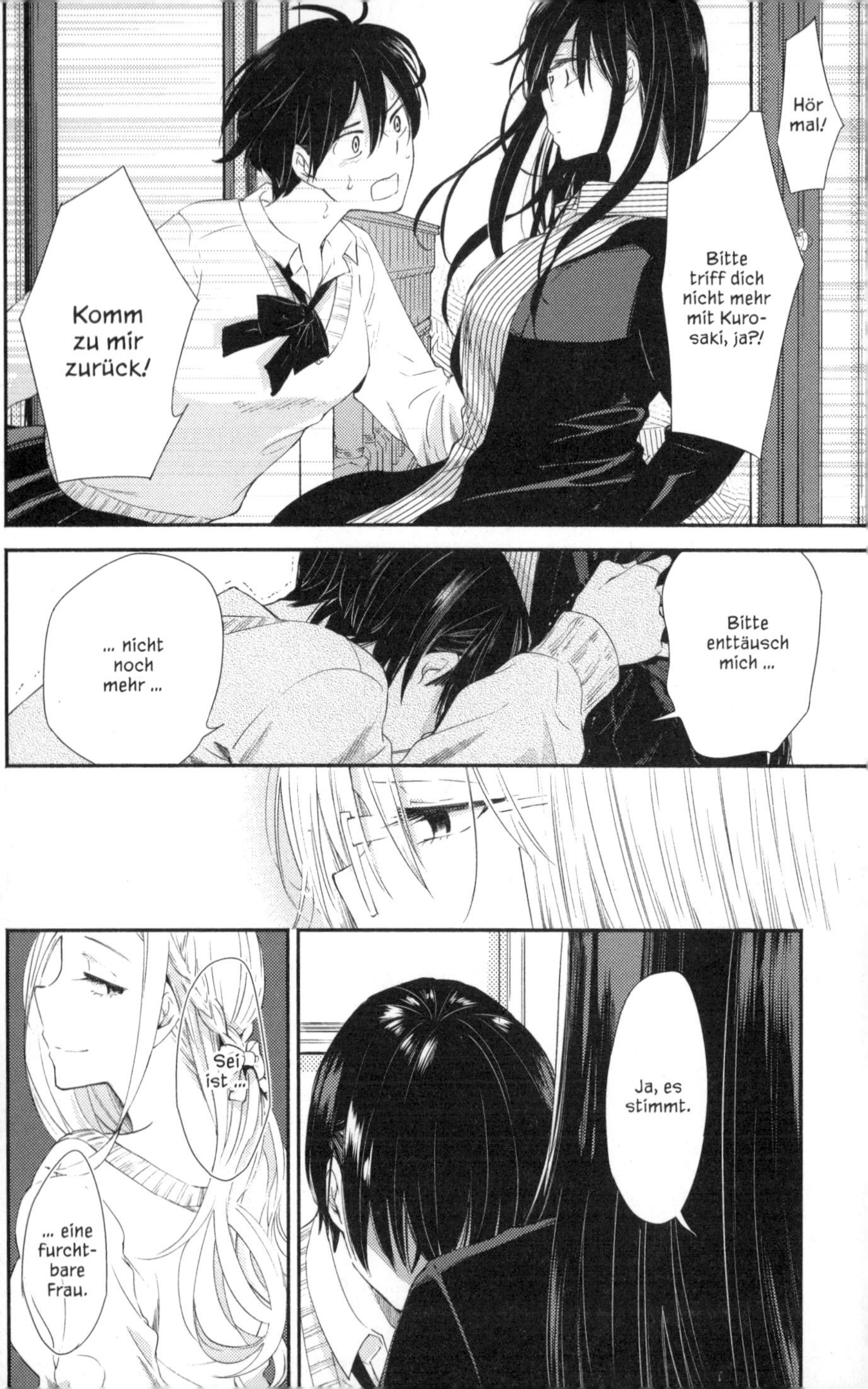
Hör mal!
Bitte triff dich nicht mehr mit Kurosaki, ja?!
Komm zu mir zurück!
Bitte enttäusch mich ...
... nicht noch mehr ...
Ja, es stimmt.
Sei ist ...
... eine furchtbare Frau.

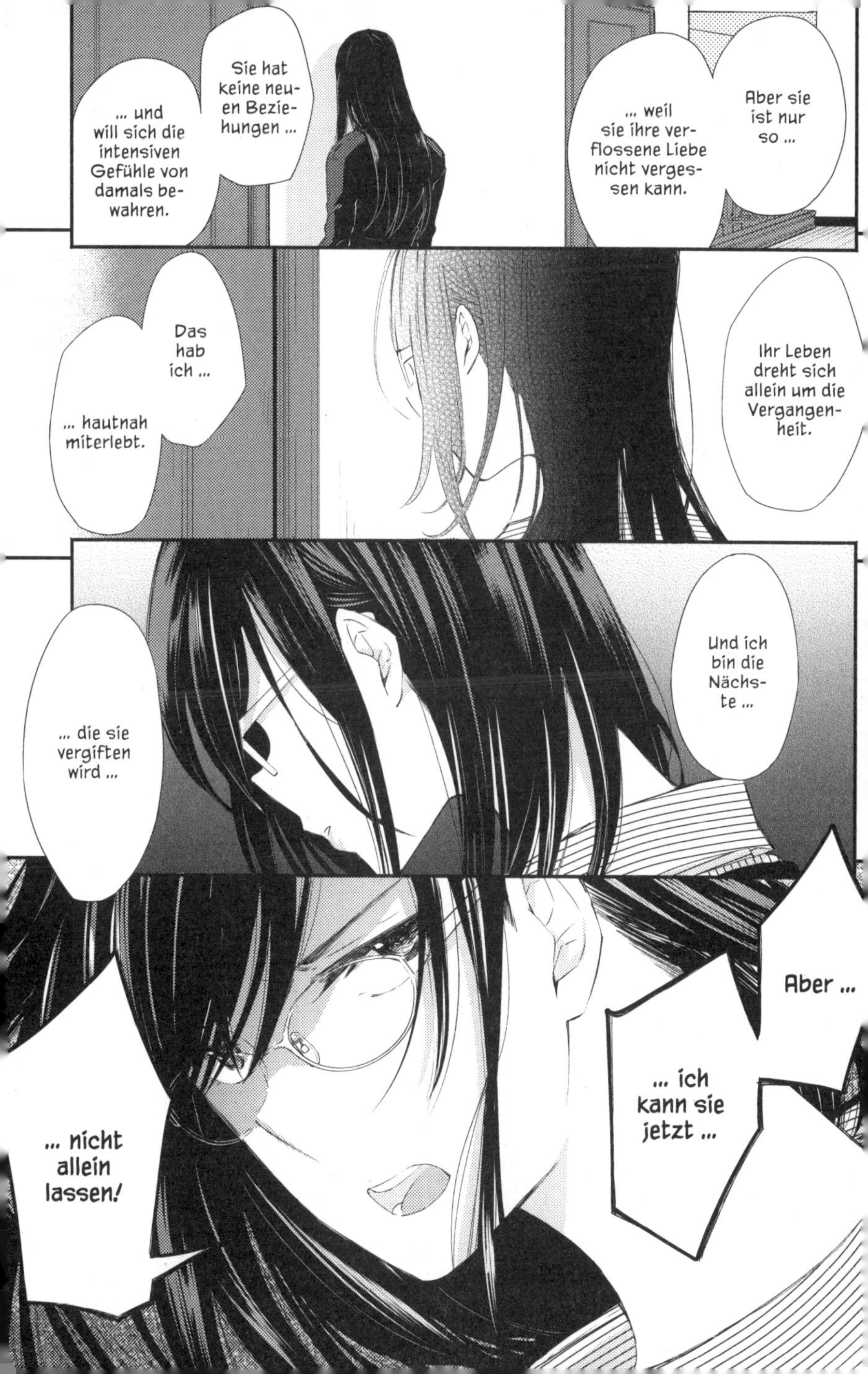

Aber sie ist nur so ...
... weil sie ihre verflossene Liebe nicht vergessen kann.
Sie hat keine neuen Beziehungen ...
... und will sich die intensiven Gefühle von damals bewahren.
Ihr Leben dreht sich allein um die Vergangenheit.
Das hab ich ...
... hautnah miterlebt.
Und ich bin die Nächste ...
... die sie vergiften wird ...
Aber ...
... ich kann sie jetzt ...
... nicht allein lassen!

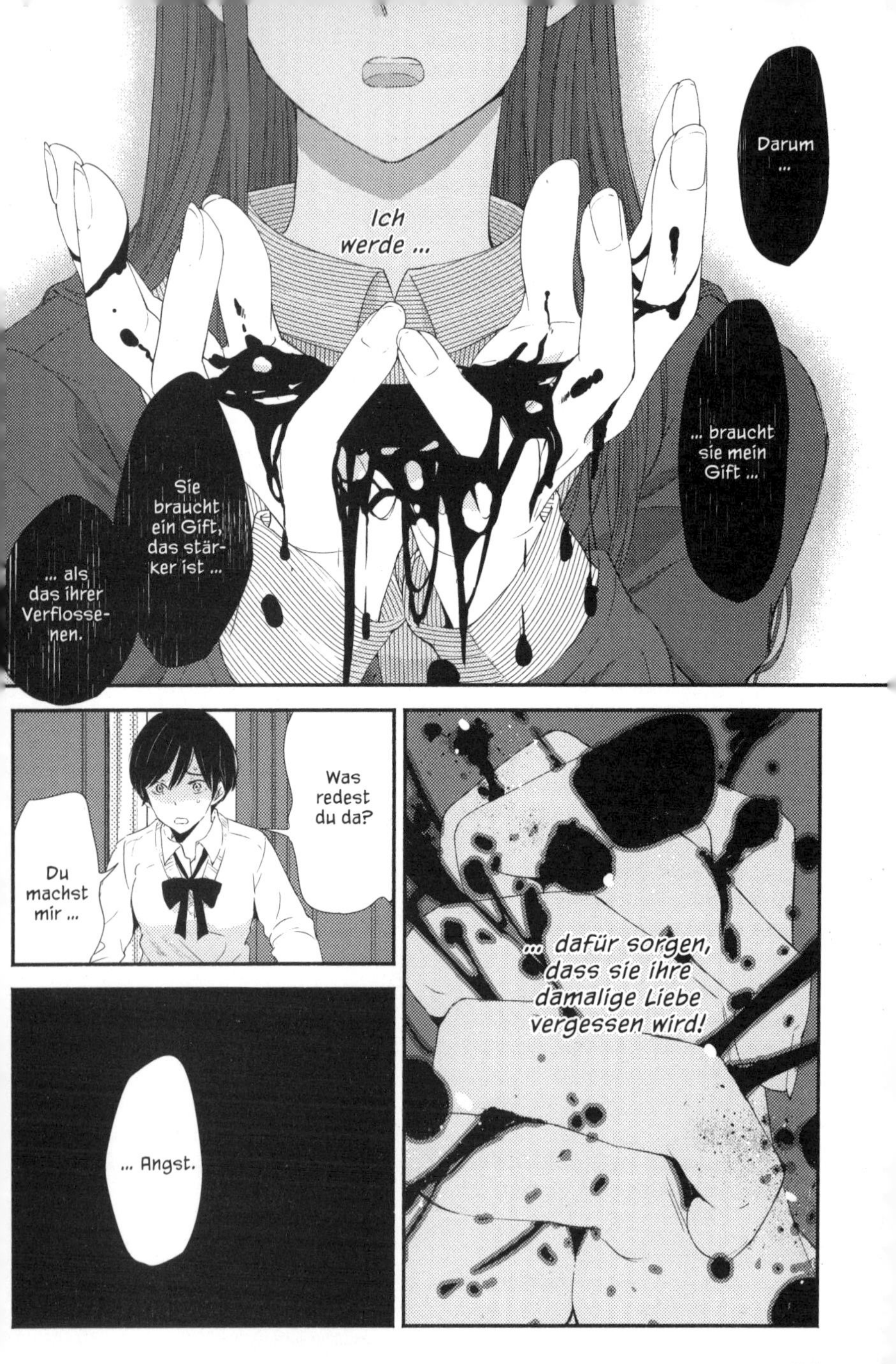
Darum ...
... braucht sie mein Gift ...
Sie braucht ein Gift, das stärker ist ...
... als das ihrer Verflossenen.
Ich werde ...
... dafür sorgen, dass sie ihre damalige Liebe vergessen wird!
Was redest du da?
Du machst mir ...
... Angst.

# Toxic Love Affair

# Toxic Love Affair

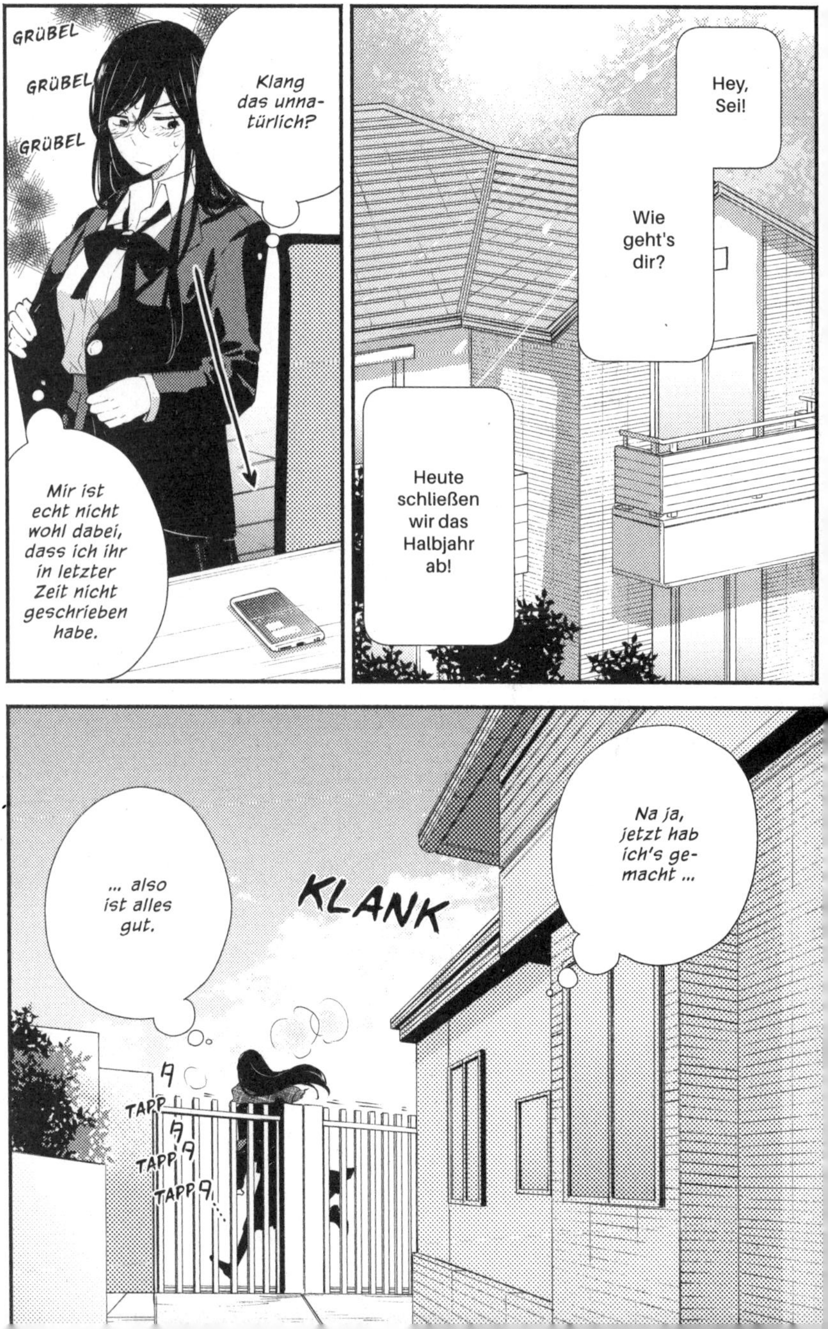
Hey, Sei!
Wie geht's dir?
Heute schließen wir das Halbjahr ab!
GRÜBEL
GRÜBEL
GRÜBEL
Klang das unnatürlich?
Mir ist echt nicht wohl dabei, dass ich ihr in letzter Zeit nicht geschrieben habe.
Na ja, jetzt hab ich's gemacht ...
KLANK
... also ist alles gut.
TAPP
TAPP
TAPP

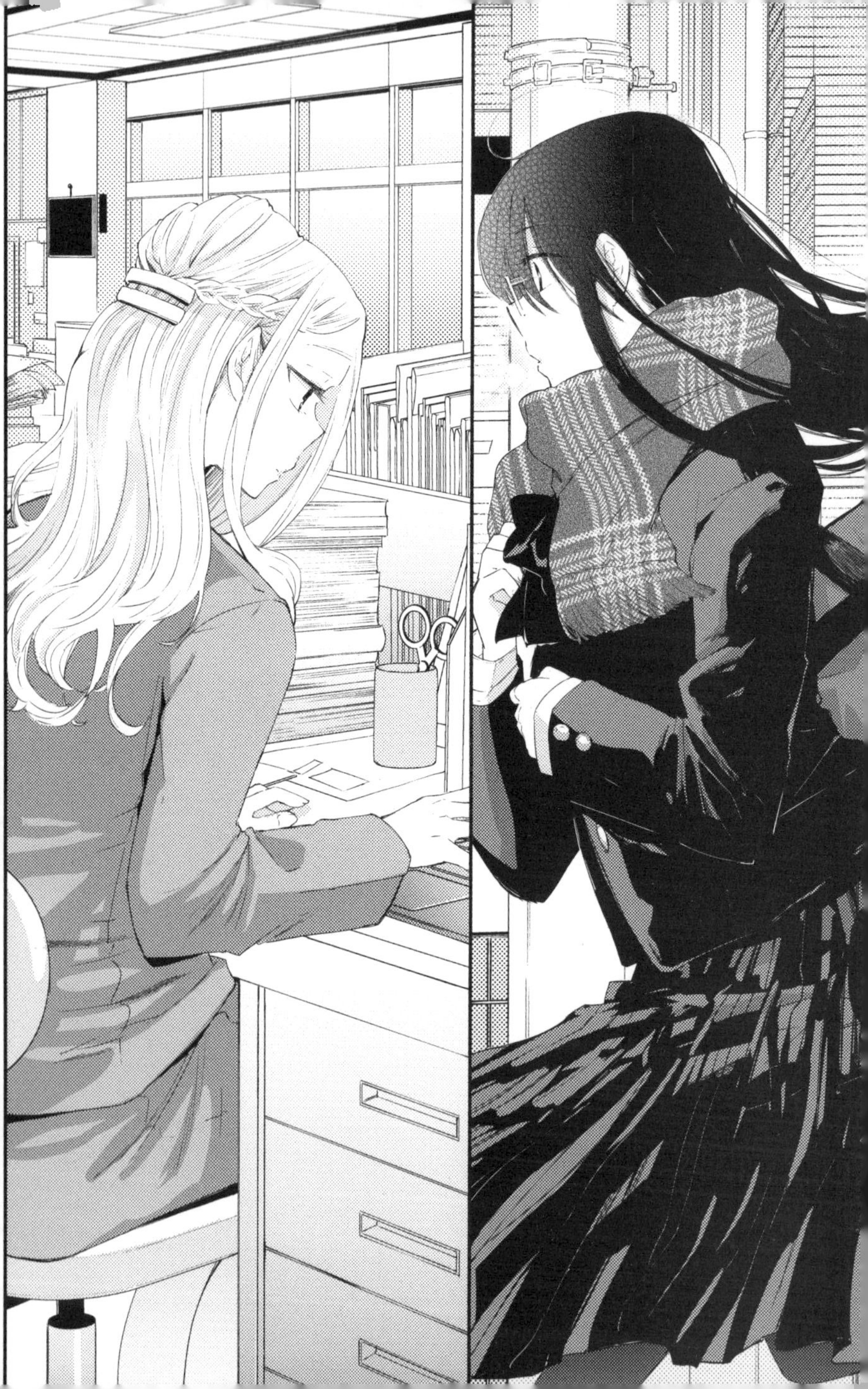

*Anrede für Künstler, Lehrer, Ärzte etc.

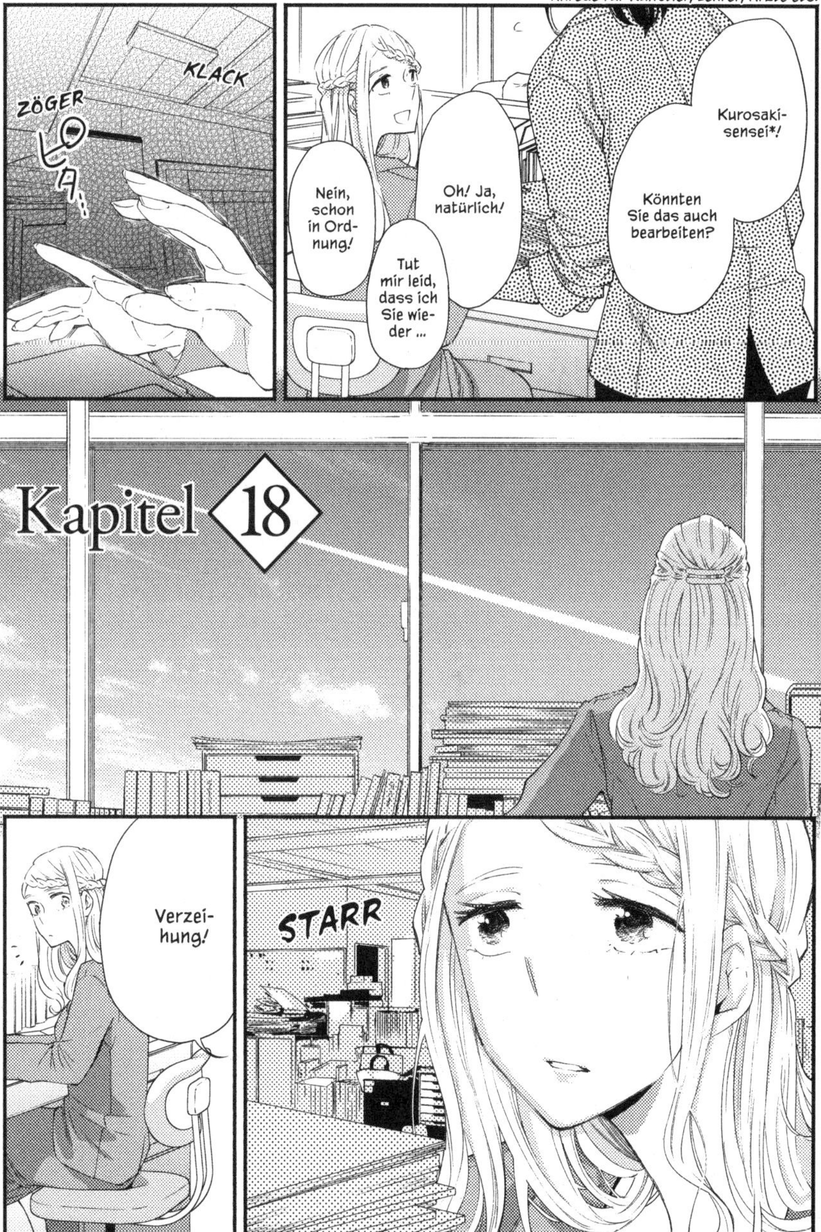

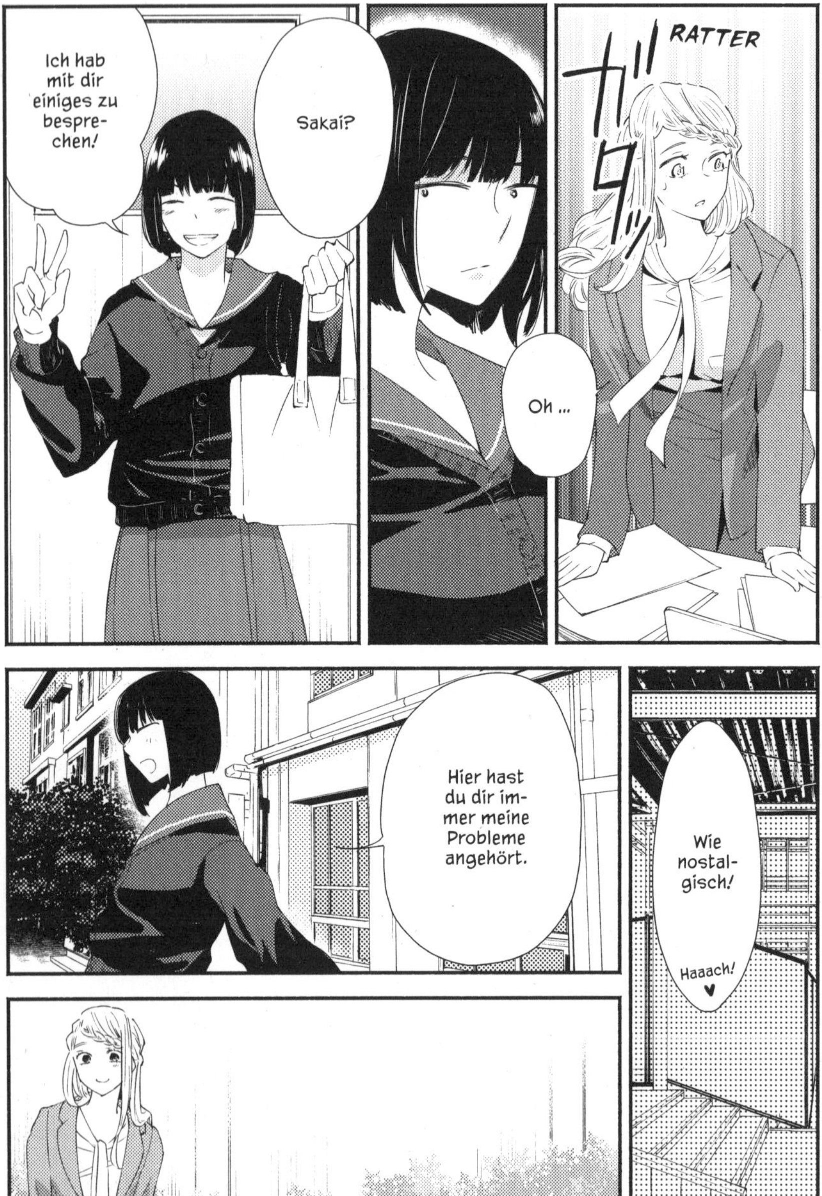
RATTER
Oh ...
Sakai?
Ich hab mit dir einiges zu besprechen!
Wie nostalgisch!
Haaach!
Hier hast du dir immer meine Probleme angehört.

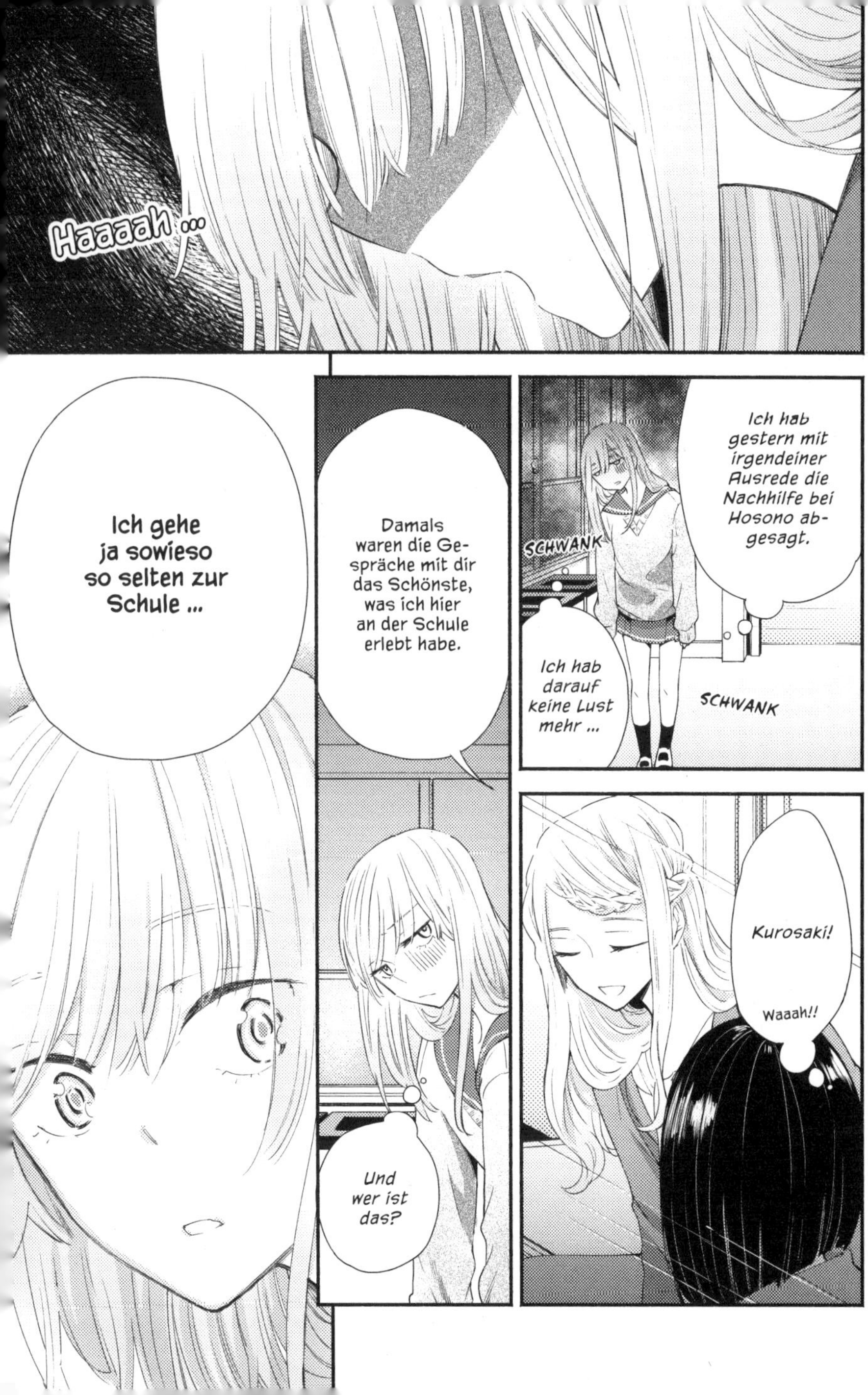
Haaaah ...
Ich hab gestern mit irgendeiner Ausrede die Nachhilfe bei Hosono ab-gesagt.
SCHWANK
SCHWANK
Ich hab darauf keine Lust mehr ...
Damals waren die Ge-spräche mit dir das Schönste, was ich hier an der Schule erlebt habe.
Ich gehe ja sowieso so selten zur Schule ...
Kurosaki!
Waaah!!
Und wer ist das?

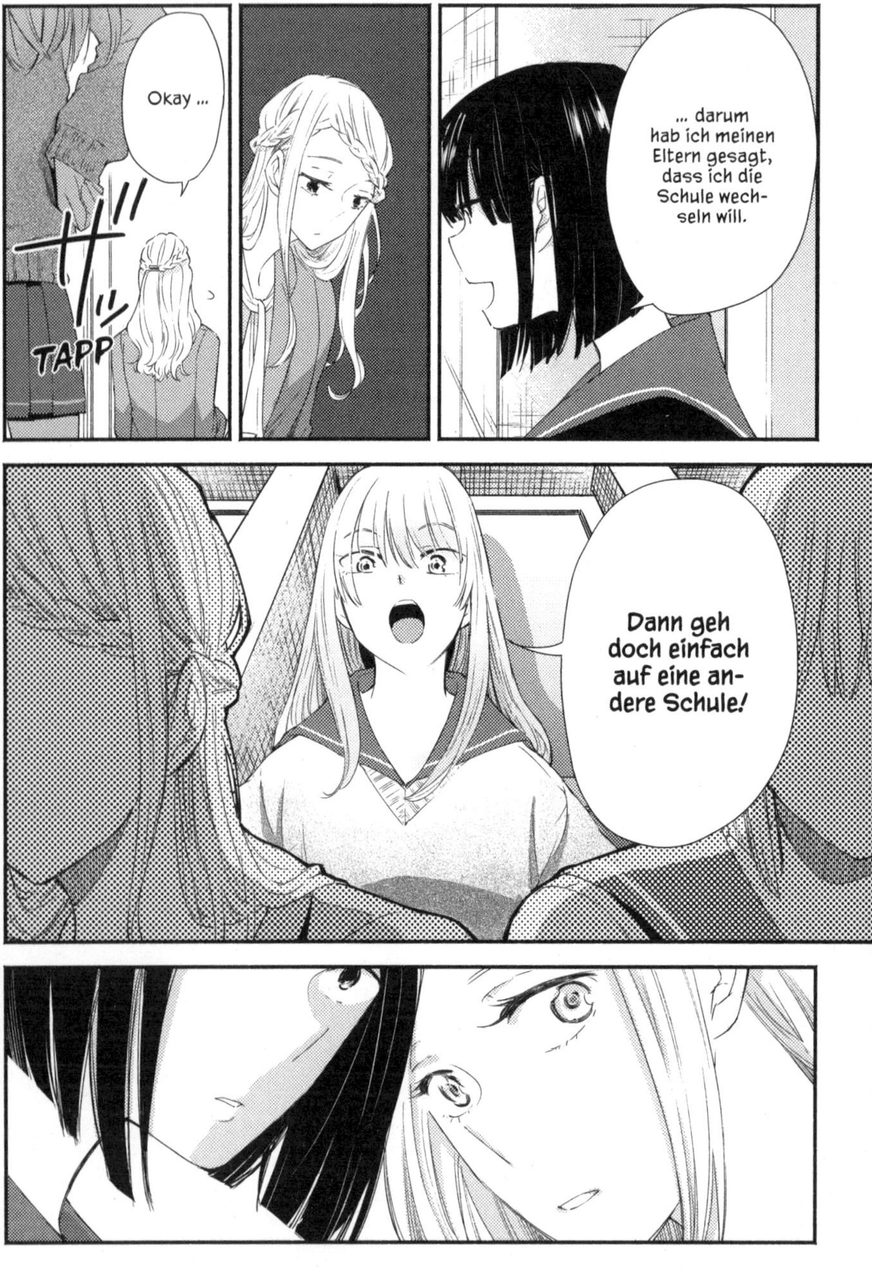
... darum hab ich meinen Eltern gesagt, dass ich die Schule wech-seln will.
Okay ...
TAPP
Dann geh doch einfach auf eine an-dere Schule!

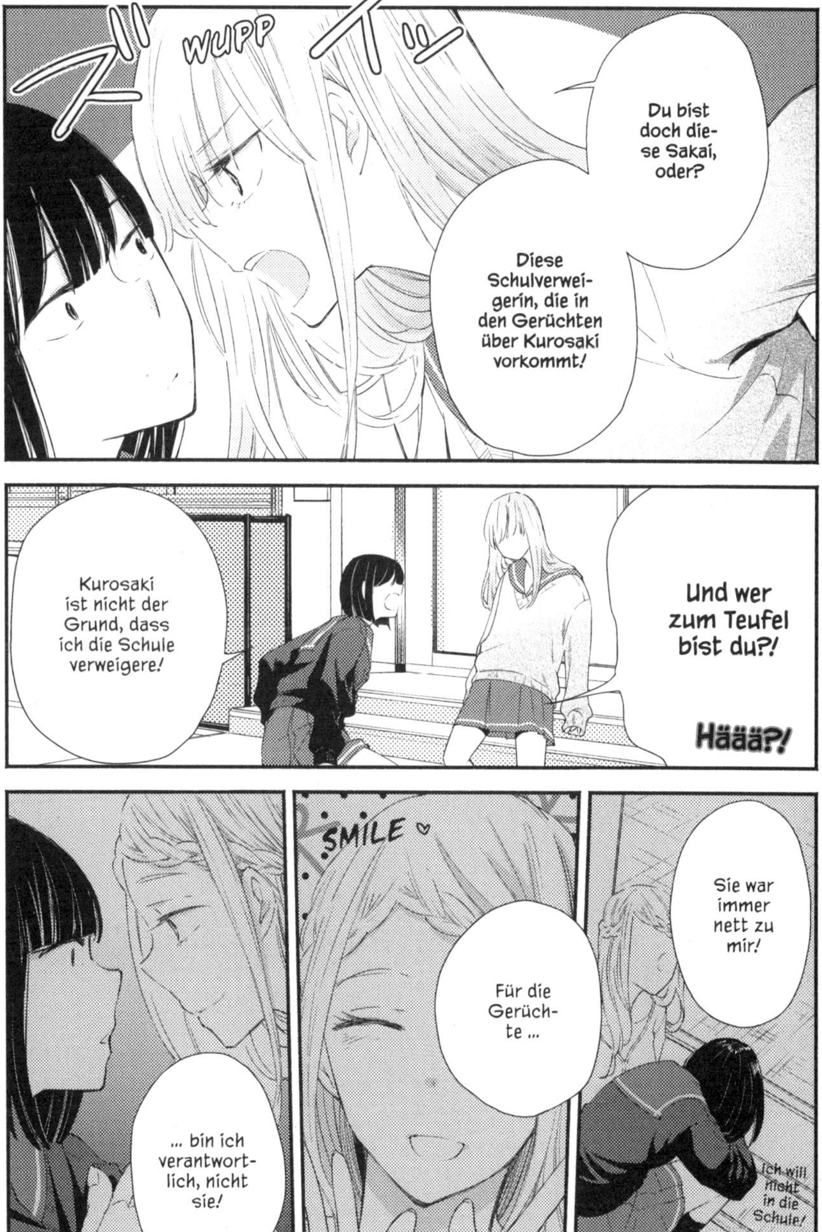
WUPP
Du bist doch diese Sakai, oder?
Diese Schulverweigerin, die in den Gerüchten über Kurosaki vorkommt!
Und wer zum Teufel bist du?!
Häää?!
Kurosaki ist nicht der Grund, dass ich die Schule verweigere!
Sie war immer nett zu mir!
Ich will nicht in die Schule!
SMILE
Für die Gerüchte ...
... bin ich verantwortlich, nicht sie!

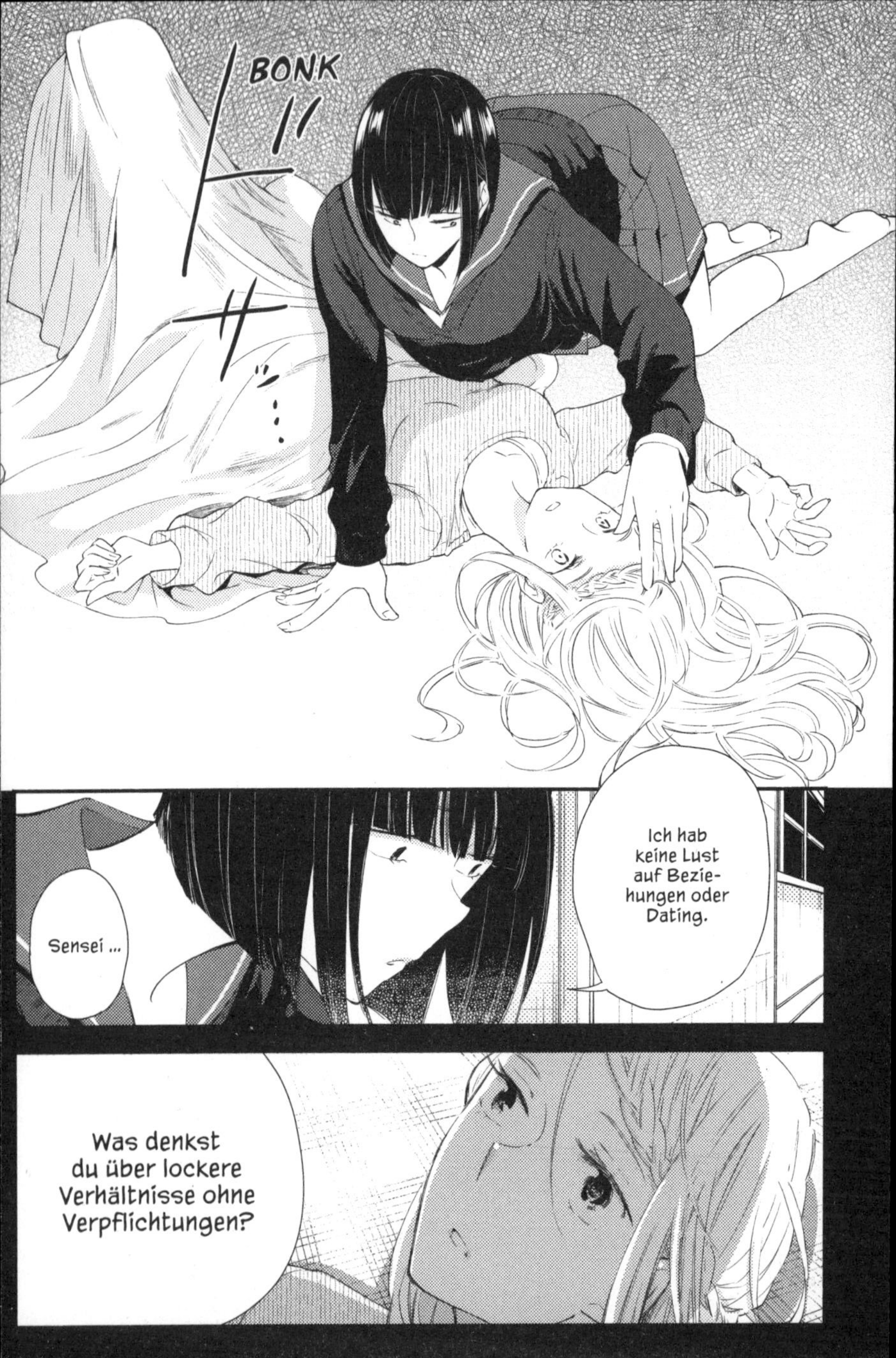

BONK
Ich hab keine Lust auf Beziehungen oder Dating.
Sensei ...
Was denkst du über lockere Verhältnisse ohne Verpflichtungen?

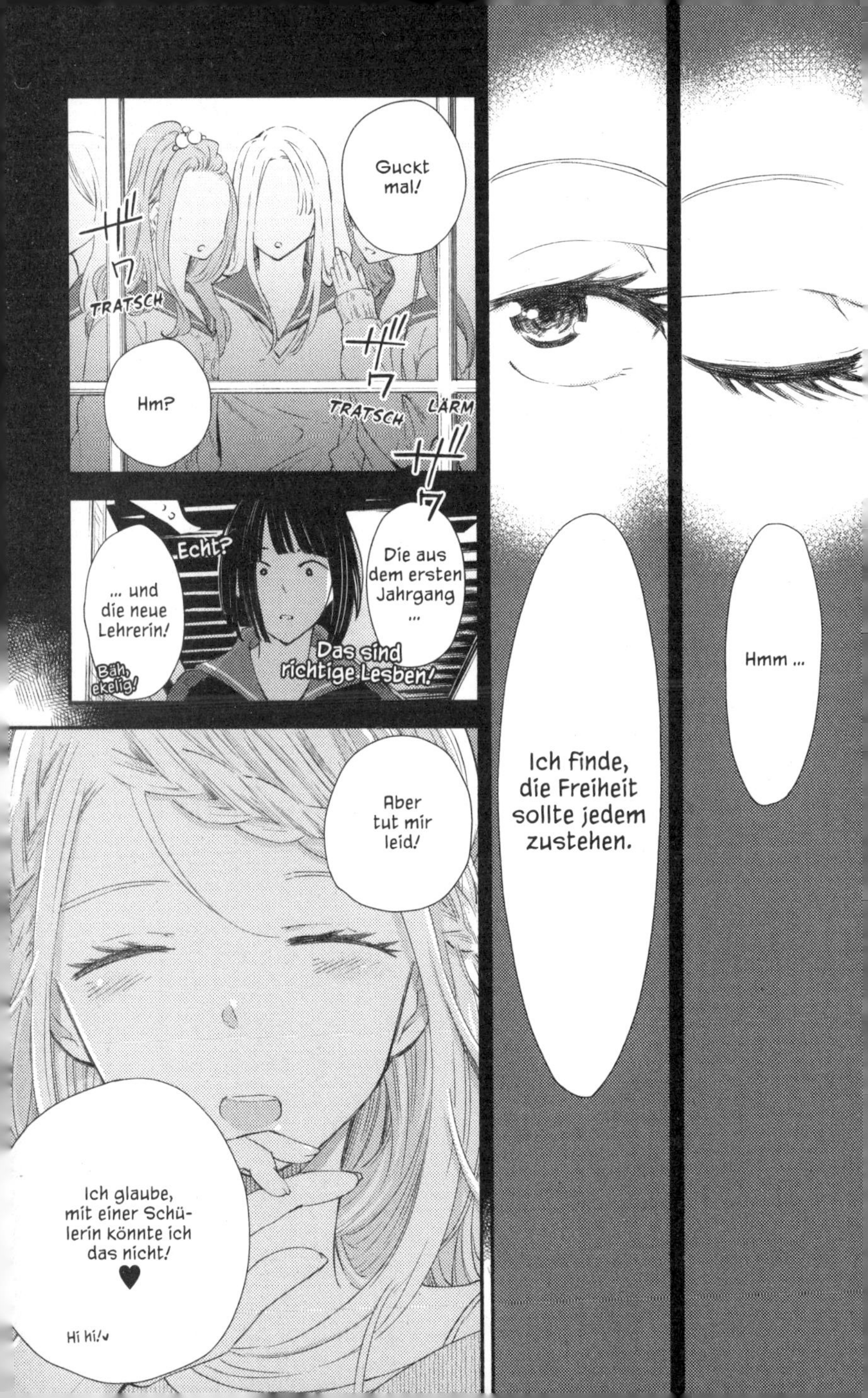

TRATSCH
Guckt mal!
Hm?
TRATSCH
LÄRM
Die aus dem ersten Jahrgang ...
Echt?
... und die neue Lehrerin!
Das sind richtige Lesben!
Bäh, ekelig!
Aber tut mir leid!
Ich glaube, mit einer Schülerin könnte ich das nicht! ♥
Hi hi!
Hmm ...
Ich finde, die Freiheit sollte jedem zustehen.

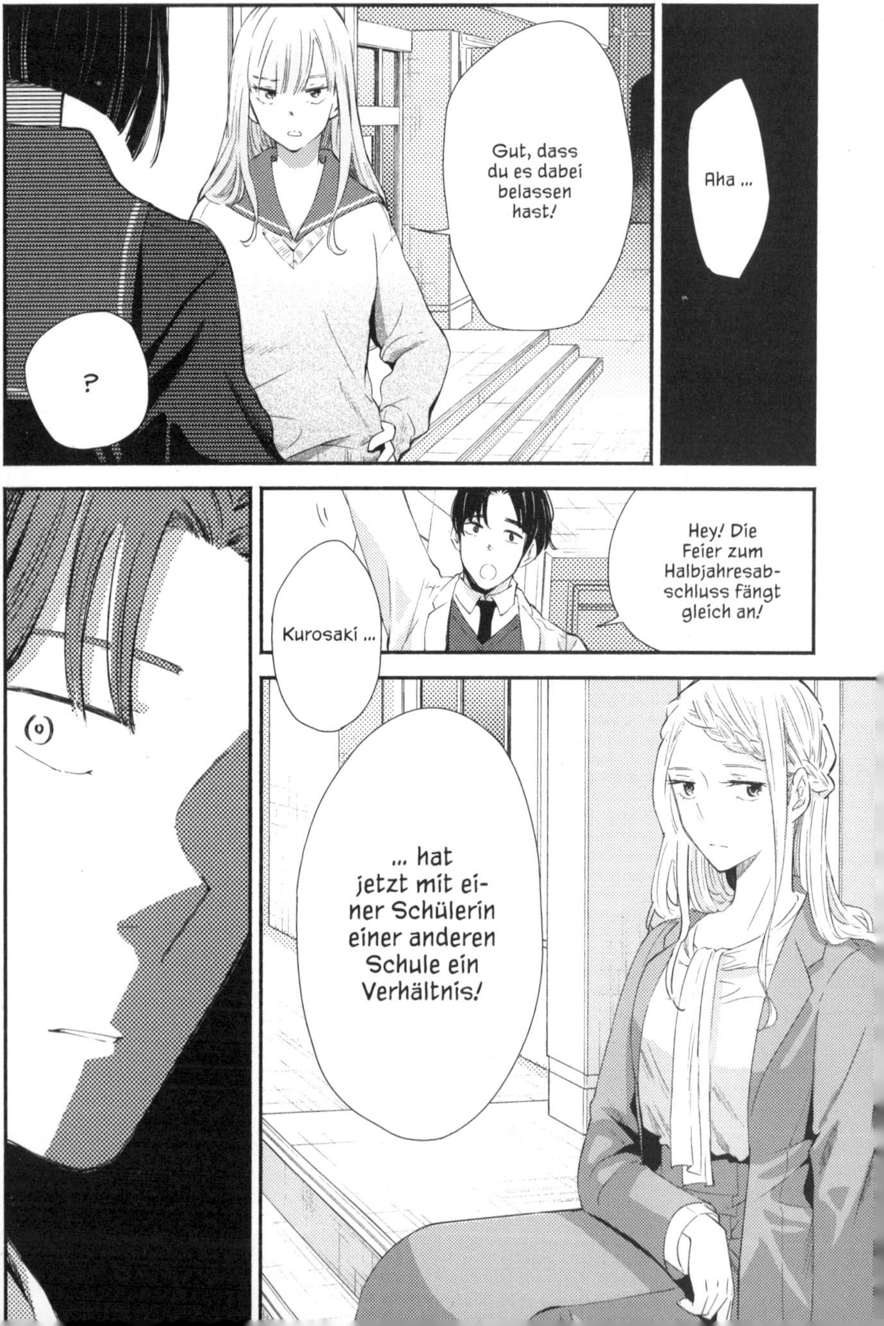
Aha ...
Gut, dass du es dabei belassen hast!
?
Hey! Die Feier zum Halbjahresab- schluss fängt gleich an!
Kurosaki ...
... hat jetzt mit ei- ner Schülerin einer anderen Schule ein Verhältnis!

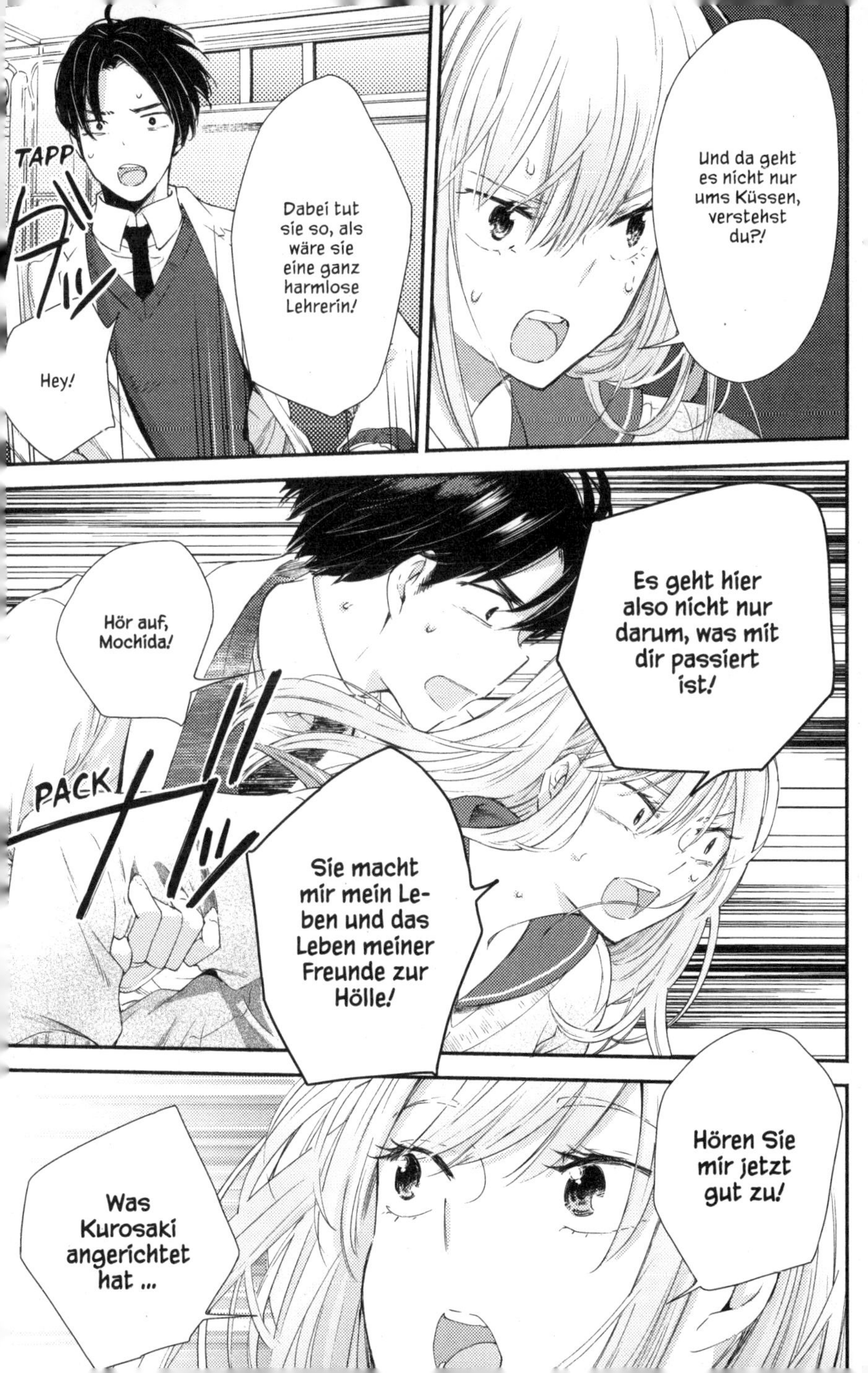
Und da geht es nicht nur ums Küssen, verstehst du?!
Dabei tut sie so, als wäre sie eine ganz harmlose Lehrerin!
TAPP
Hey!
Es geht hier also nicht nur darum, was mit dir passiert ist!
Hör auf, Mochida!
PACK
Sie macht mir mein Leben und das Leben meiner Freunde zur Hölle!
Hören Sie mir jetzt gut zu!
Was Kurosaki angerichtet hat ...

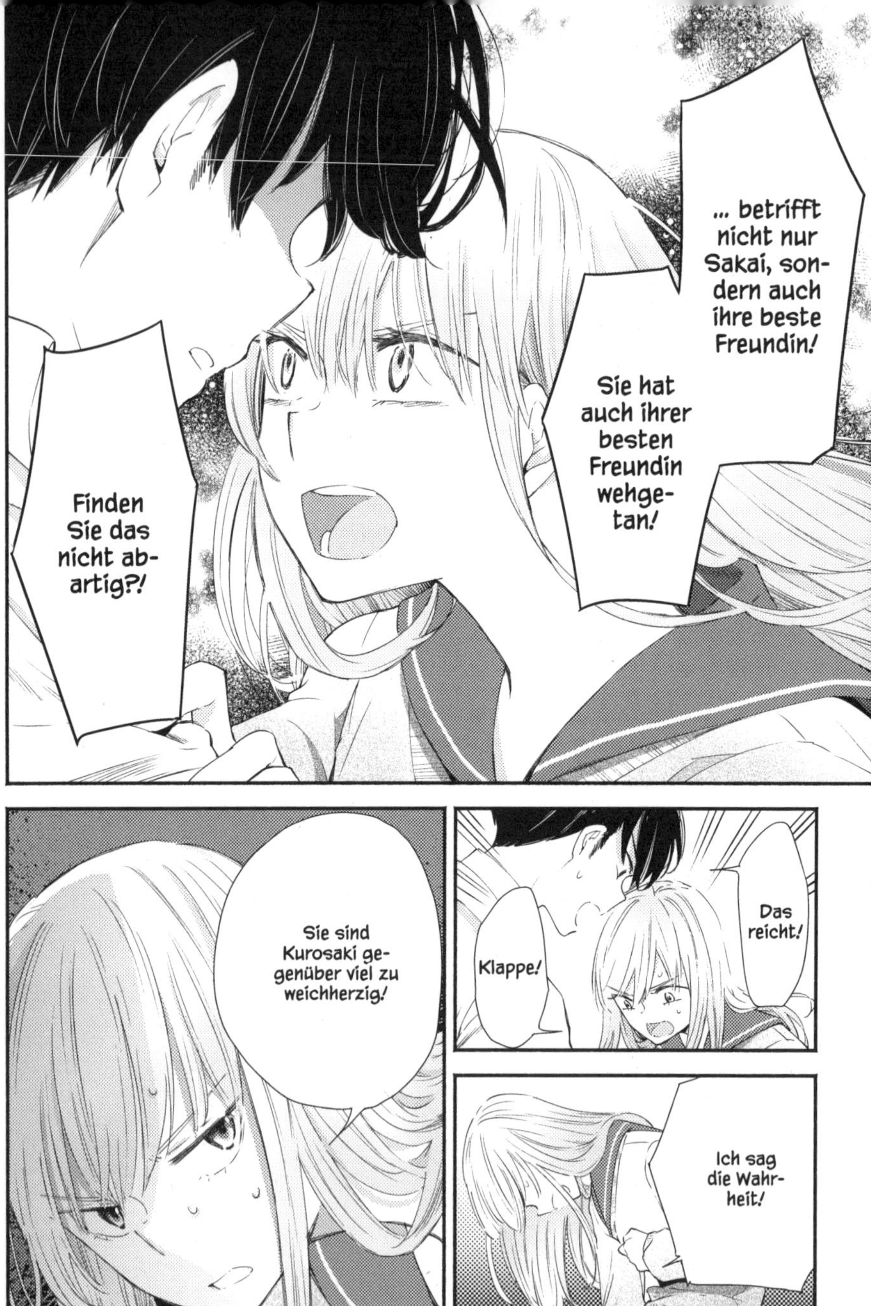
... betrifft nicht nur Sakai, sondern auch ihre beste Freundin!
Sie hat auch ihrer besten Freundin wehgetan!
Finden Sie das nicht abartig?!
Sie sind Kurosaki gegenüber viel zu weichherzig!
Das reicht!
Klappe!
Ich sag die Wahrheit!

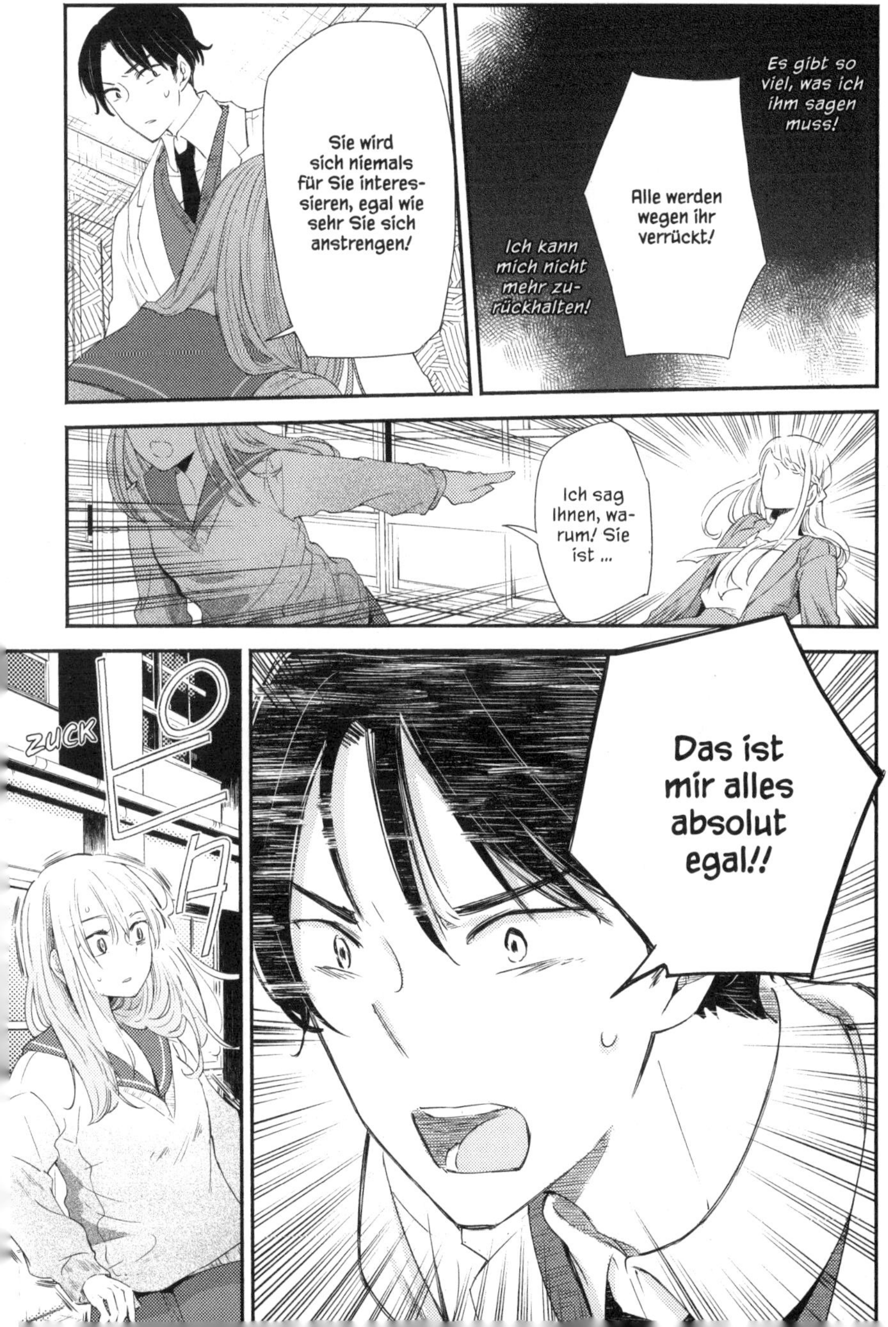
Es gibt so viel, was ich ihm sagen muss!
Alle werden wegen ihr verrückt!
Ich kann mich nicht mehr zurückhalten!
Sie wird sich niemals für Sie interessieren, egal wie sehr Sie sich anstrengen!
Ich sag Ihnen, warum! Sie ist ...
Das ist mir alles absolut egal!!
ZUCK

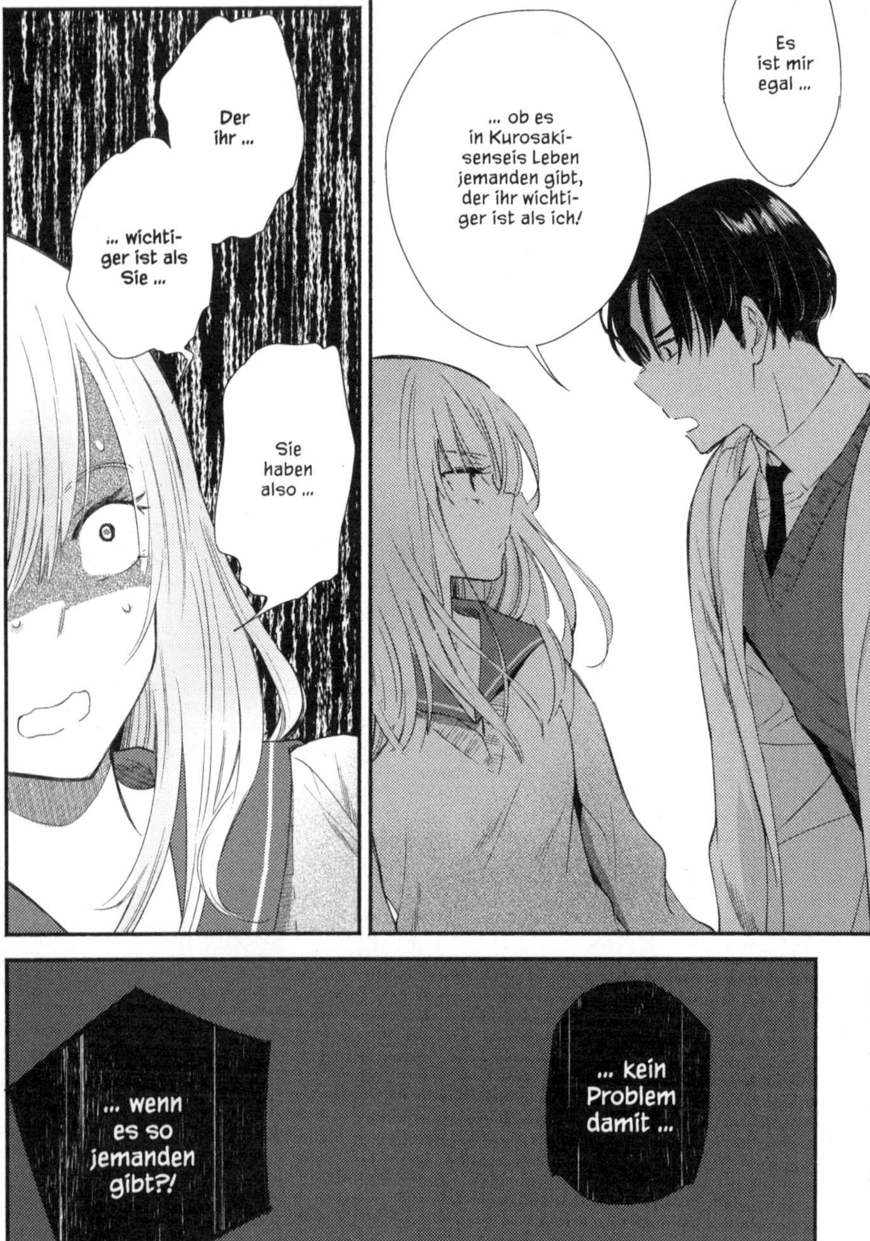
Es ist mir egal ...
... ob es in Kurosaki-senseis Leben jemanden gibt, der ihr wichtiger ist als ich!
Sie haben also ...
Der ihr ...
... wichtiger ist als Sie ...
... kein Problem damit ...
... wenn es so jemanden gibt?!

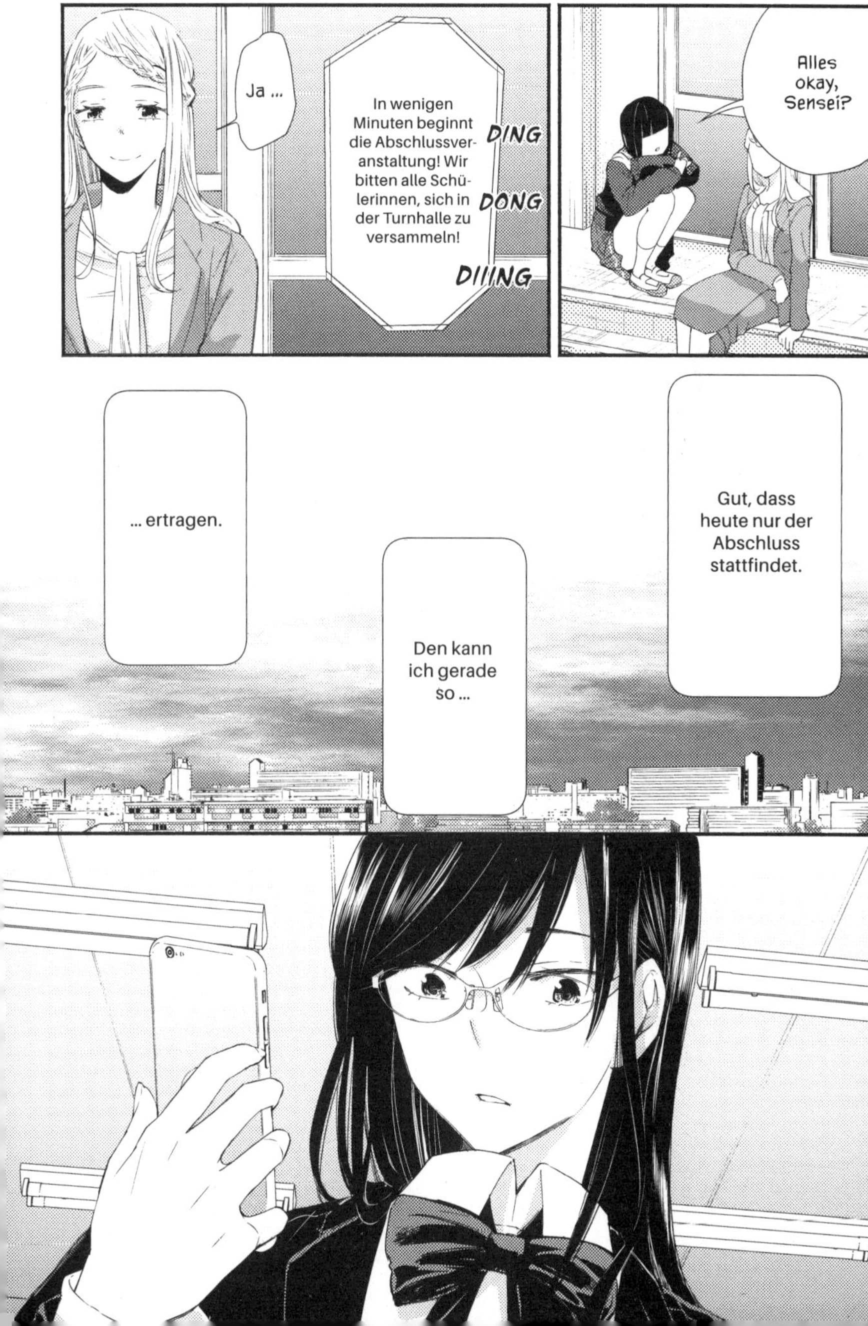
Alles okay, Sensei?
Ja ...
DING
DONG
DIIING
In wenigen Minuten beginnt die Abschlussveranstaltung! Wir bitten alle Schülerinnen, sich in der Turnhalle zu versammeln!
Gut, dass heute nur der Abschluss stattfindet.
Den kann ich gerade so ...
... ertragen.

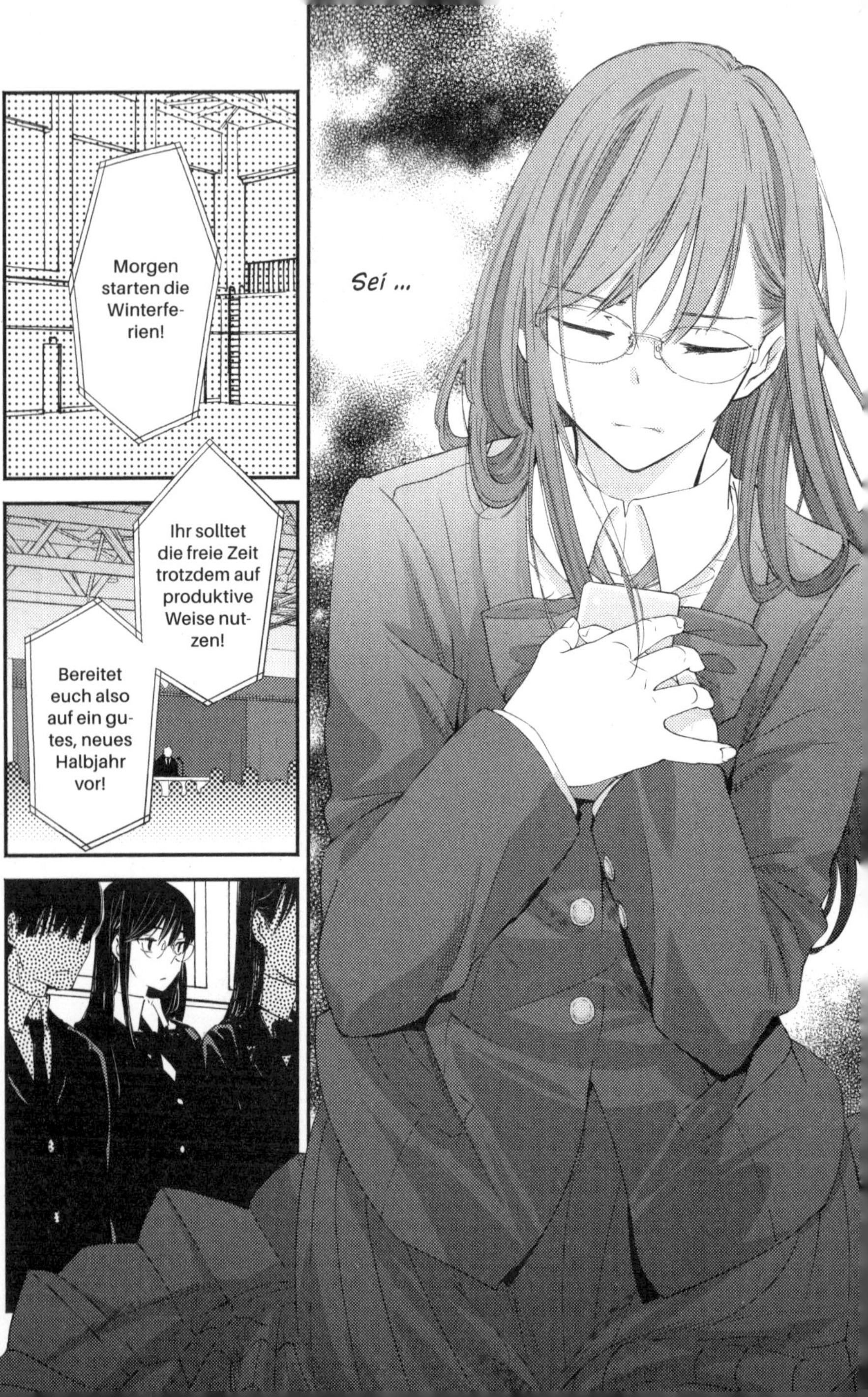
Sei ...
Morgen starten die Winterferien!
Ihr solltet die freie Zeit trotzdem auf produktive Weise nutzen!
Bereitet euch also auf ein gutes, neues Halbjahr vor!

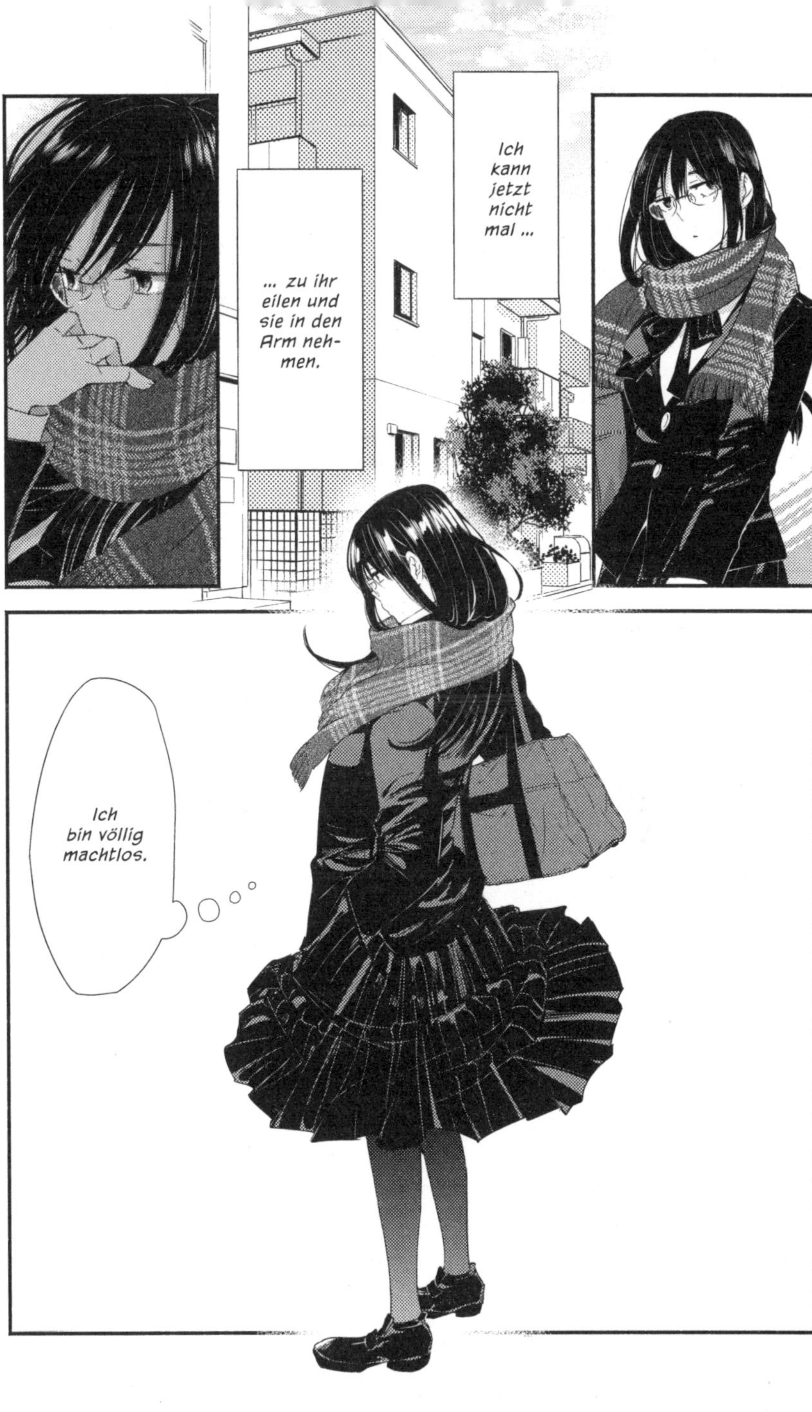
Ich kann jetzt nicht mal ...
... zu ihr eilen und sie in den Arm neh-men.
Ich bin völlig machtlos.

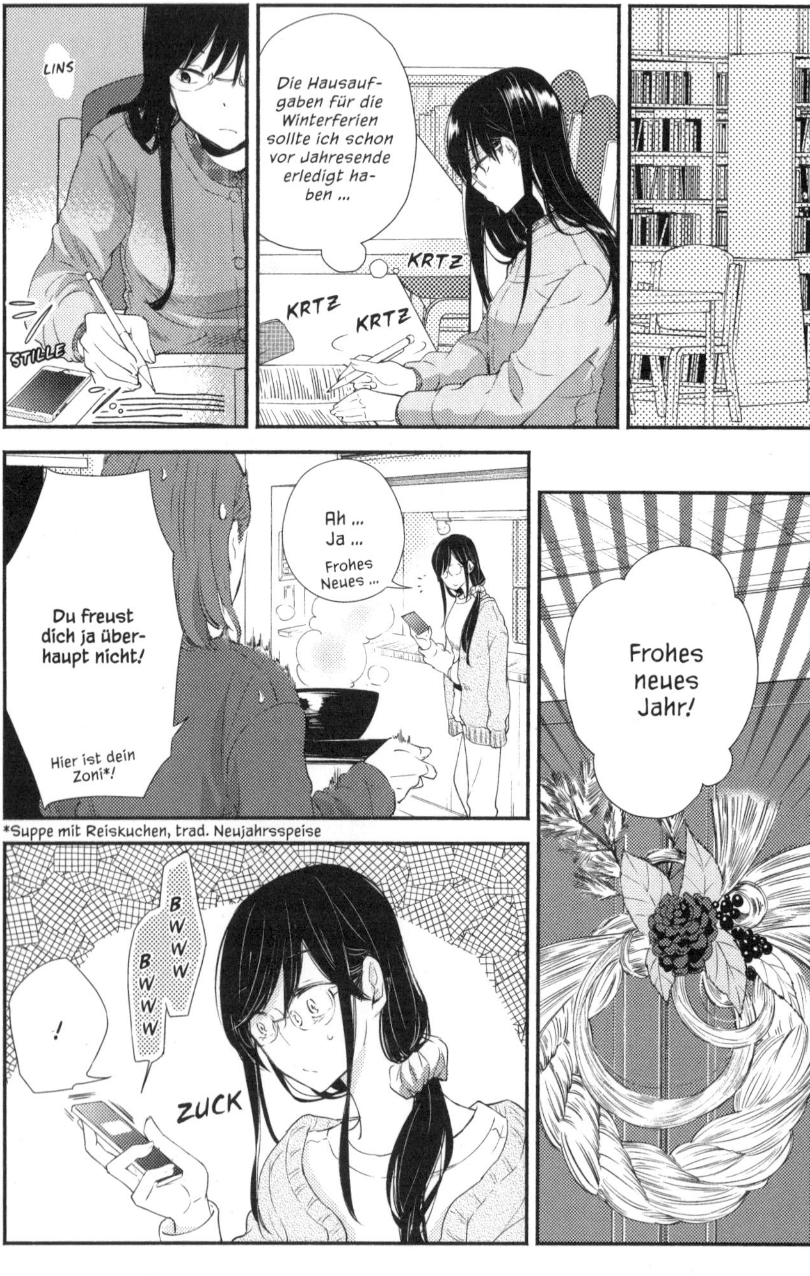


*Suppe mit Reiskuchen, trad. Neujahrsspeise

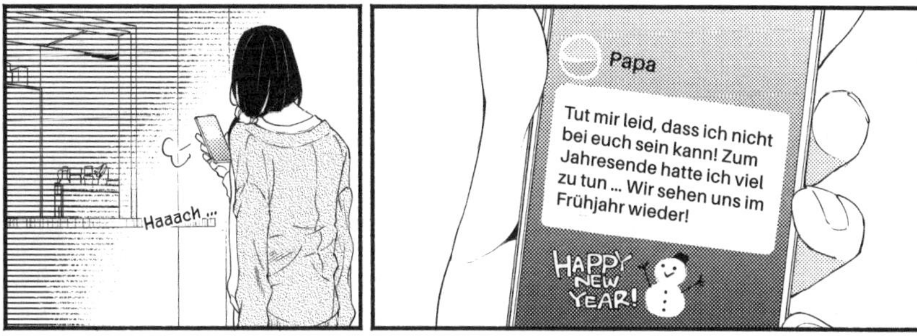
Papa
Tut mir leid, dass ich nicht bei euch sein kann! Zum Jahresende hatte ich viel zu tun … Wir sehen uns im Frühjahr wieder!
HAPPY NEW YEAR!
Haaach …

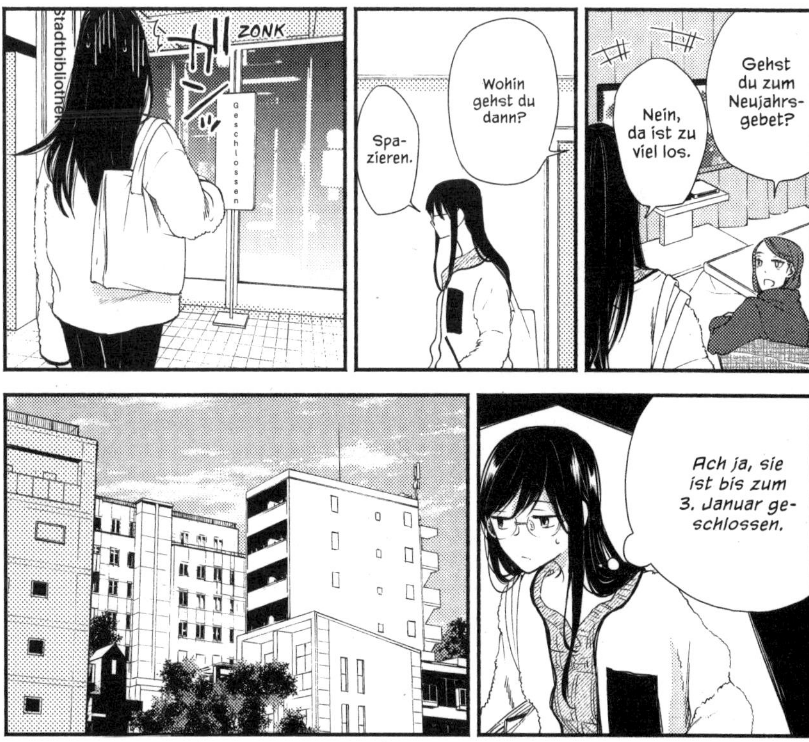
Gehst du zum Neujahrs-gebet?
Nein, da ist zu viel los.
Wohin gehst du dann?
Spa-zieren.
Stadtbibliothek
ZONK
Geschlossen
Ach ja, sie ist bis zum 3. Januar ge-schlossen.

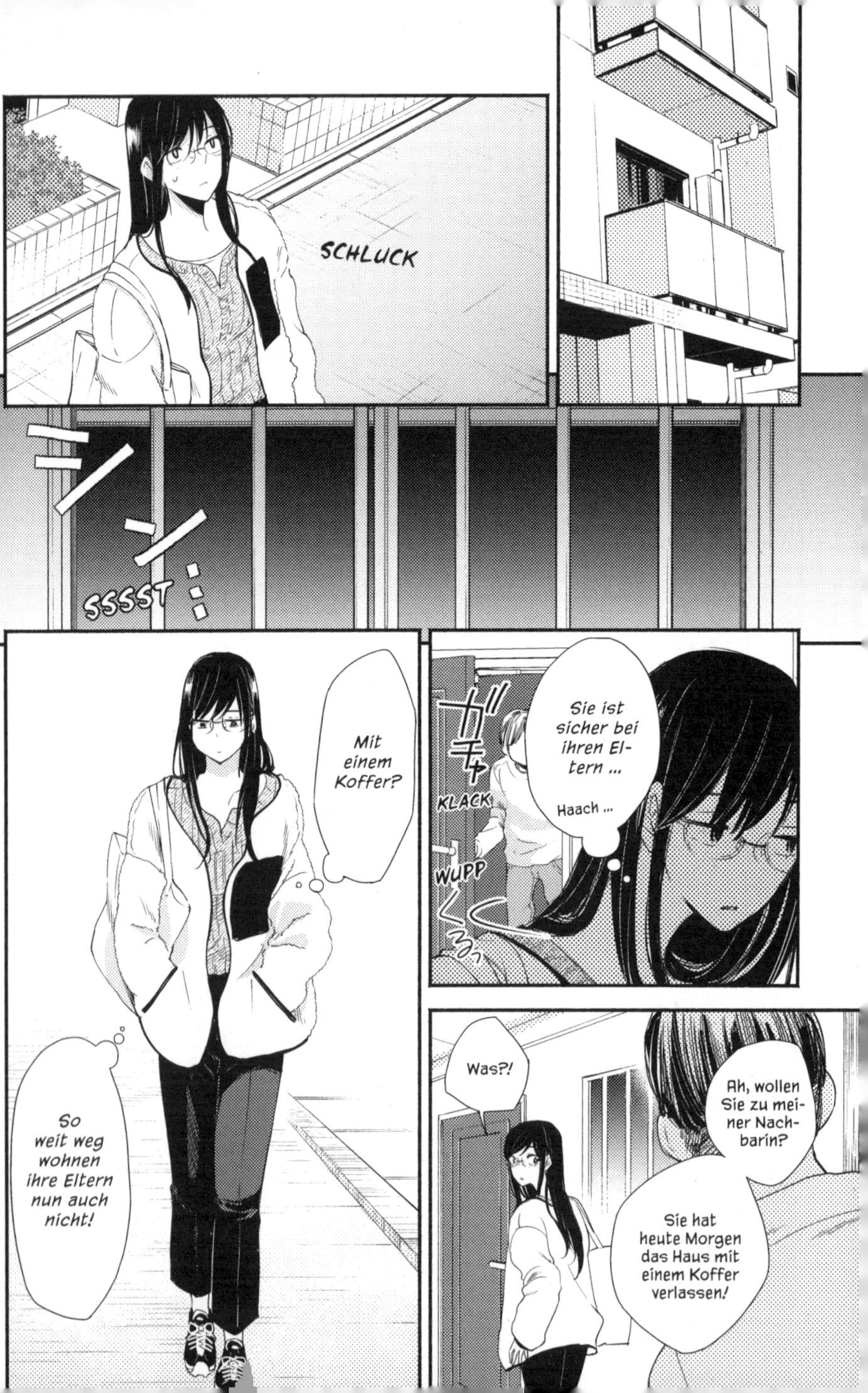
SCHLUCK
SSSST
KLACK
WUPP
Sie ist sicher bei ihren El- tern ...
Haach ...
Mit einem Koffer?
So weit weg wohnen ihre Eltern nun auch nicht!
Ah, wollen Sie zu mei- ner Nach- barin?
Was?!
Sie hat heute Morgen das Haus mit einem Koffer verlassen!

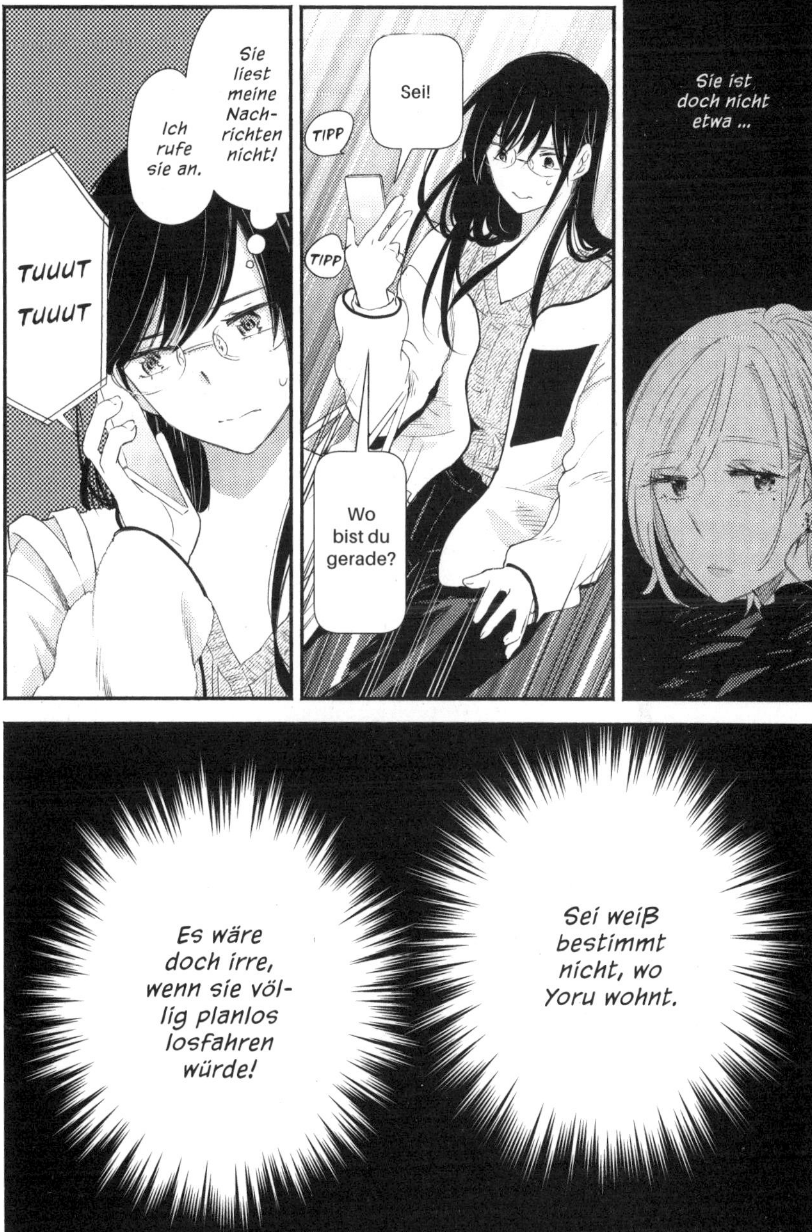
Sie ist doch nicht etwa ...
Sei!
TIPP
TIPP
Wo bist du gerade?
Sie liest meine Nachrichten nicht!
Ich rufe sie an.
TUUUT TUUUT
Sei weiß bestimmt nicht, wo Yoru wohnt.
Es wäre doch irre, wenn sie völlig planlos losfahren würde!

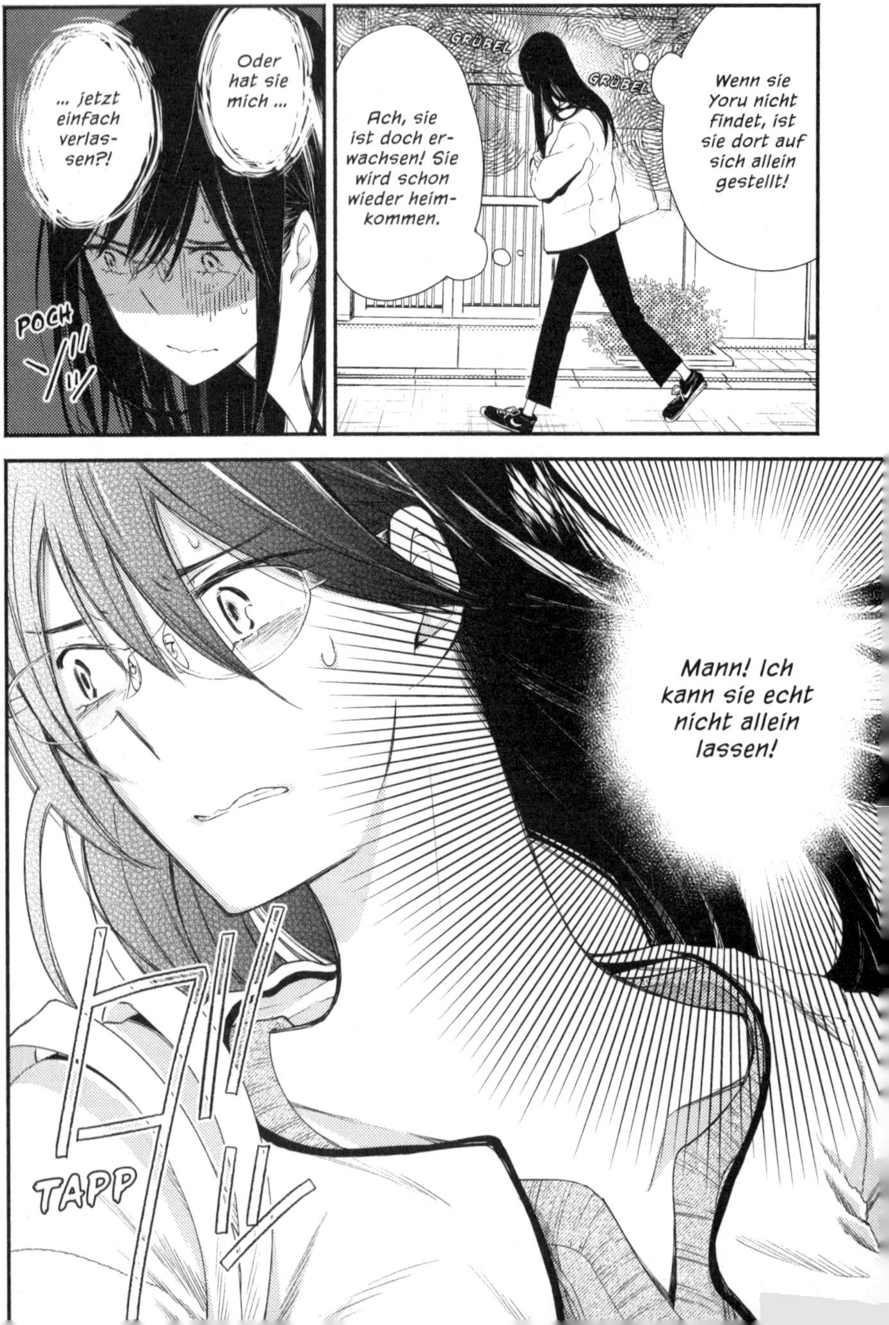

Wenn sie Yoru nicht findet, ist sie dort auf sich allein gestellt!
GRÜBEL
GRÜBEL
Ach, sie ist doch erwachsen! Sie wird schon wieder heimkommen.
Oder hat sie mich ...
... jetzt einfach verlassen?!
POCH
Mann! Ich kann sie echt nicht allein lassen!
TAPP

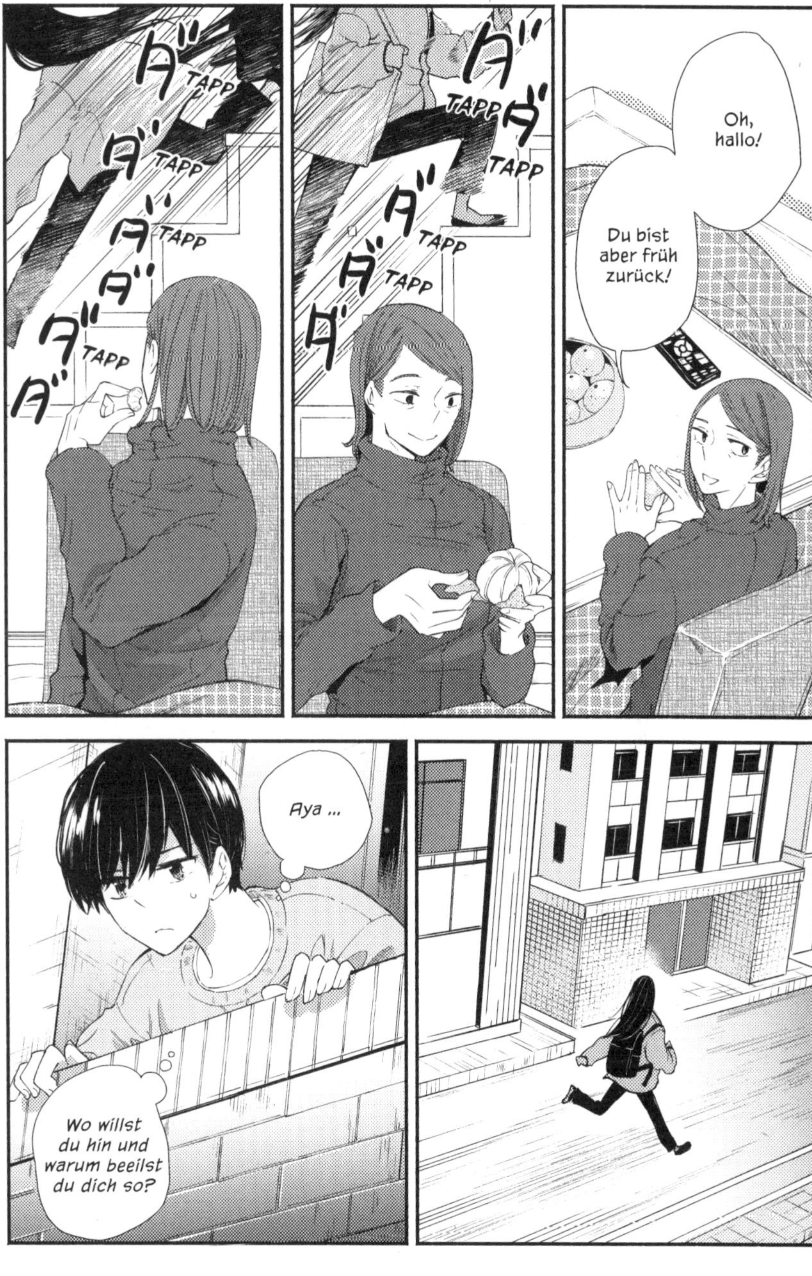
Oh, hallo!
Du bist aber früh zurück!
TAPP
TAPP
TAPP
TAPP
TAPP
TAPP
TAPP
TAPP
Aya ...
Wo willst du hin und warum beeilst du dich so?

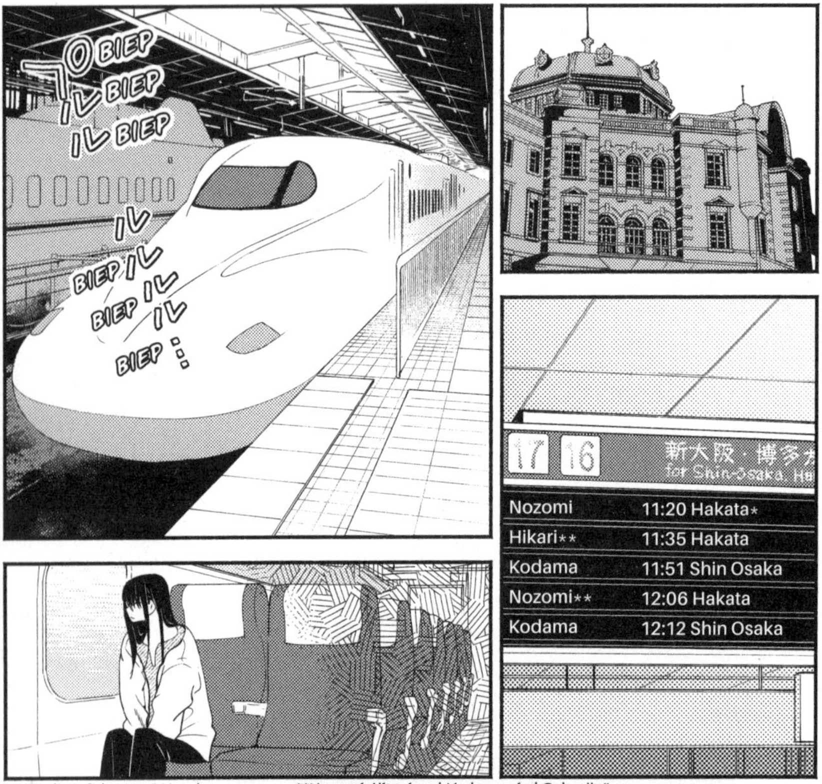


*Stadt auf der Insel Kyushu

**Nozomi, Hikari und Kodama sind Schnellzüge

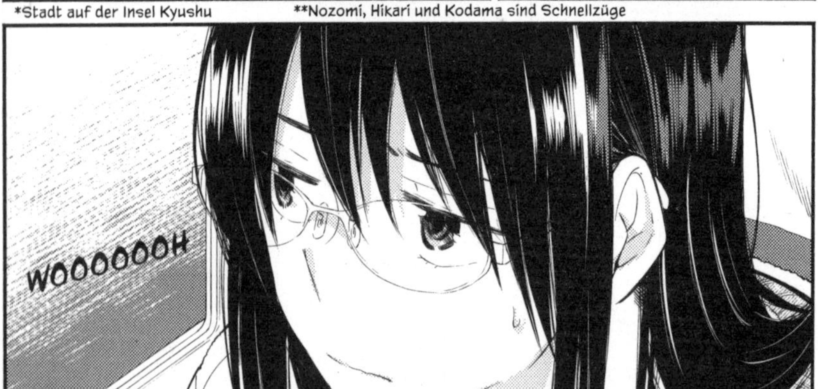

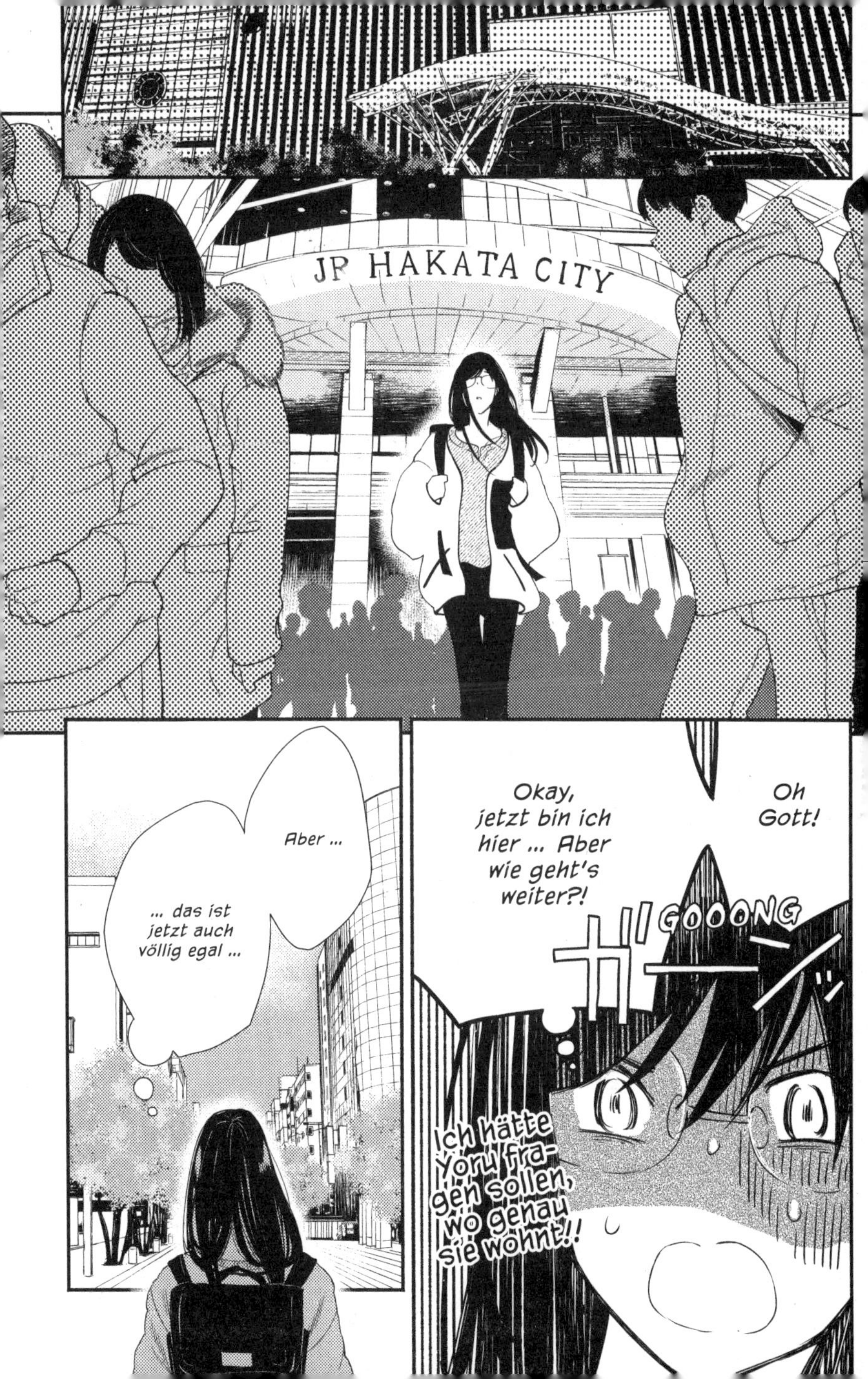

JR HAKATA CITY
Oh Gott!
Okay, jetzt bin ich hier ... Aber wie geht's weiter?!
GOOOONG
Ich hätte Yoru fragen sollen, wo genau sie wohnt!!
Aber ...
... das ist jetzt auch völlig egal ...

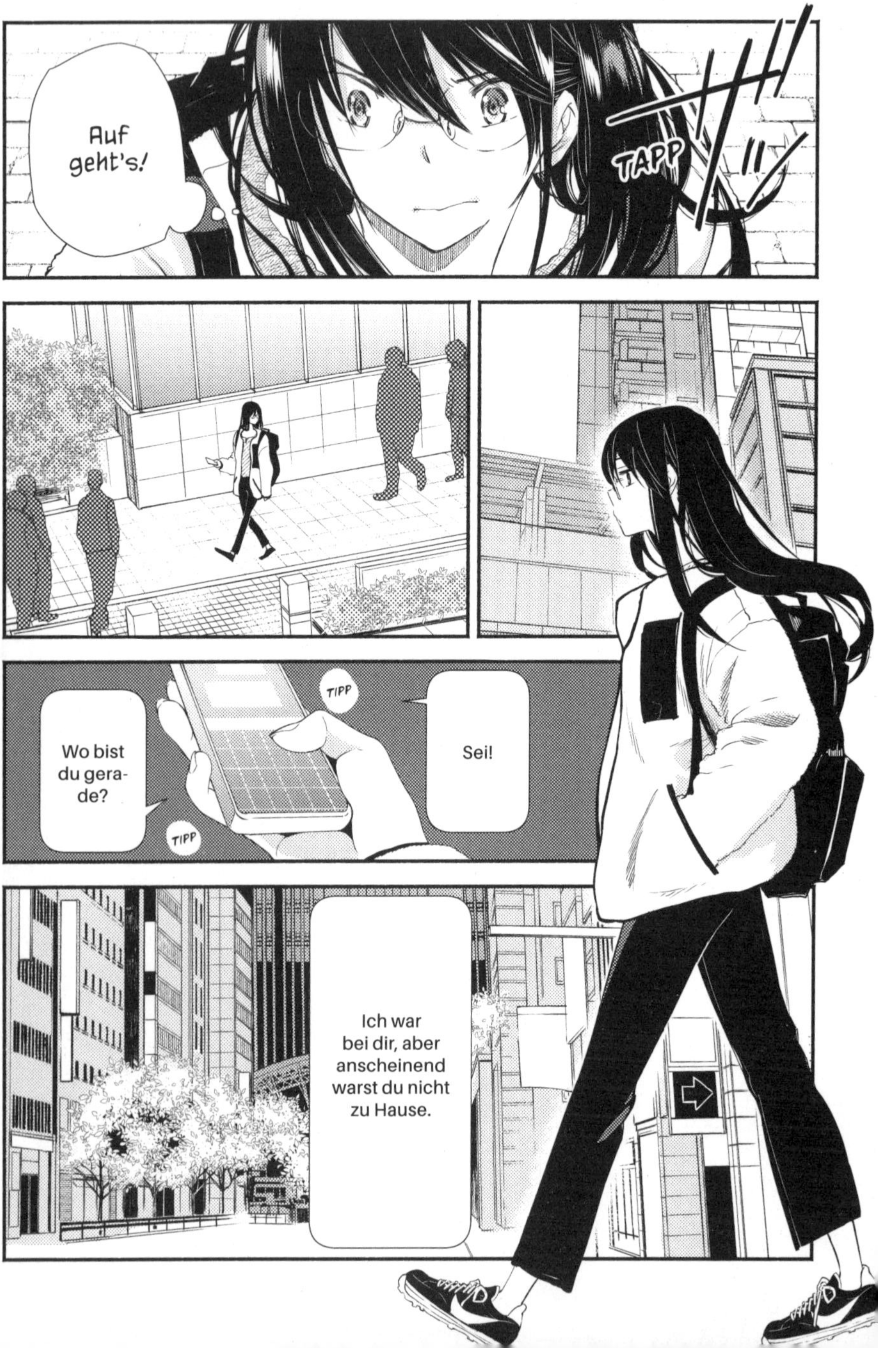
Auf geht's!
TAPP
Sei!
TIPP
Wo bist du gerade?
TIPP
Ich war bei dir, aber anscheinend warst du nicht zu Hause.

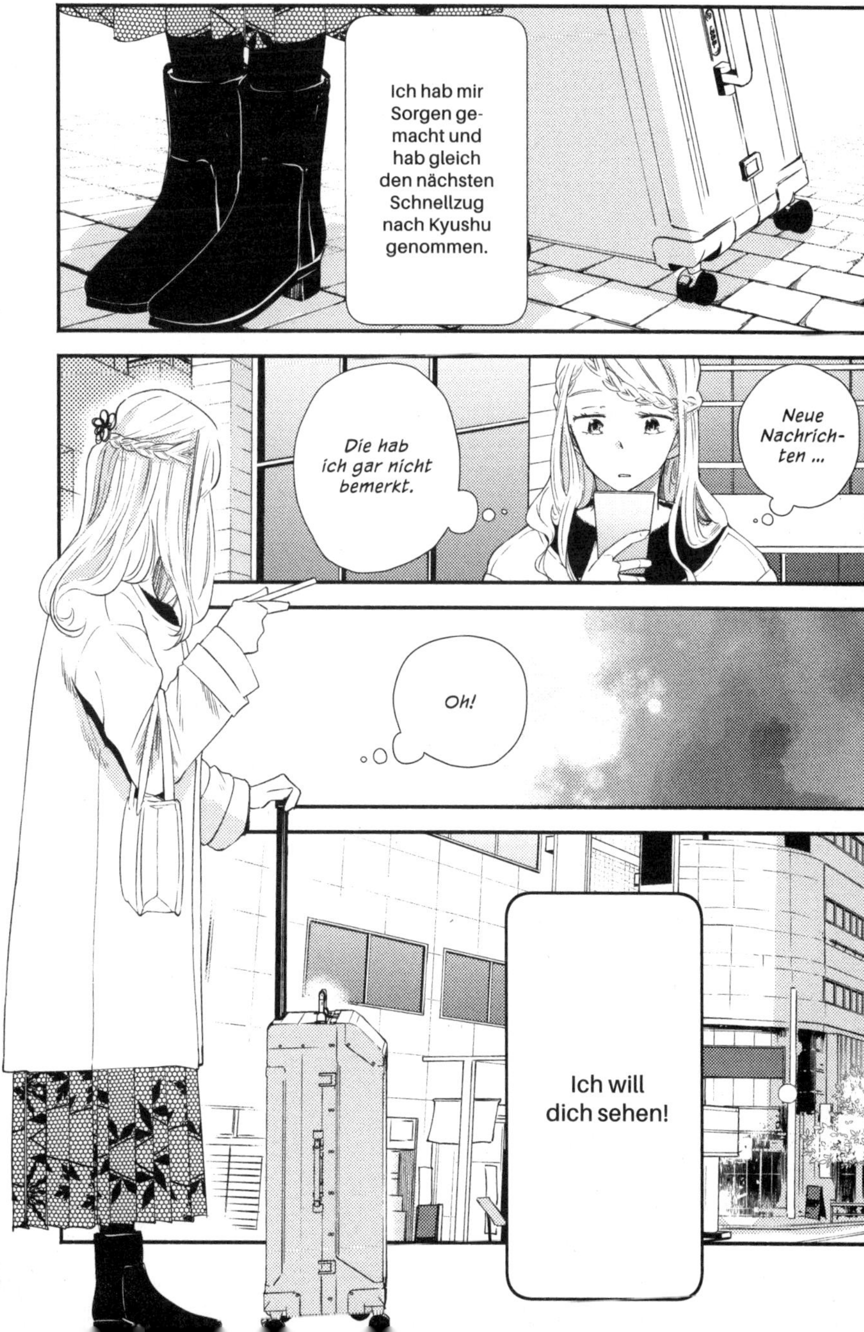

Ich hab mir Sorgen gemacht und hab gleich den nächsten Schnellzug nach Kyushu genommen.
Neue Nachrichten ...
Die hab ich gar nicht bemerkt.
Oh!
Ich will dich sehen!

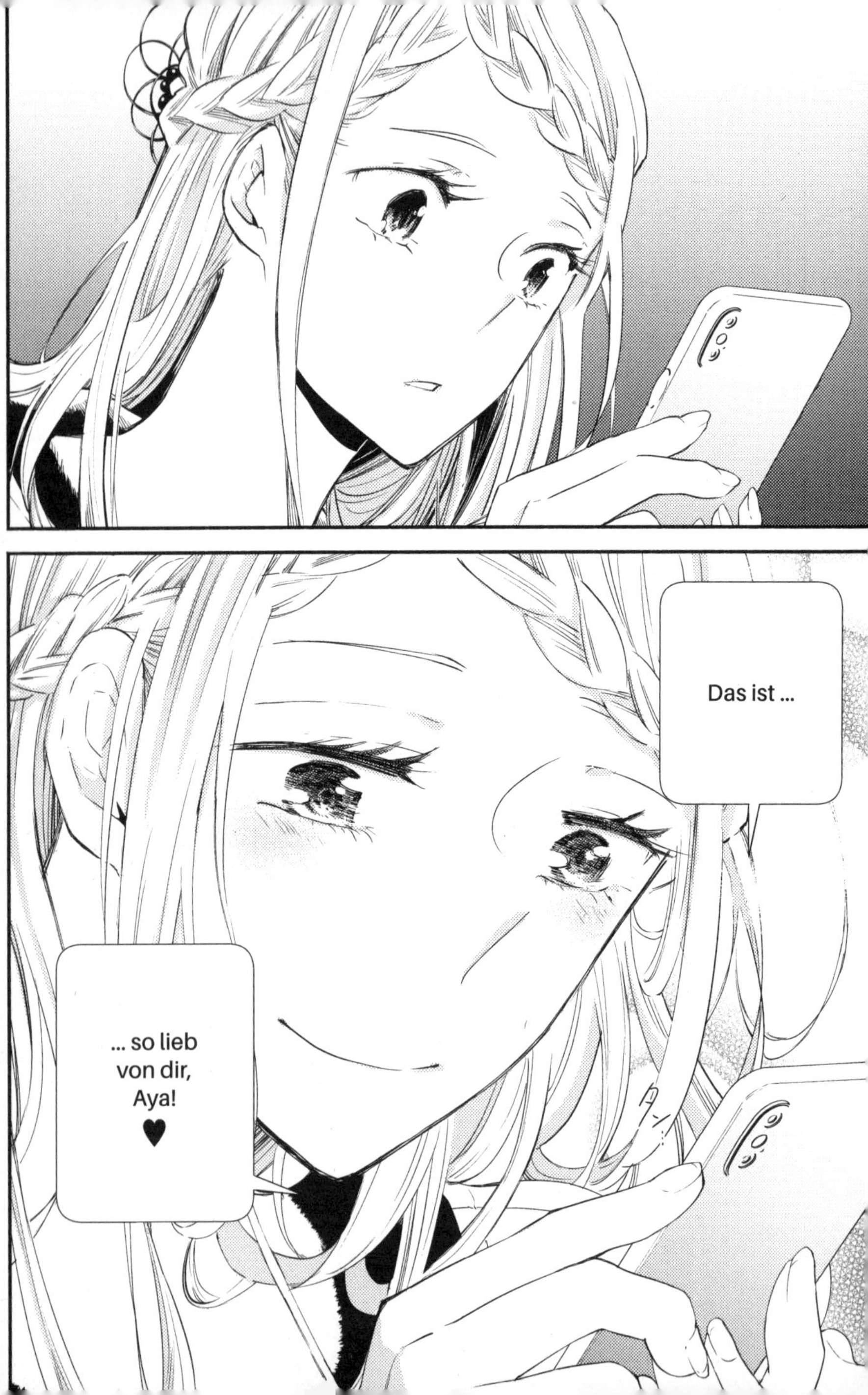
Das ist …
… so lieb von dir, Aya! ♥

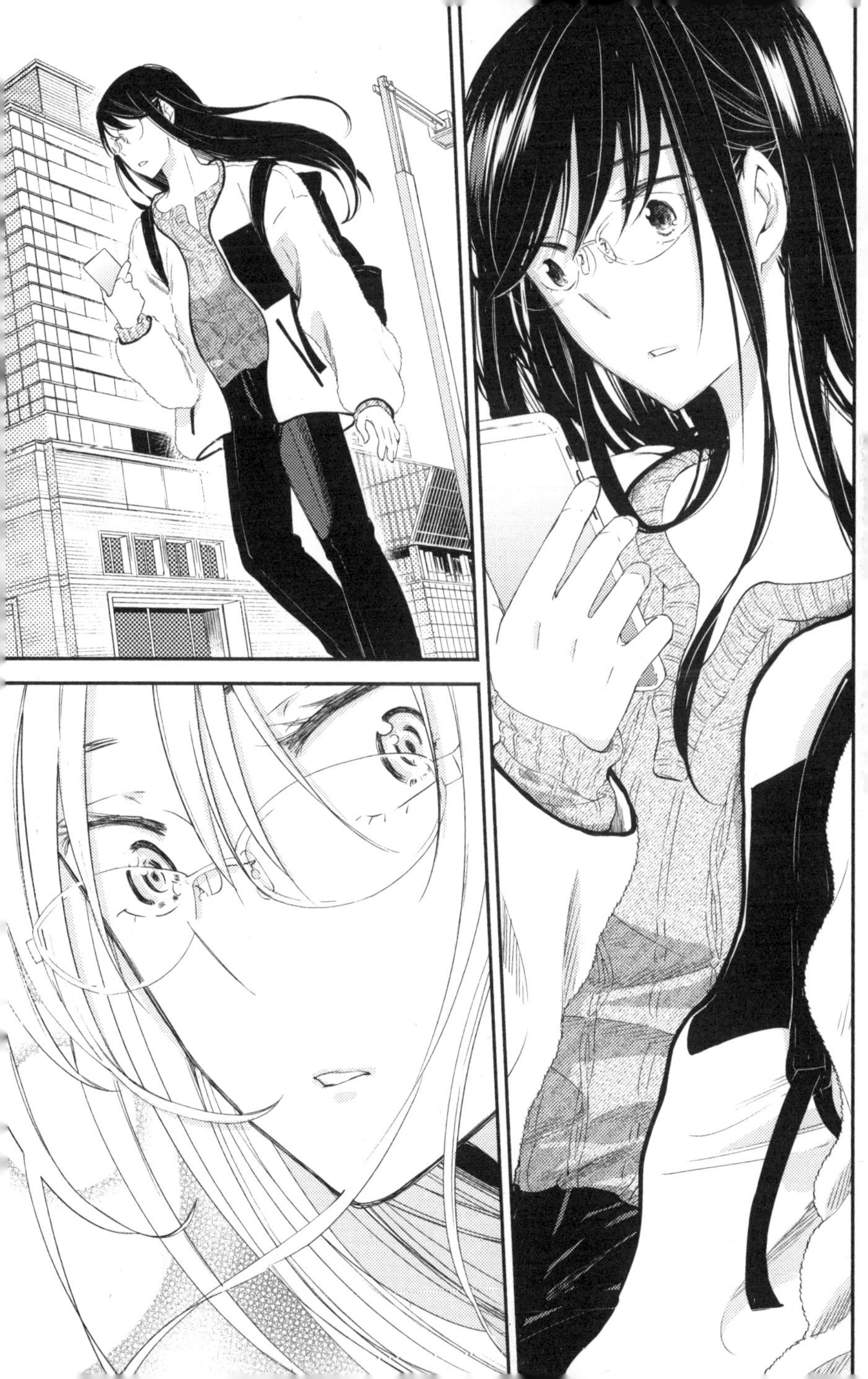

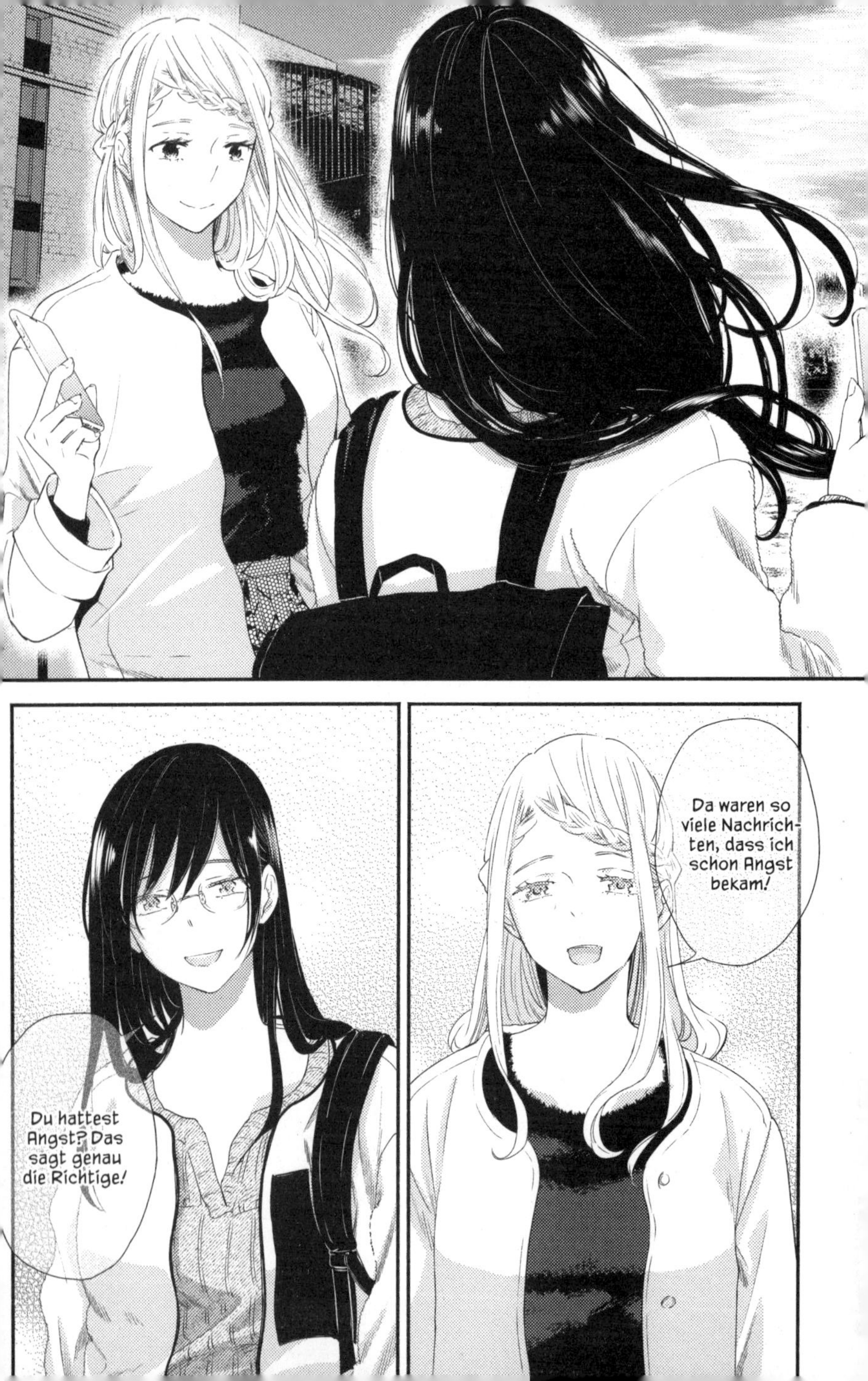
Da waren so viele Nachrichten, dass ich schon Angst bekam!
Du hattest Angst? Das sagt genau die Richtige!

# Kapitel 19

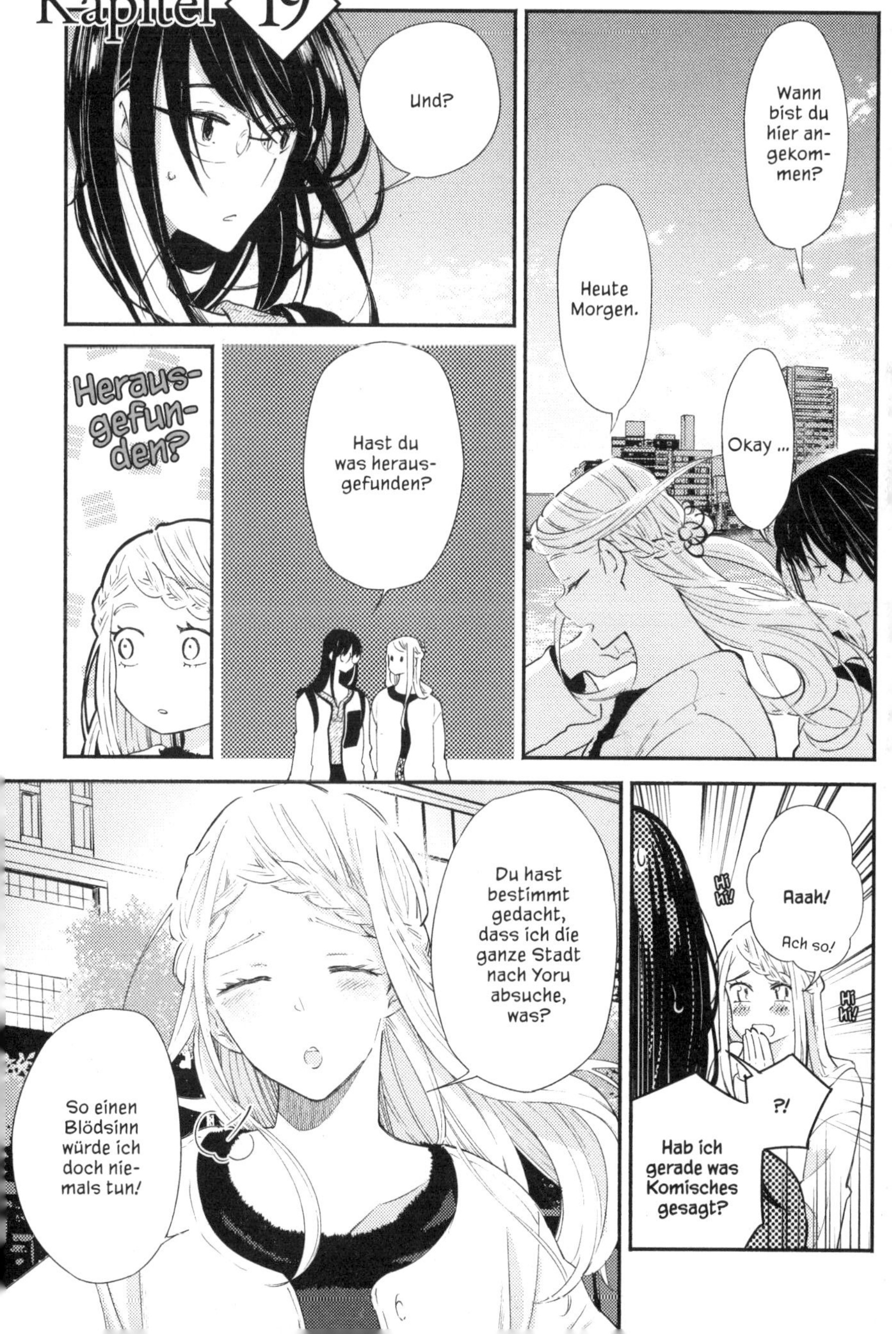
Wann bist du hier angekommen?
Heute Morgen.
Okay ...
Und?
Hast du was herausgefunden?
Herausgefunden?
Du hast bestimmt gedacht, dass ich die ganze Stadt nach Yoru absuche, was?
So einen Blödsinn würde ich doch niemals tun!
Aaah!
Ach so!
Hi hi!
Hi hi!
?!
Hab ich gerade was Komisches gesagt?

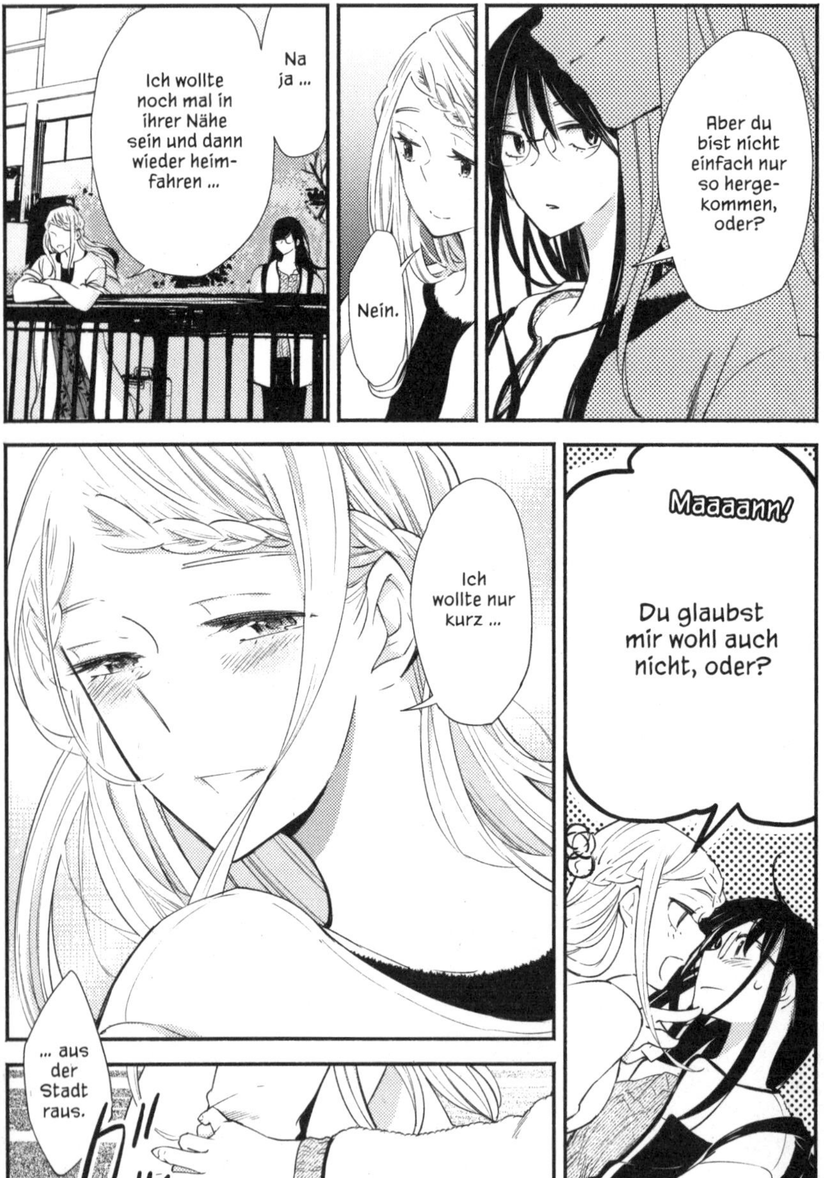

Aber du bist nicht einfach nur so hergekommen, oder?
Nein.
Na ja ...
Ich wollte noch mal in ihrer Nähe sein und dann wieder heimfahren ...
Maaaaann!
Du glaubst mir wohl auch nicht, oder?
Ich wollte nur kurz ...
... aus der Stadt raus.
GRAPP

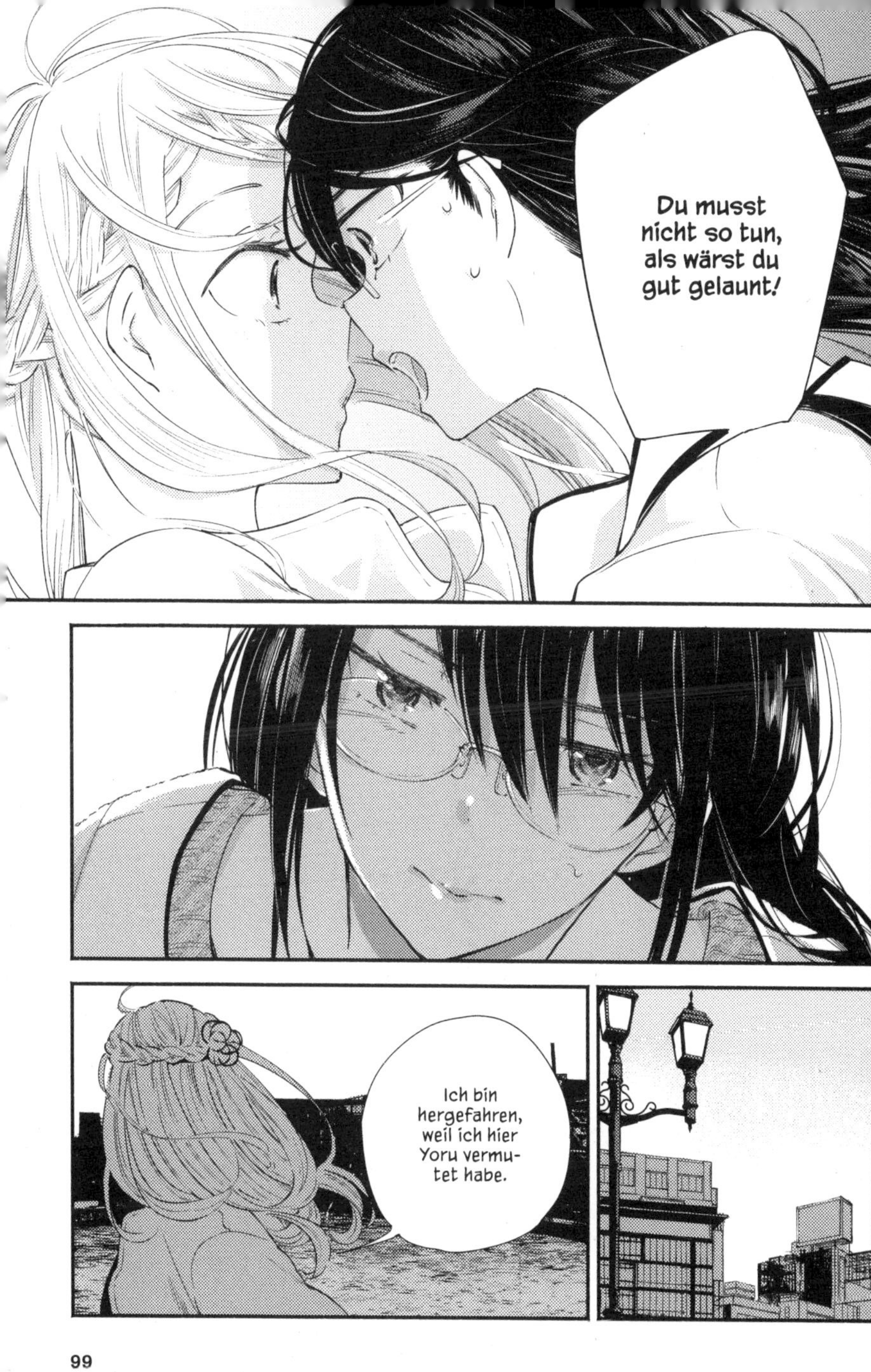
Du musst nicht so tun, als wärst du gut gelaunt!
Ich bin hergefahren, weil ich hier Yoru vermutet habe.

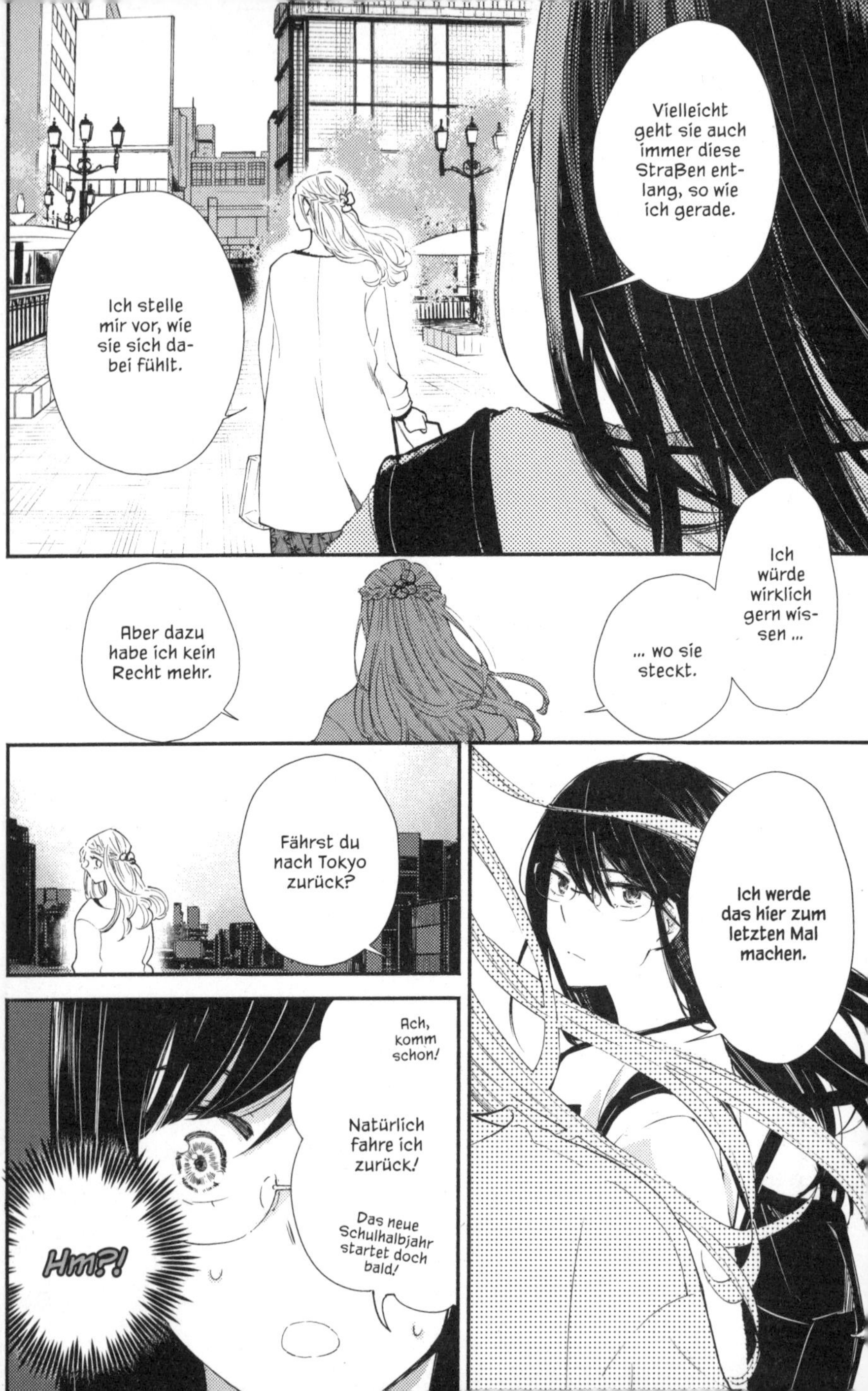
Vielleicht geht sie auch immer diese Straßen entlang, so wie ich gerade.
Ich stelle mir vor, wie sie sich dabei fühlt.
Ich würde wirklich gern wissen ...
... wo sie steckt.
Aber dazu habe ich kein Recht mehr.
Ich werde das hier zum letzten Mal machen.
Fährst du nach Tokyo zurück?
Hm?!
Ach, komm schon!
Natürlich fahre ich zurück!
Das neue Schulhalbjahr startet doch bald!

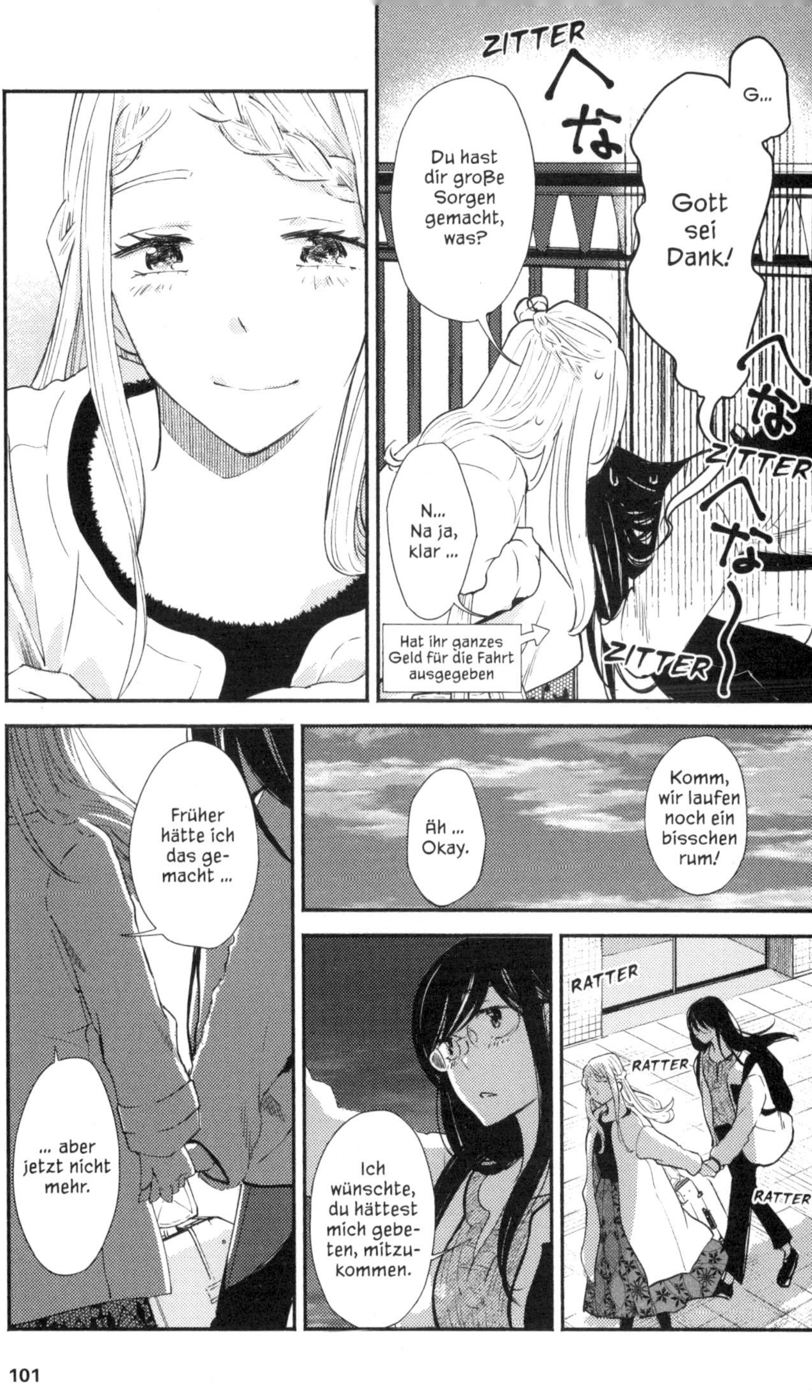
G...
Gott sei Dank!
ZITTER
Du hast dir große Sorgen gemacht, was?
ZITTER
N... Na ja, klar ...
Hat ihr ganzes Geld für die Fahrt ausgegeben
ZITTER
Komm, wir laufen noch ein bisschen rum!
Äh ... Okay.
RATTER
RATTER
RATTER
Ich wünschte, du hättest mich gebeten, mitzukommen.
Früher hätte ich das gemacht ...
... aber jetzt nicht mehr.

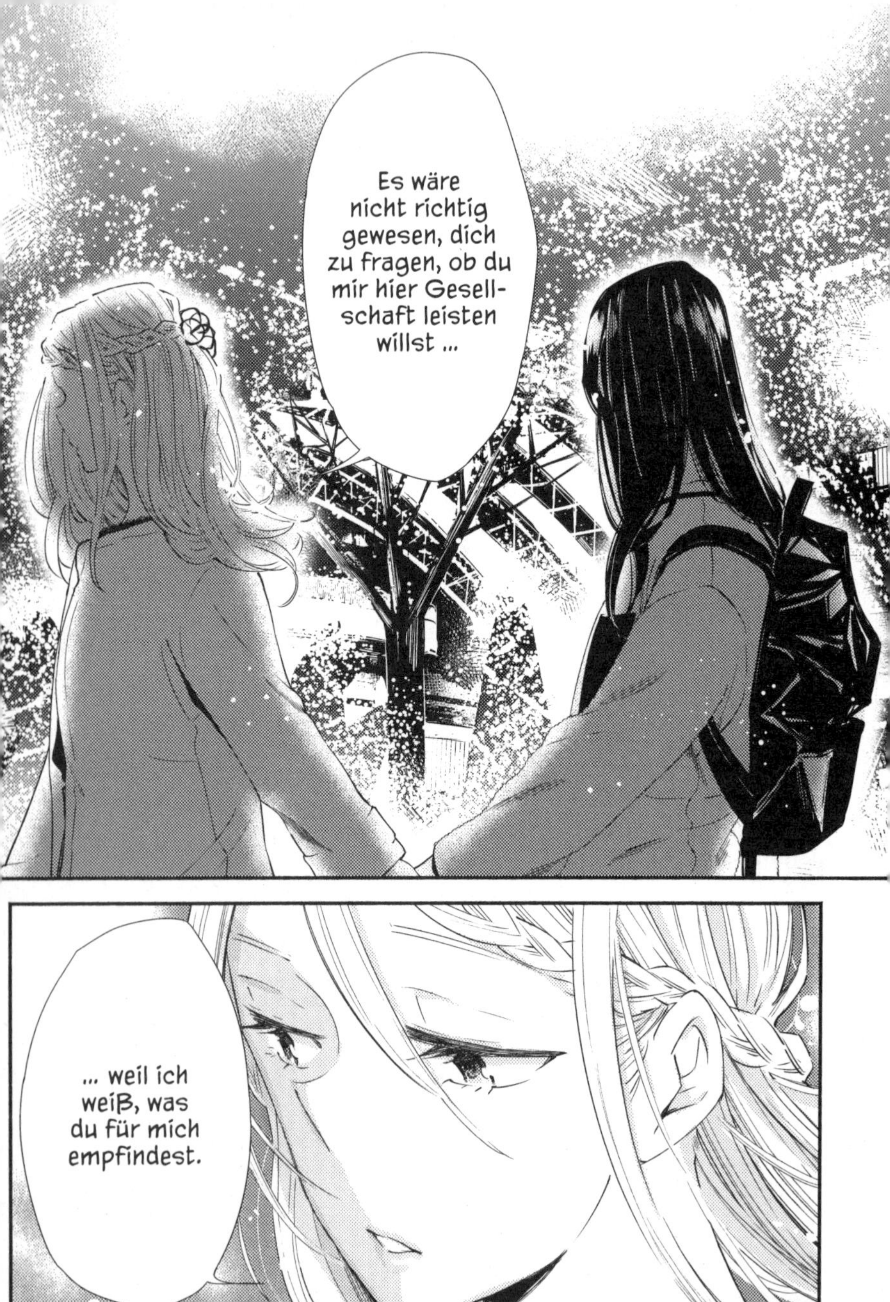
Es wäre nicht richtig gewesen, dich zu fragen, ob du mir hier Gesell-schaft leisten willst ...
... weil ich weiß, was du für mich empfindest.

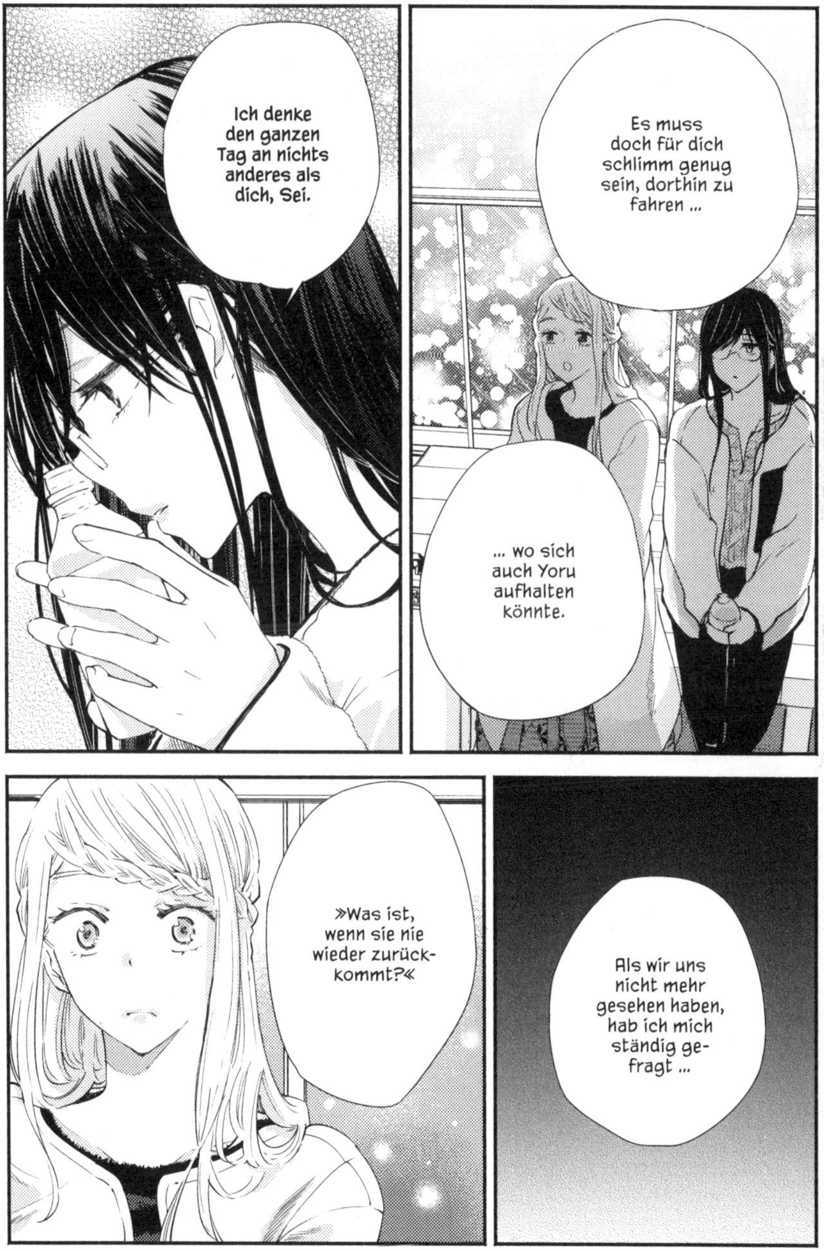
Es muss doch für dich schlimm genug sein, dorthin zu fahren …
… wo sich auch Yoru aufhalten könnte.
Ich denke den ganzen Tag an nichts anderes als dich, Sei.
Als wir uns nicht mehr gesehen haben, hab ich mich ständig gefragt …
»Was ist, wenn sie nie wieder zurückkommt?«

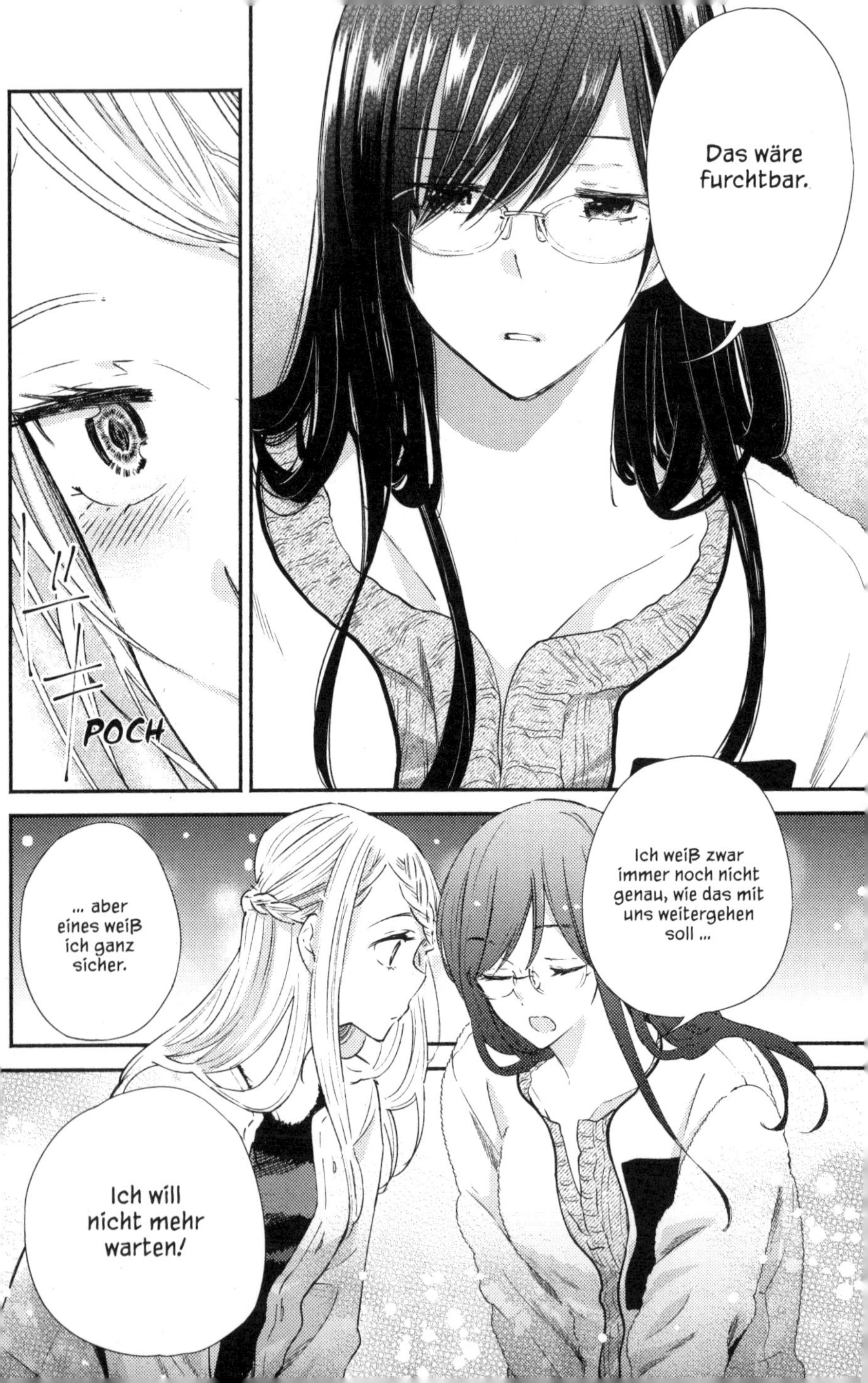
Das wäre furchtbar.
POCH
Ich weiß zwar immer noch nicht genau, wie das mit uns weitergehen soll ...
... aber eines weiß ich ganz sicher.
Ich will nicht mehr warten!

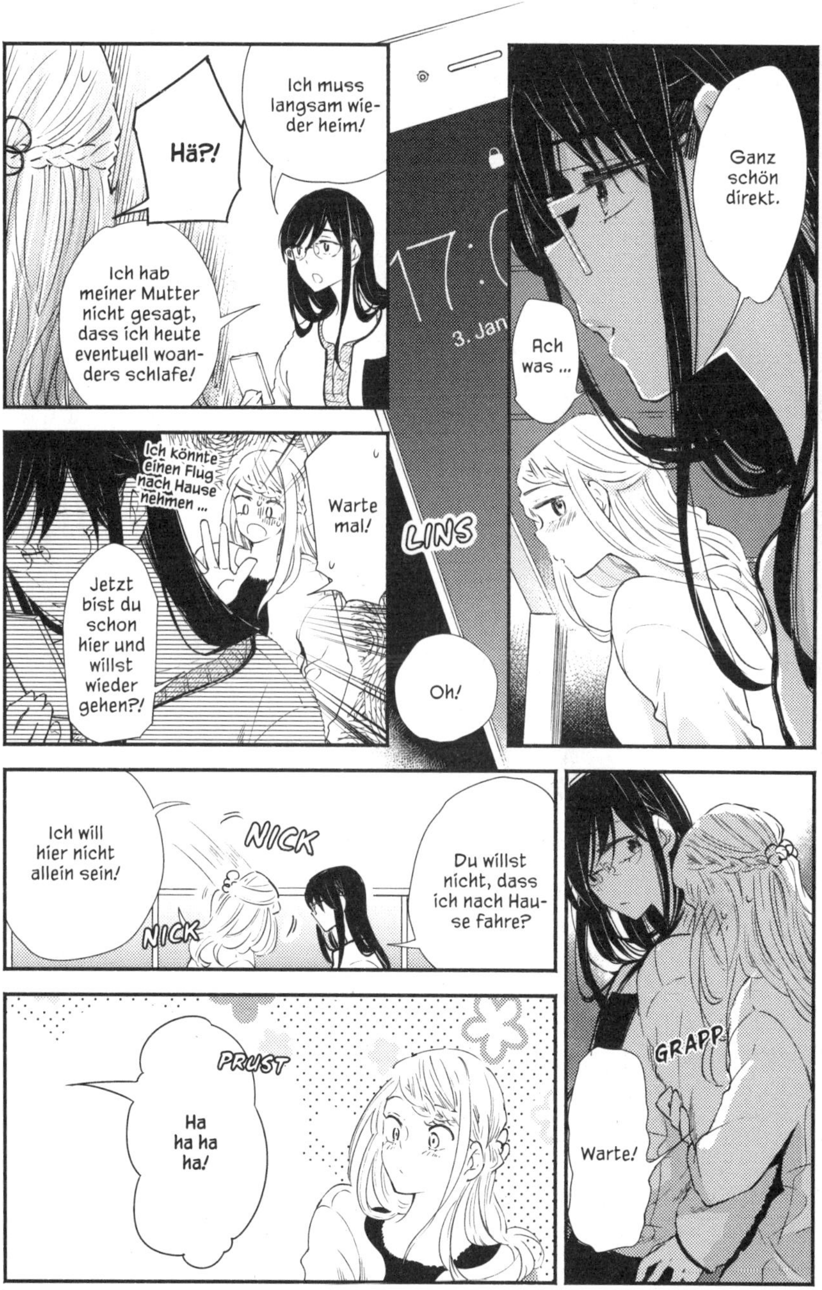
Ganz schön direkt.
Ach was ...
Ich muss langsam wieder heim!
Hä?!
Ich hab meiner Mutter nicht gesagt, dass ich heute eventuell woanders schlafe!
LINS
Oh!
Warte mal!
Ich könnte einen Flug nach Hause nehmen ...
Jetzt bist du schon hier und willst wieder gehen?!
GRAPP
Warte!
Du willst nicht, dass ich nach Hause fahre?
NICK
NICK
Ich will hier nicht allein sein!
PRUST
Ha ha ha ha!

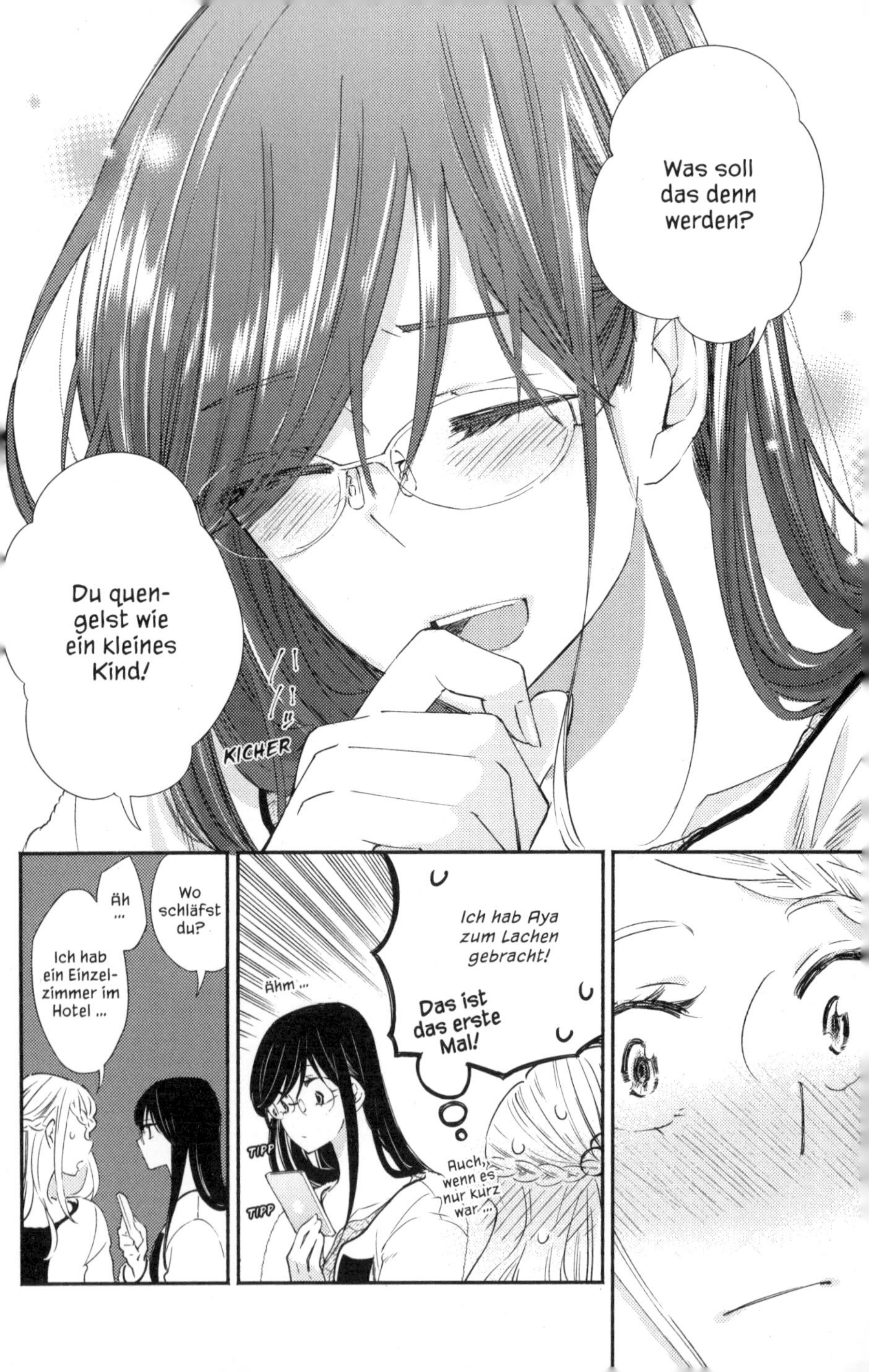
Was soll das denn werden?
Du quengelst wie ein kleines Kind!
KICHER
Ich hab Aya zum Lachen gebracht!
Das ist das erste Mal!
Auch, wenn es nur kurz war ...
Ähm ...
TIPP
TIPP
Wo schläfst du?
Äh ...
Ich hab ein Einzelzimmer im Hotel ...

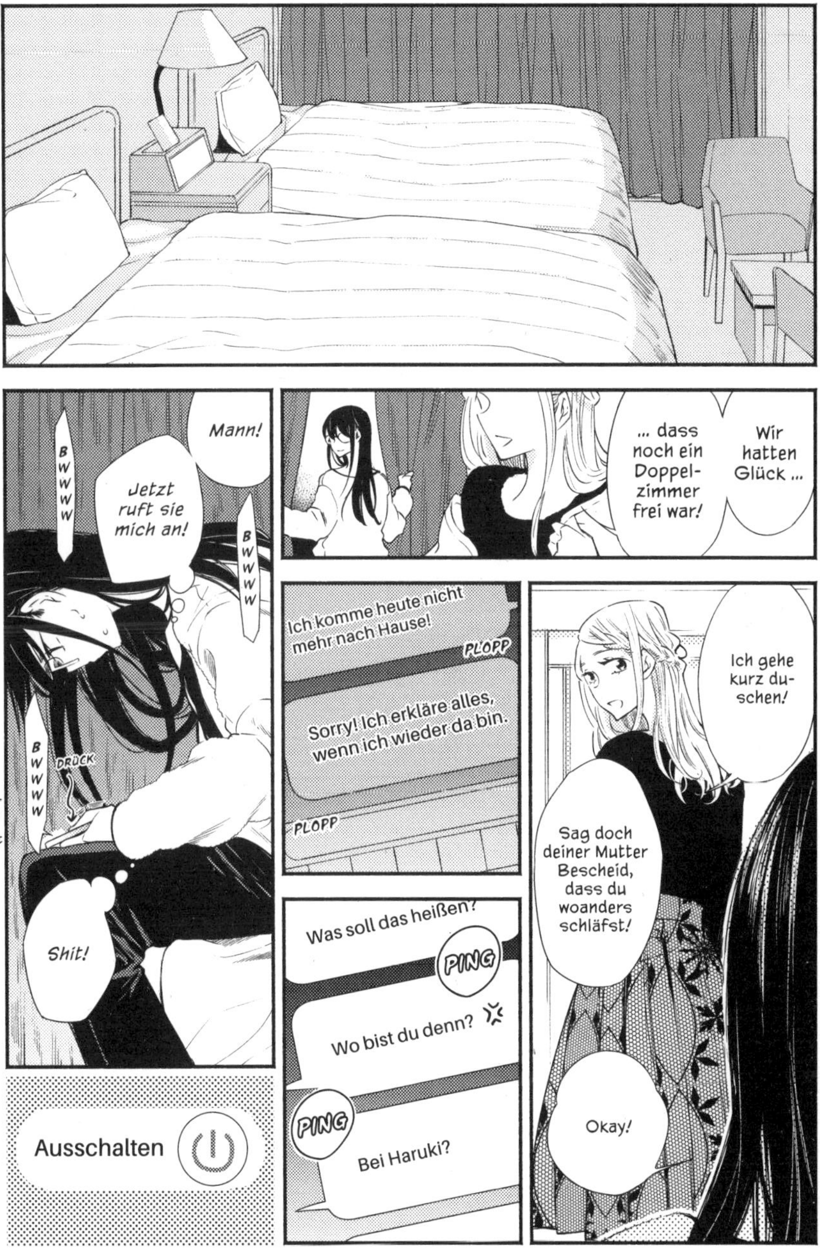


Hält die Power-Taste gedrückt

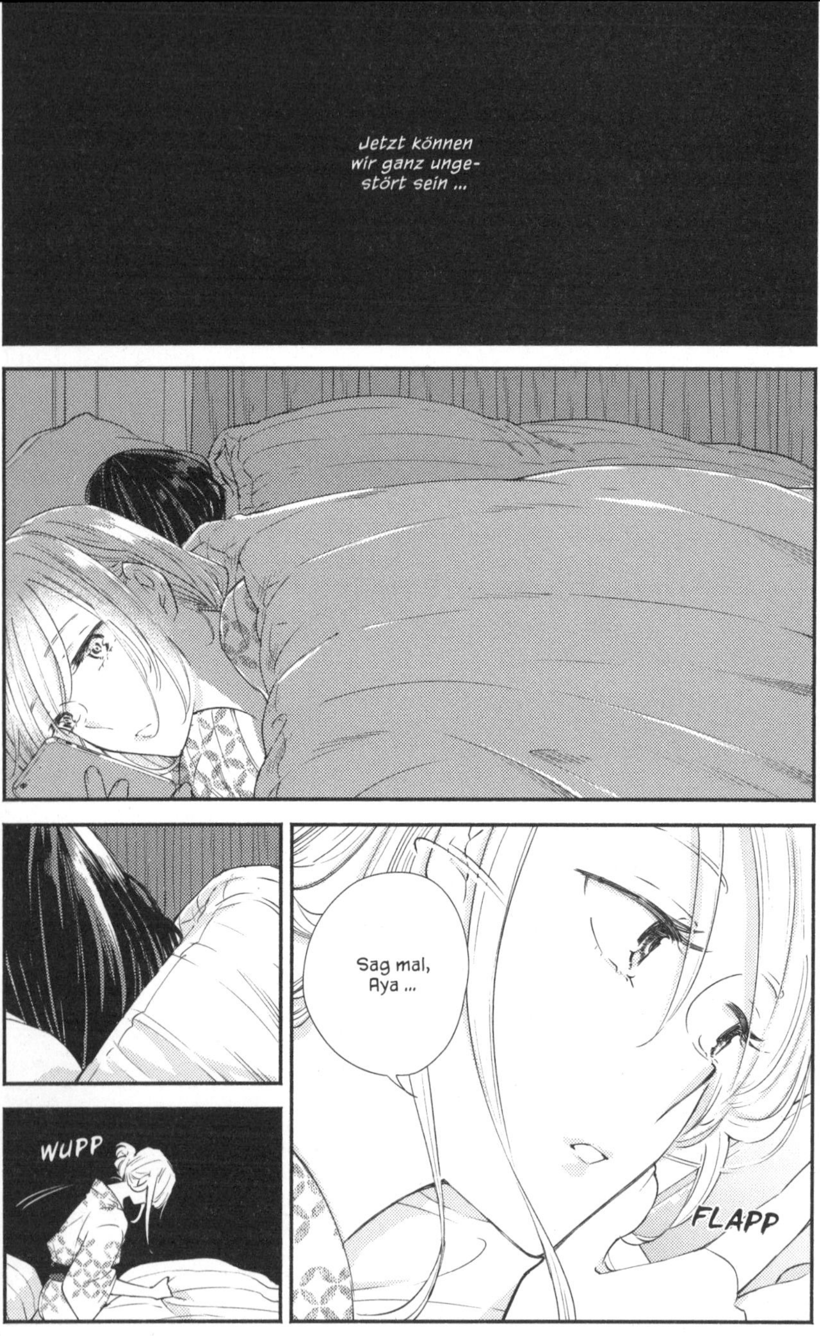
Jetzt können wir ganz ungestört sein ...
Sag mal, Aya ...
FLAPP
WUPP

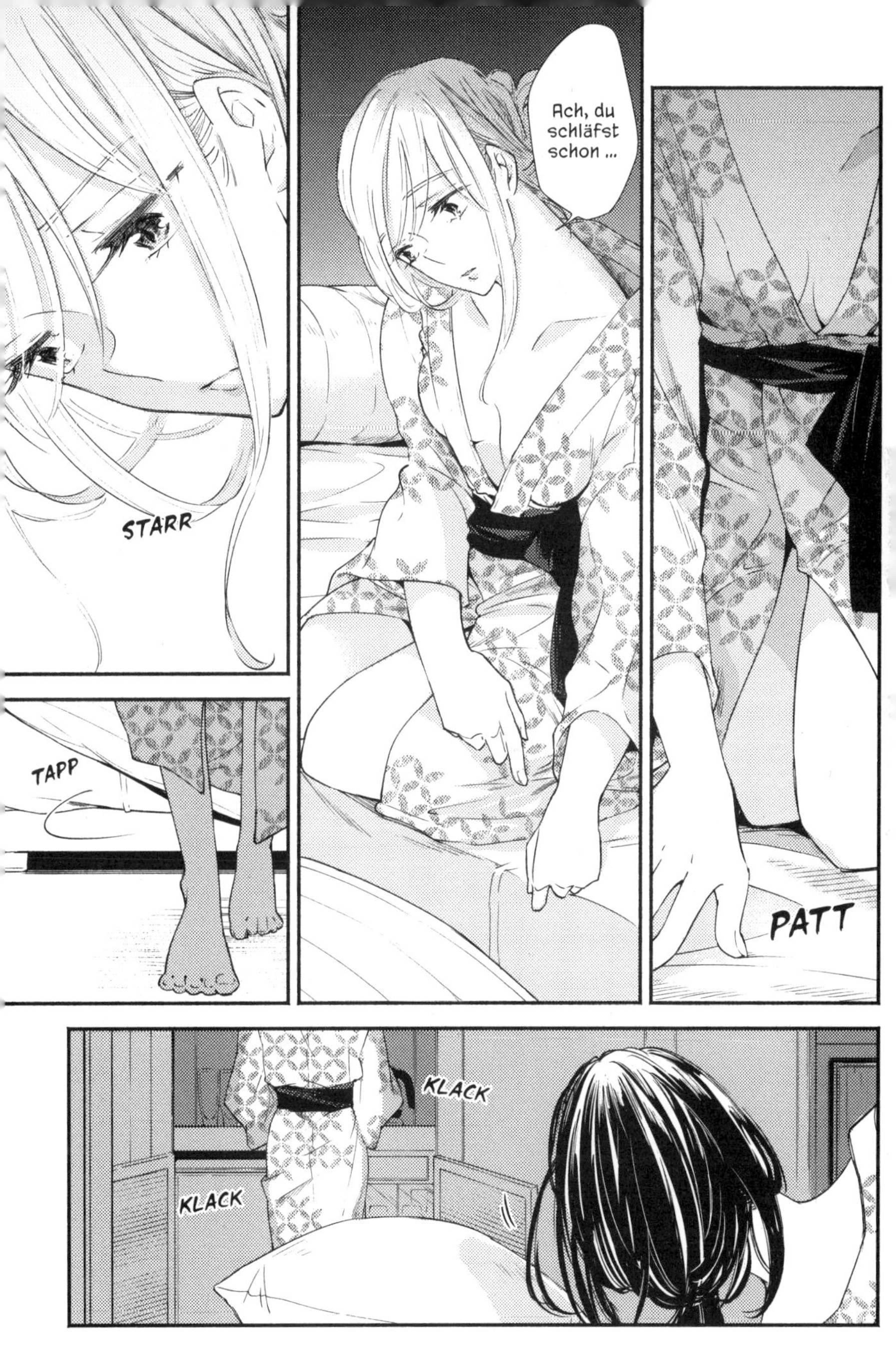
PATT
Ach, du schläfst schon ...
STARR
TAPP
KLACK
KLACK

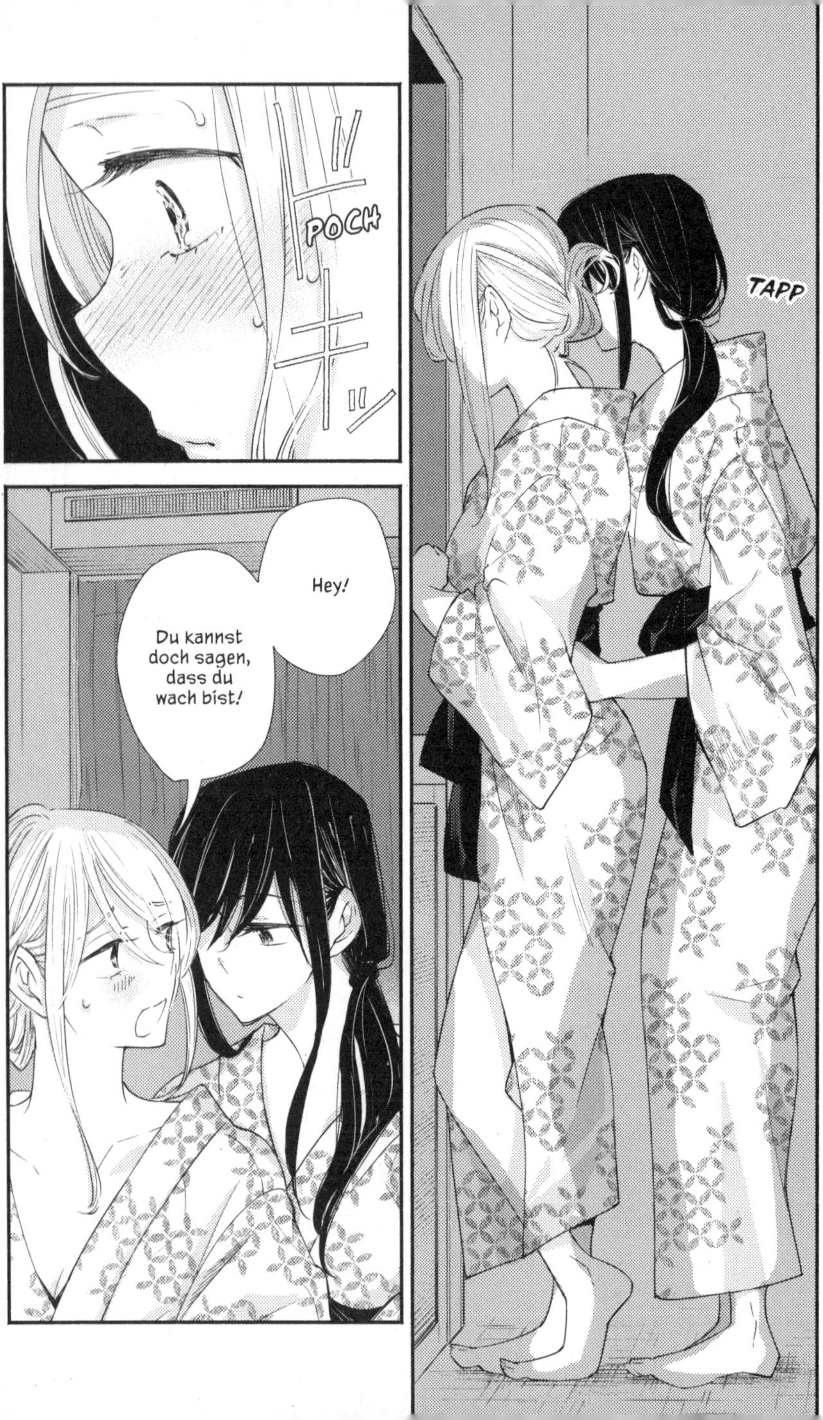
TAPP
POCH
Hey!
Du kannst doch sagen, dass du wach bist!

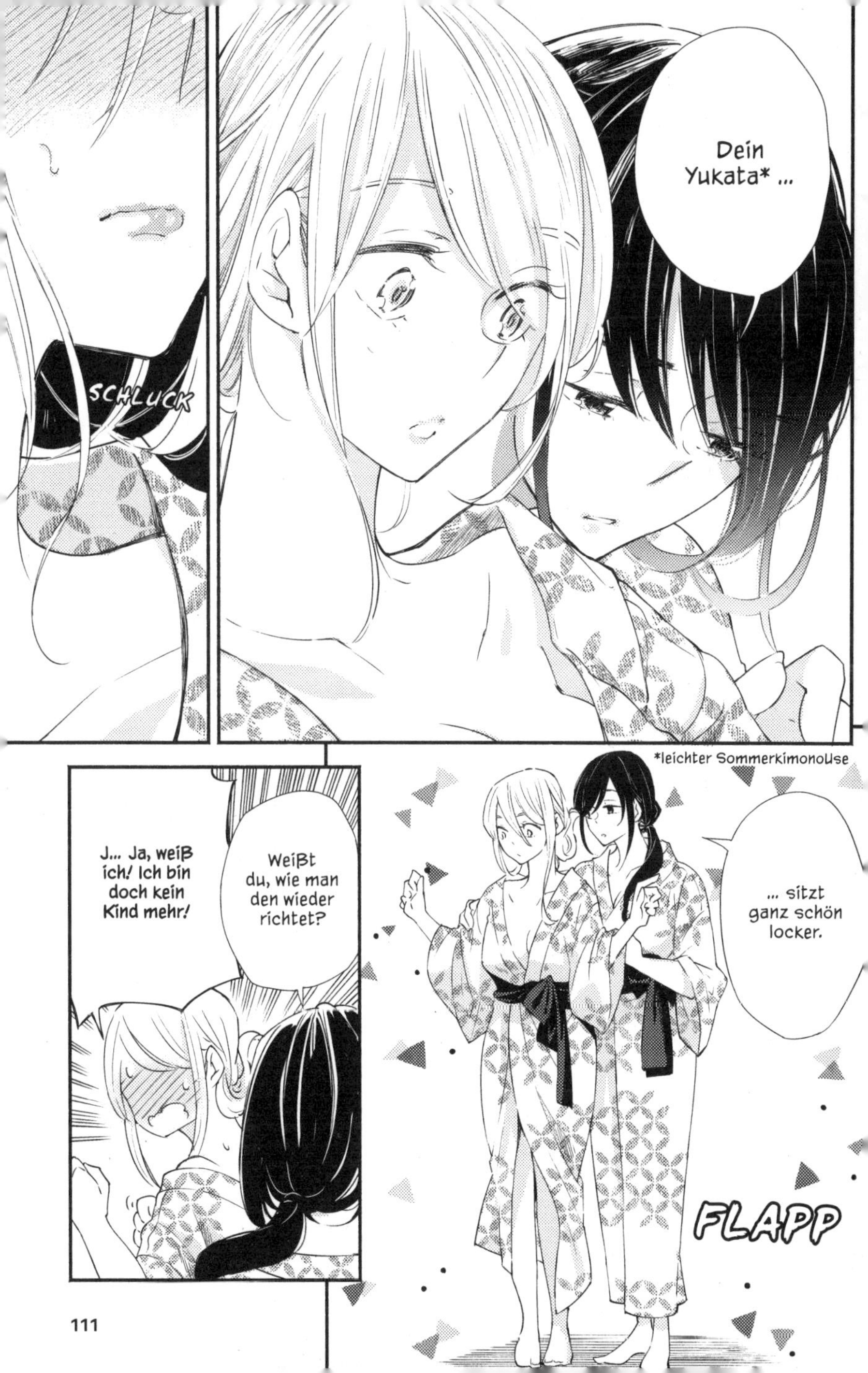

*leichter Sommerkimonouse

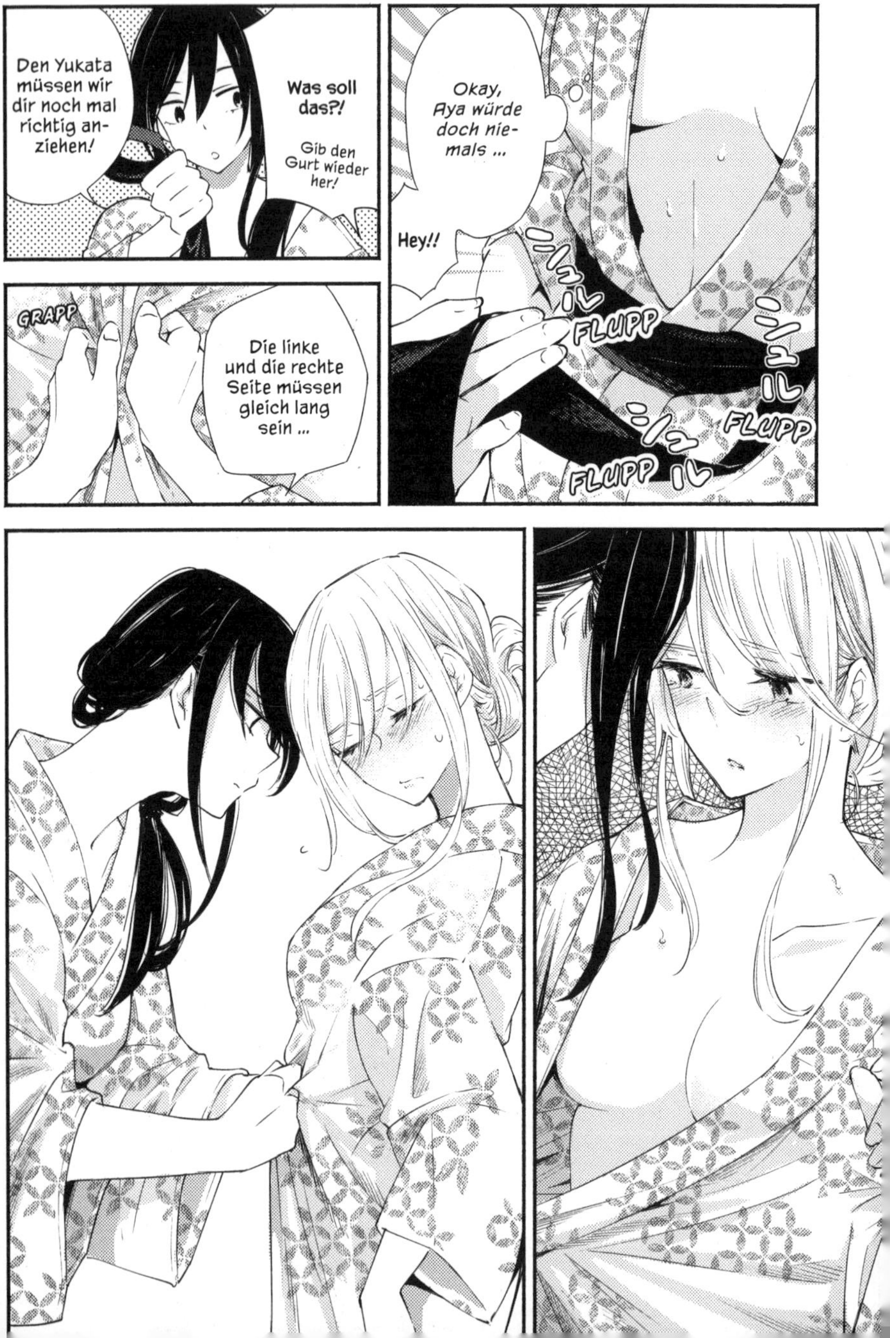
Okay, Aya würde doch niemals ...
Hey!!
FLUPP
FLUPP
FLUPP
Den Yukata müssen wir dir noch mal richtig anziehen!
Was soll das?!
Gib den Gurt wieder her!
Die linke und die rechte Seite müssen gleich lang sein ...
GRAPP

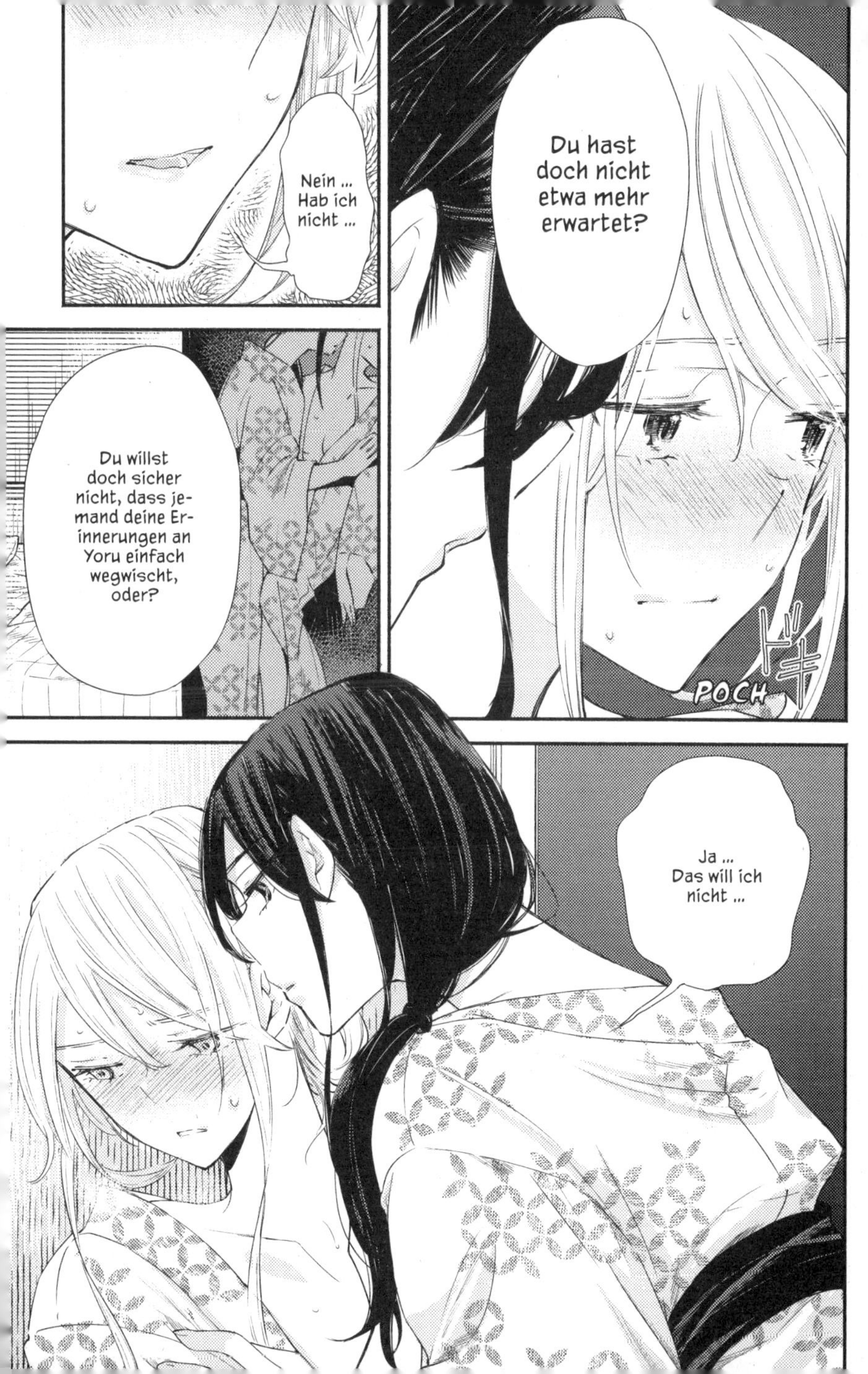
Du hast doch nicht etwa mehr erwartet?
Nein ... Hab ich nicht ...
ドキ
POCH
Du willst doch sicher nicht, dass jemand deine Erinnerungen an Yoru einfach wegwischt, oder?
Ja ... Das will ich nicht ...

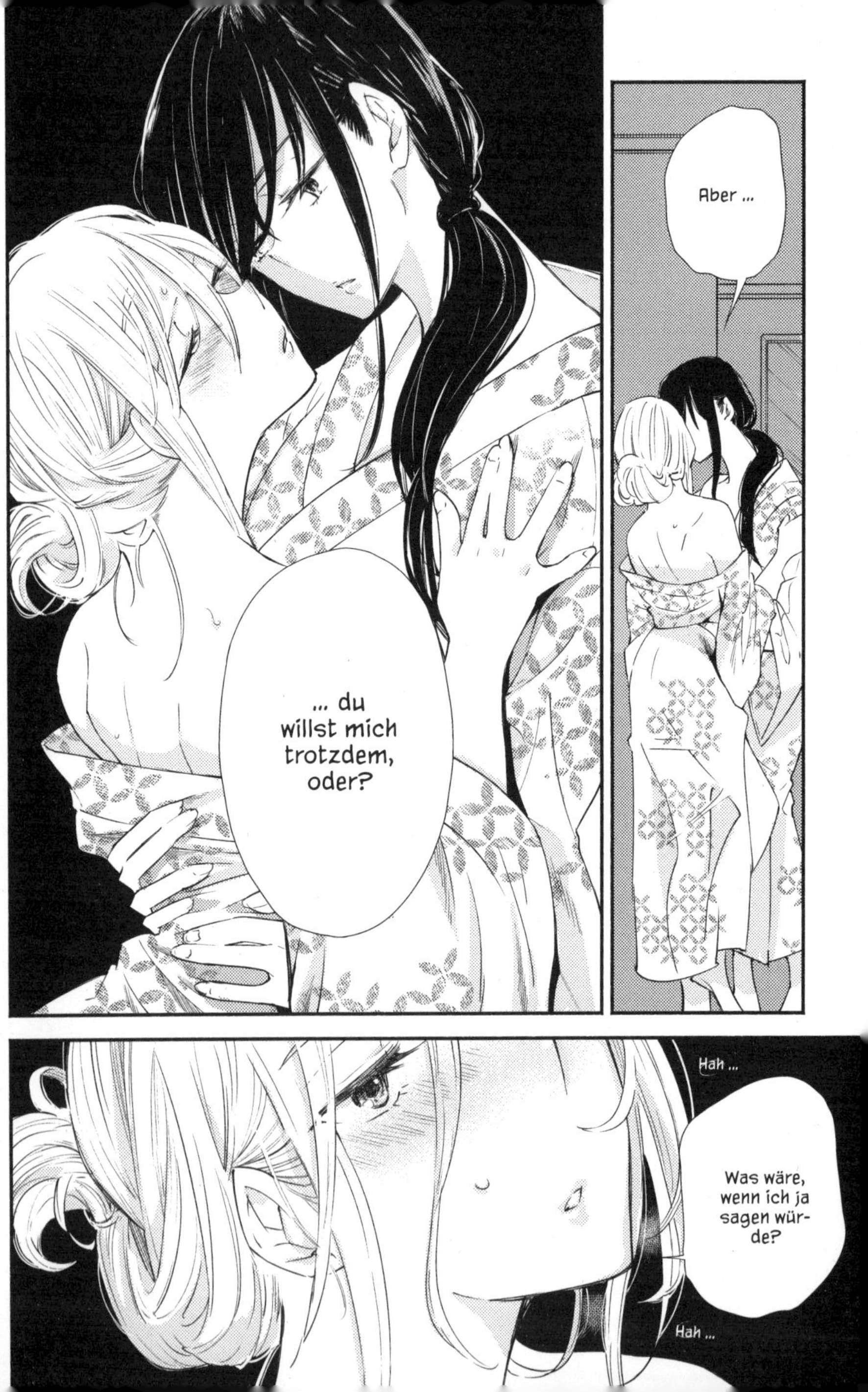
Aber ...
... du willst mich trotzdem, oder?
Hah ...
Was wäre, wenn ich ja sagen würde?
Hah ...

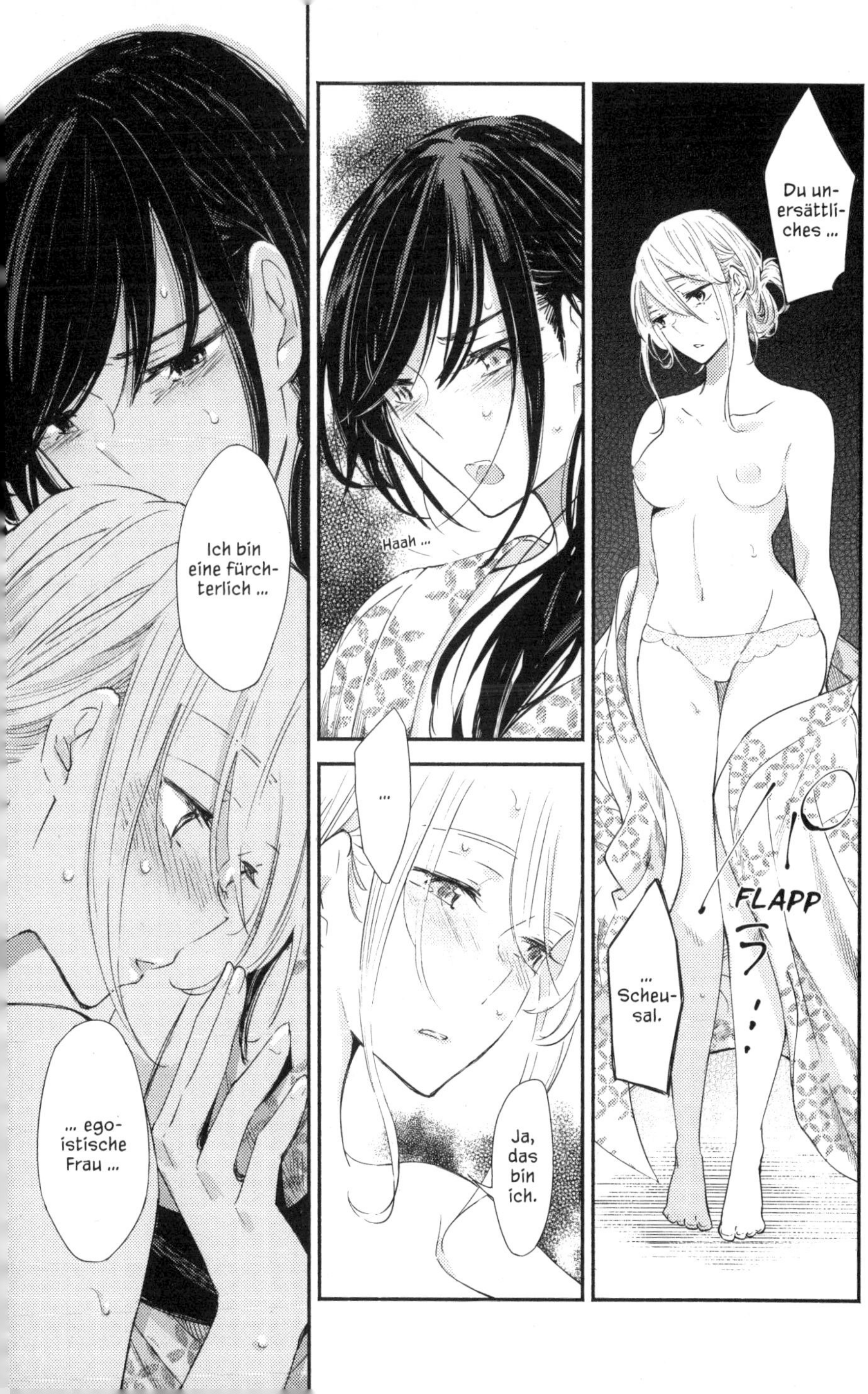
Du unersättliches ...
... Scheusal.
FLAPP
Haah ...
...
Ja, das bin ich.
Ich bin eine fürchterlich ...
... egoistische Frau ...

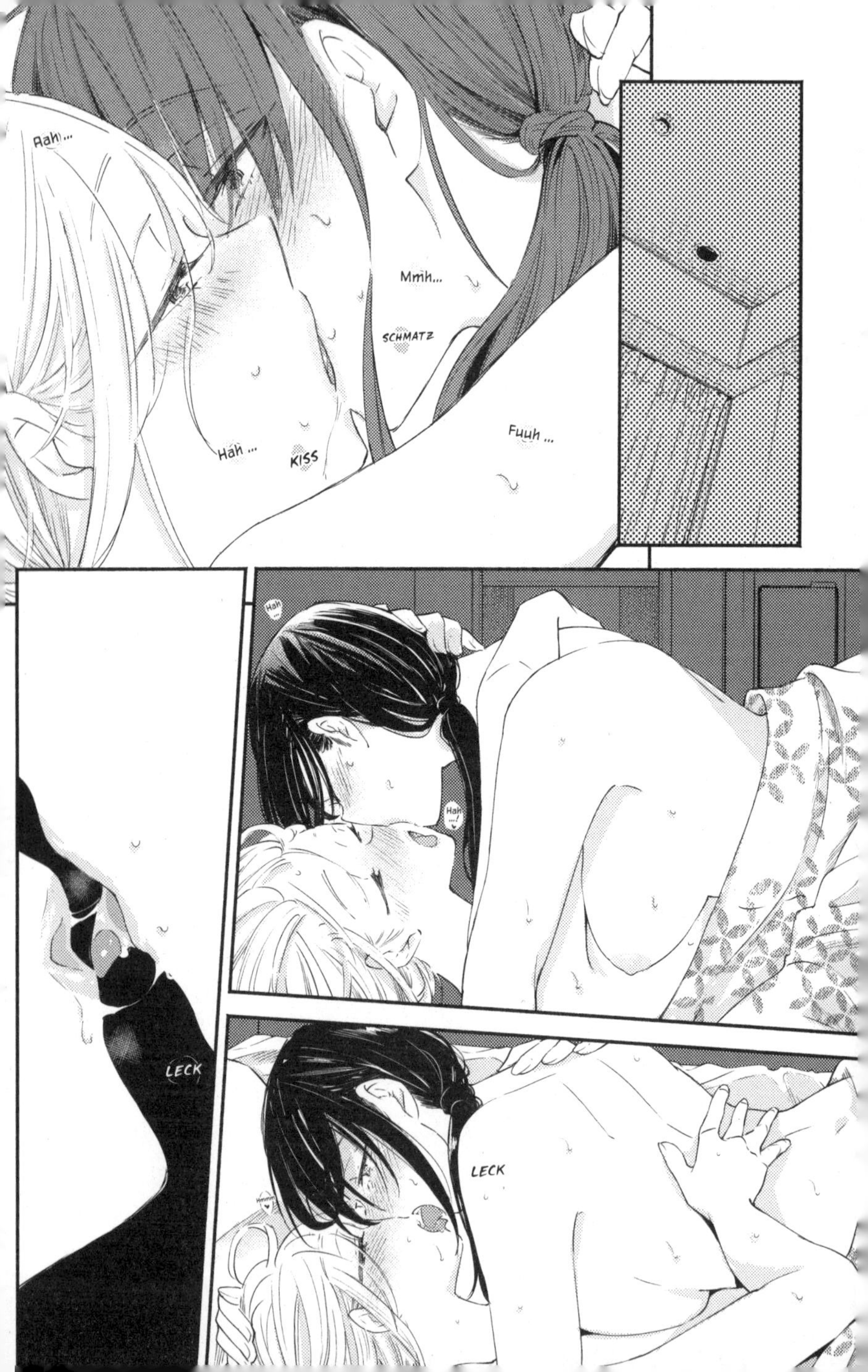
Aah ...
Mmh ...
SCHMATZ
Fuuh ...
Hah ...
KISS
Hah ...
Hah ...!
LECK
LECK
Hmmm

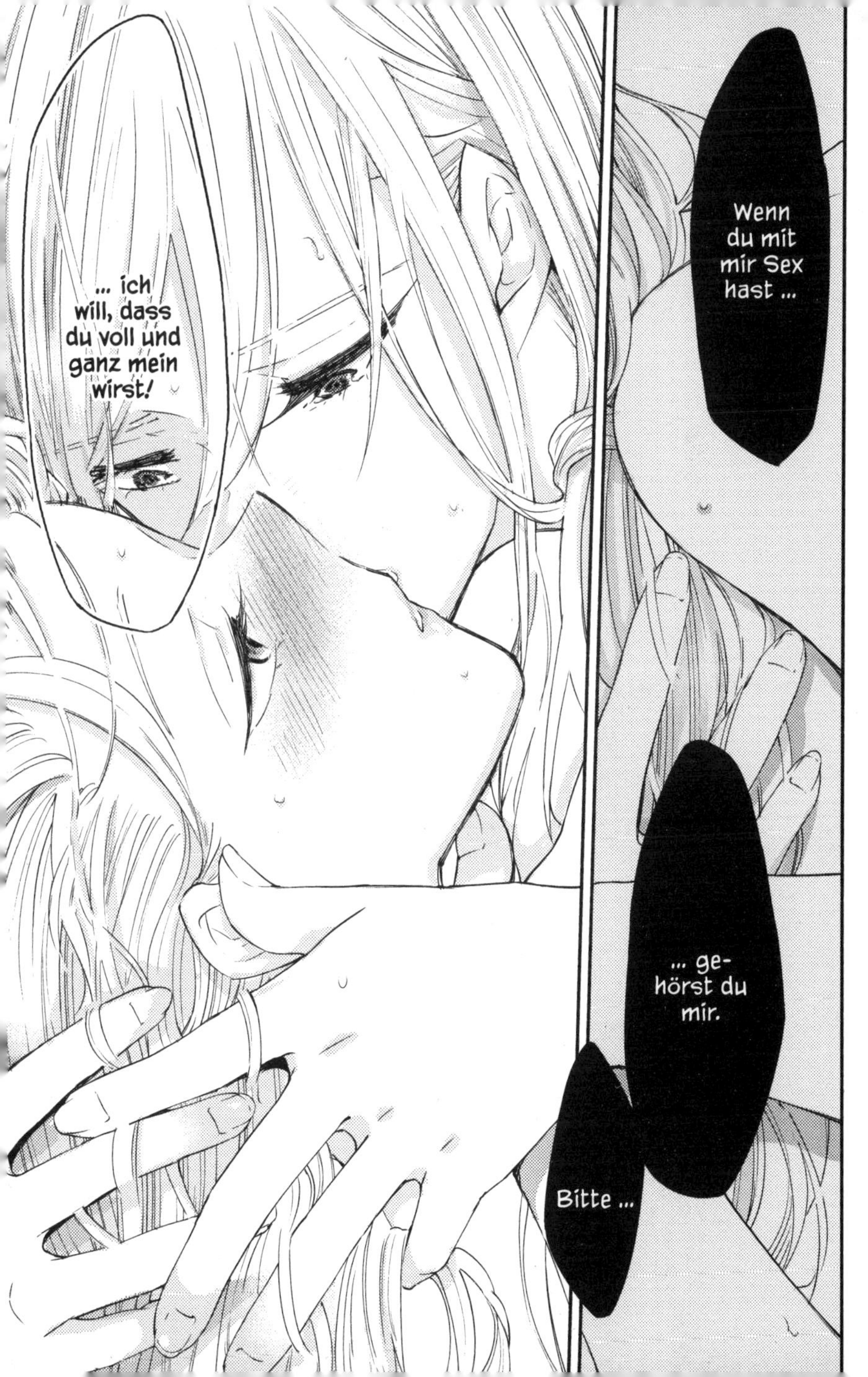
Wenn du mit mir Sex hast ...
... ge-hörst du mir.
Bitte ...
... ich will, dass du voll und ganz mein wirst!

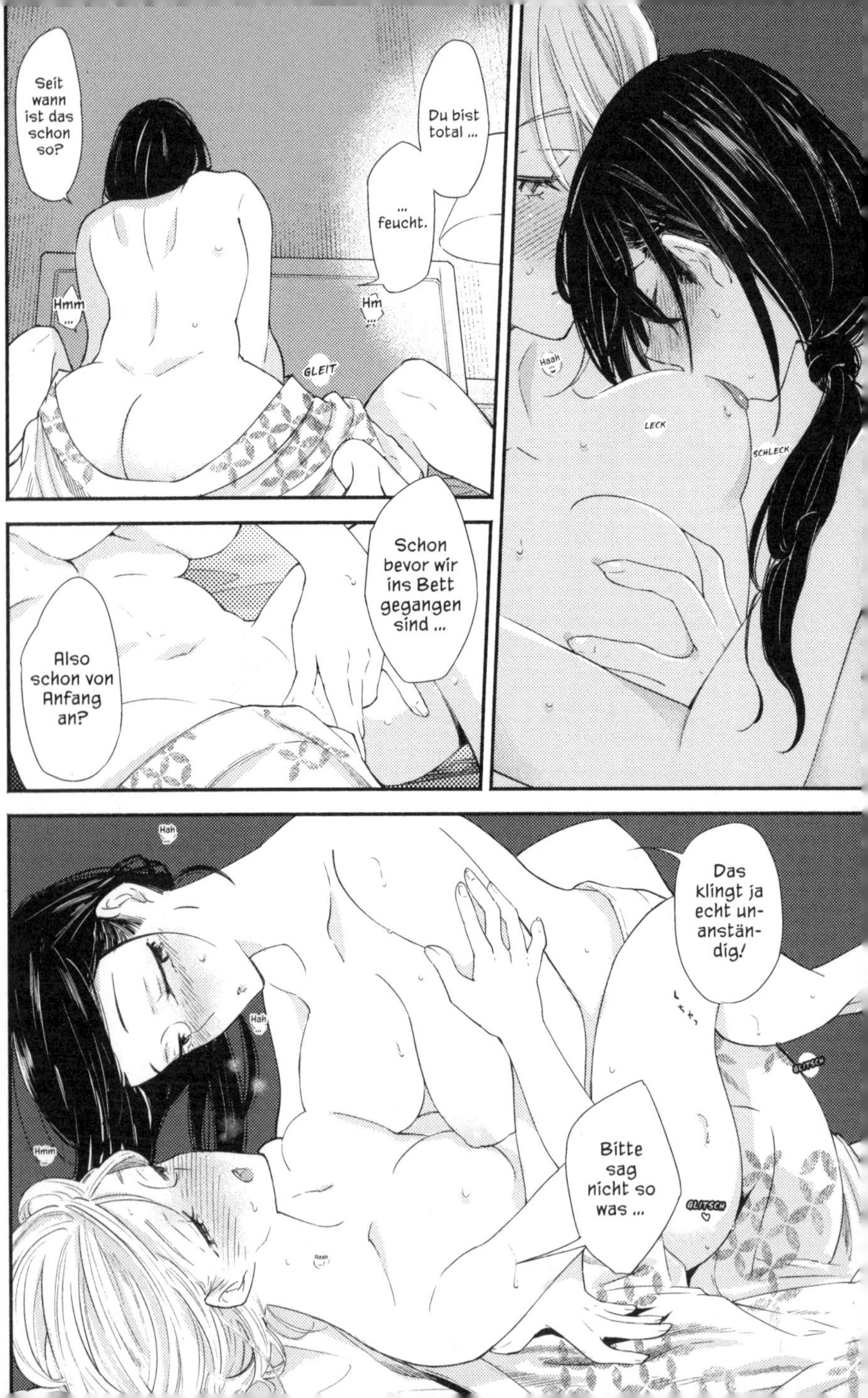
Haah
LECK
SCHLECK
Du bist total ...
... feucht.
Seit wann ist das schon so?
Hm ...
Hmm ...
GLEIT
Schon bevor wir ins Bett gegangen sind ...
Also schon von Anfang an?
Das klingt ja echt unanständig!
GLITSCH
Bitte sag nicht so was ...
GLITSCH
Hah ...
Hah ...
Hmm ...
Haah

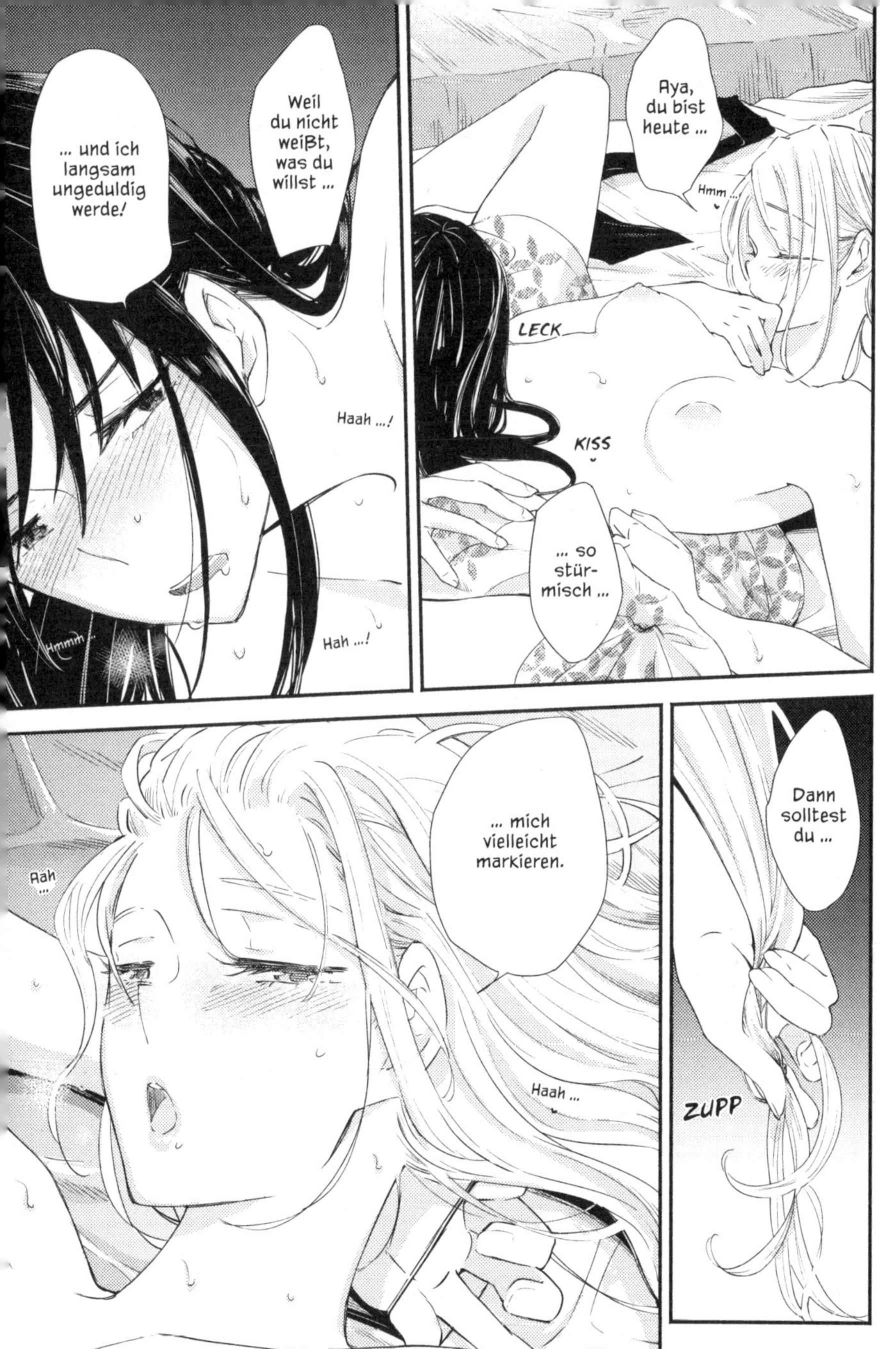
Aya, du bist heute ...
Hmm ...
LECK
KISS
... so stürmisch ...
Weil du nicht weißt, was du willst ...
... und ich langsam ungeduldig werde!
Haah ...!
Hah ...!
Hmmm ...
Dann solltest du ...
ZUPP
... mich vielleicht markieren.
Aah ...
Haah ...

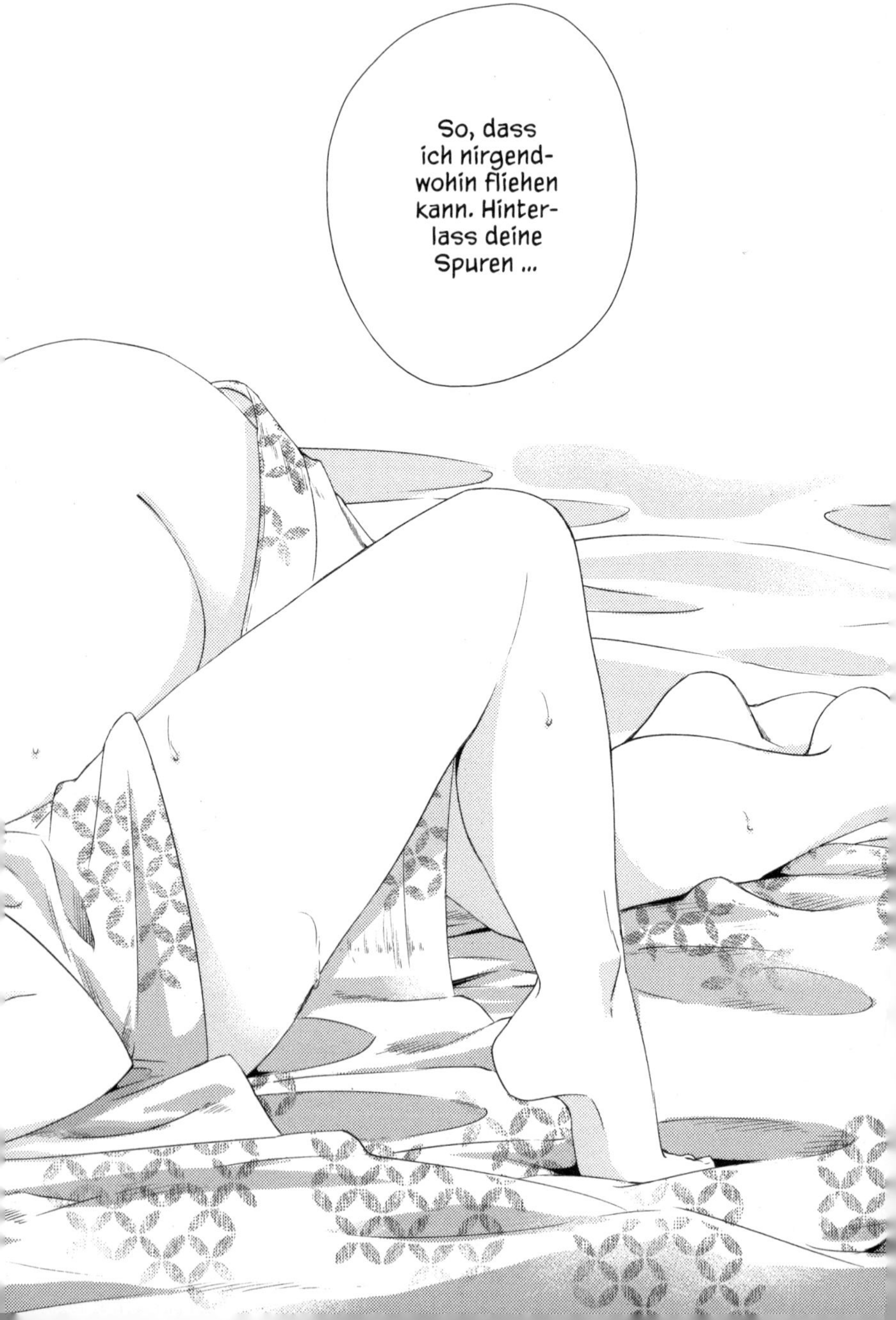
So, dass ich nirgend-wohin fliehen kann. Hinter-lass deine Spuren ...

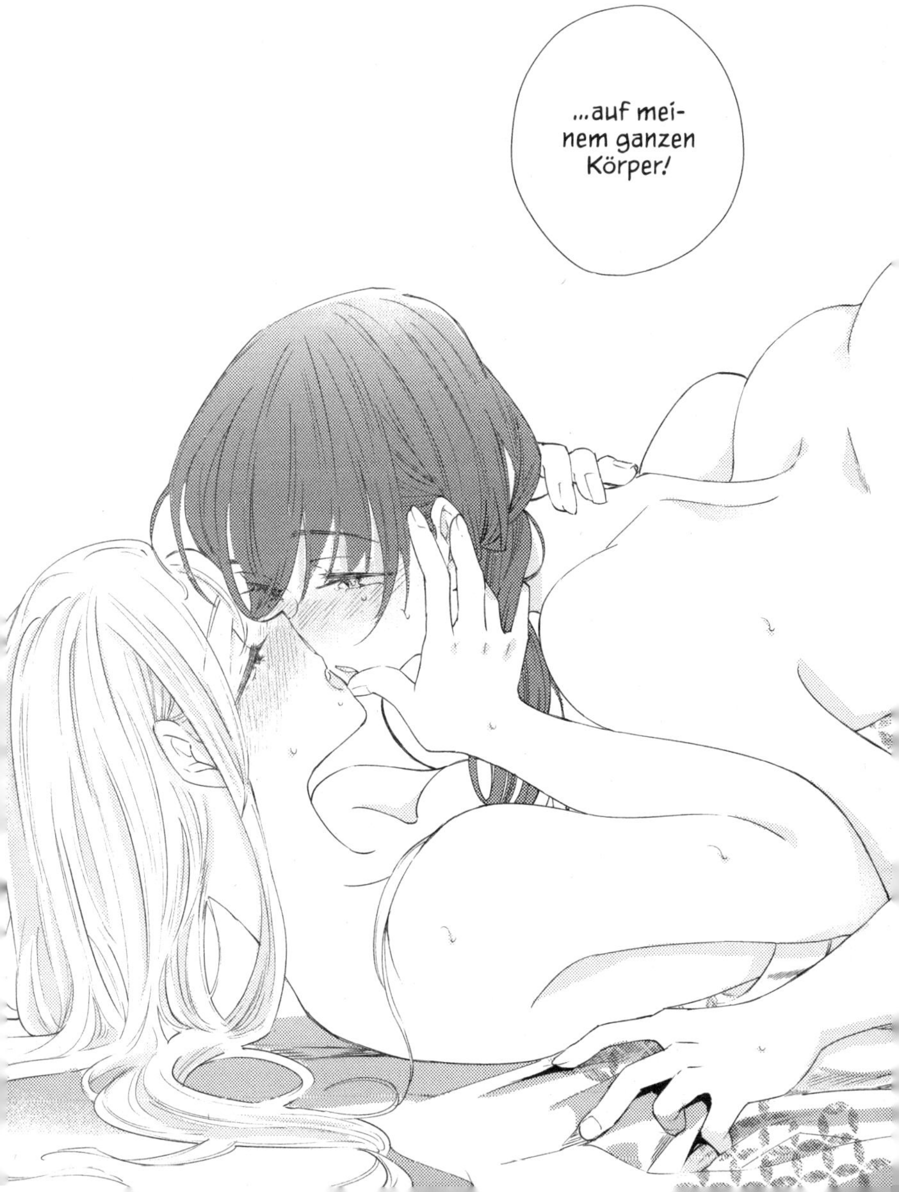
...auf meinem ganzen Körper!

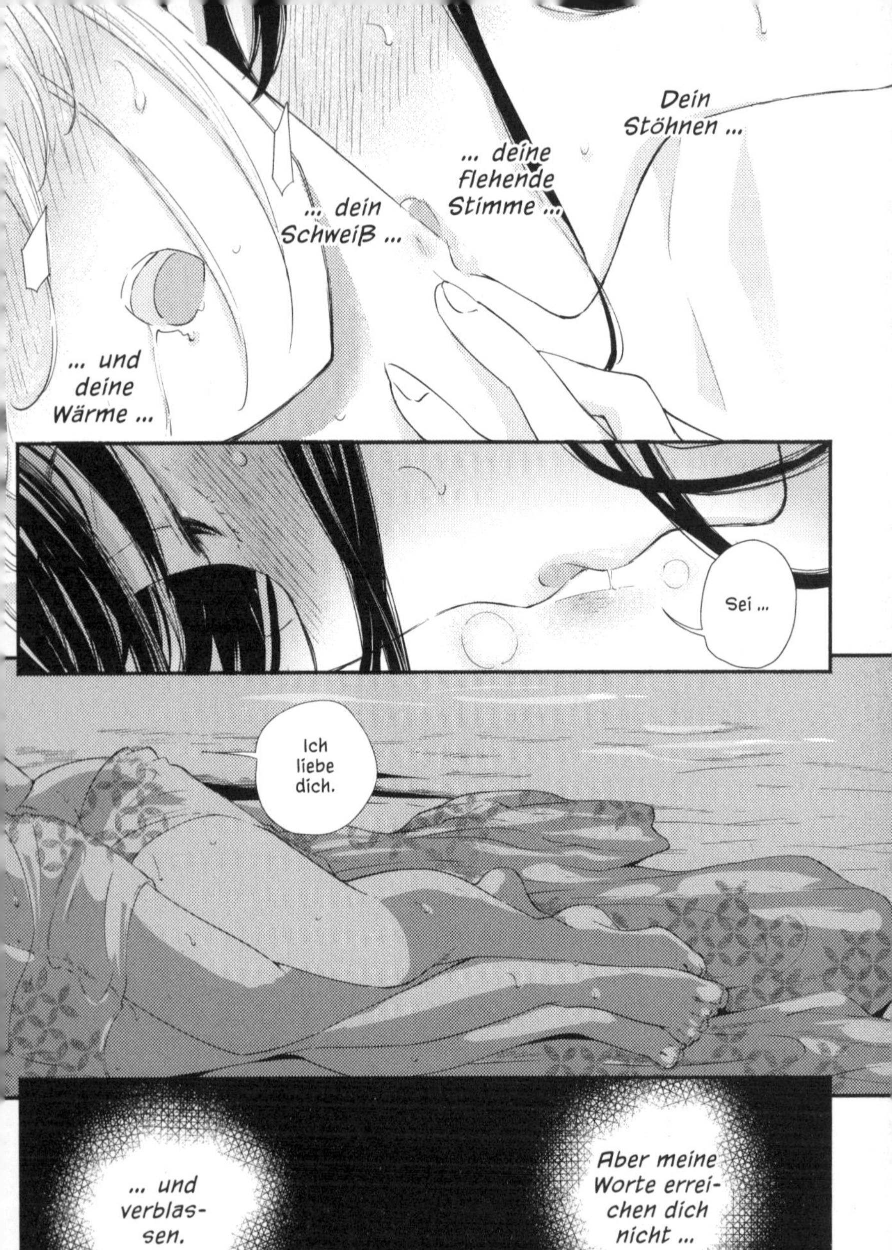
Dein Stöhnen ...
... deine flehende Stimme ...
... dein Schweiß ...
... und deine Wärme ...
Sei ...
Ich liebe dich.
Aber meine Worte errei-chen dich nicht ...
... und verblas-sen.

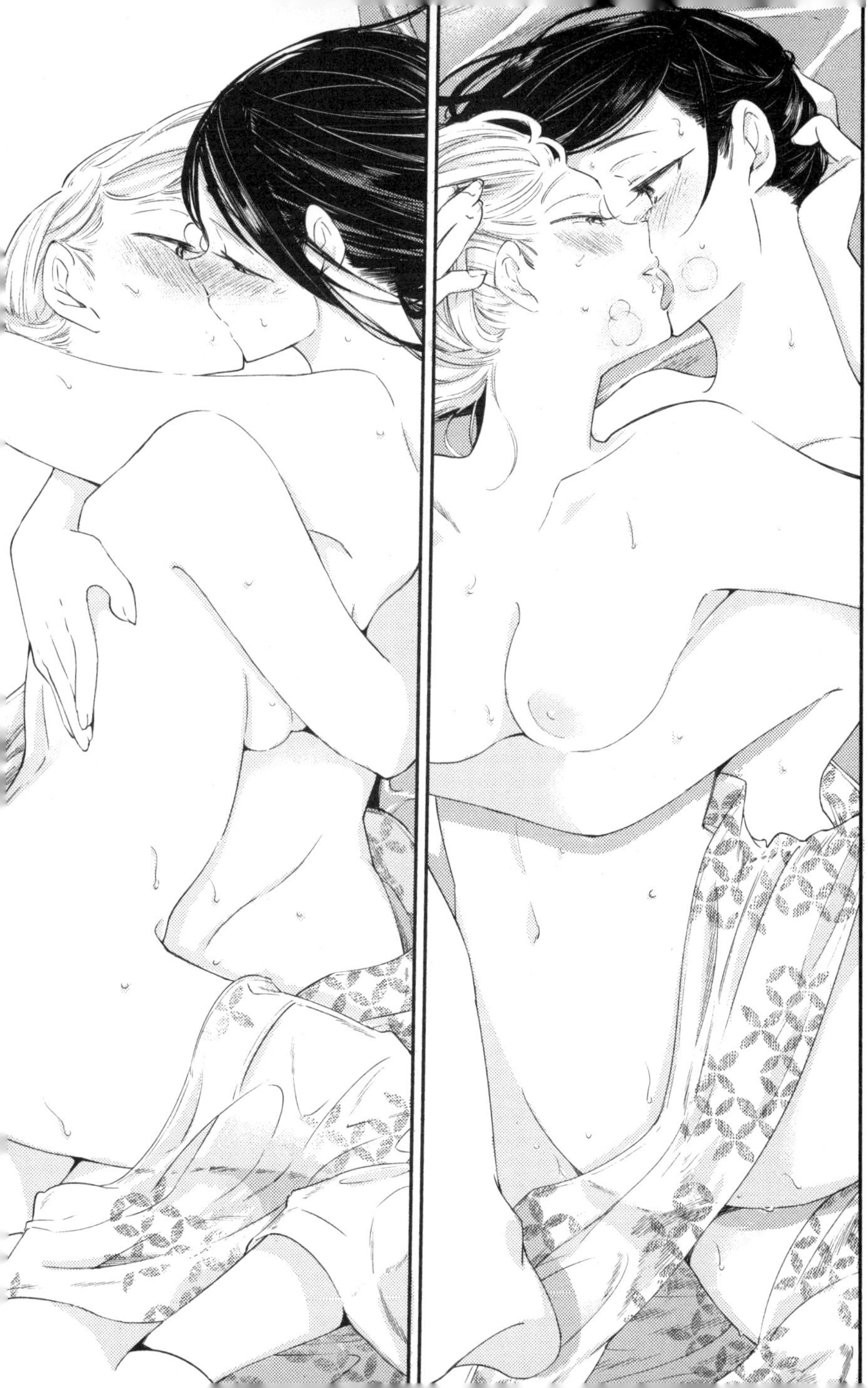

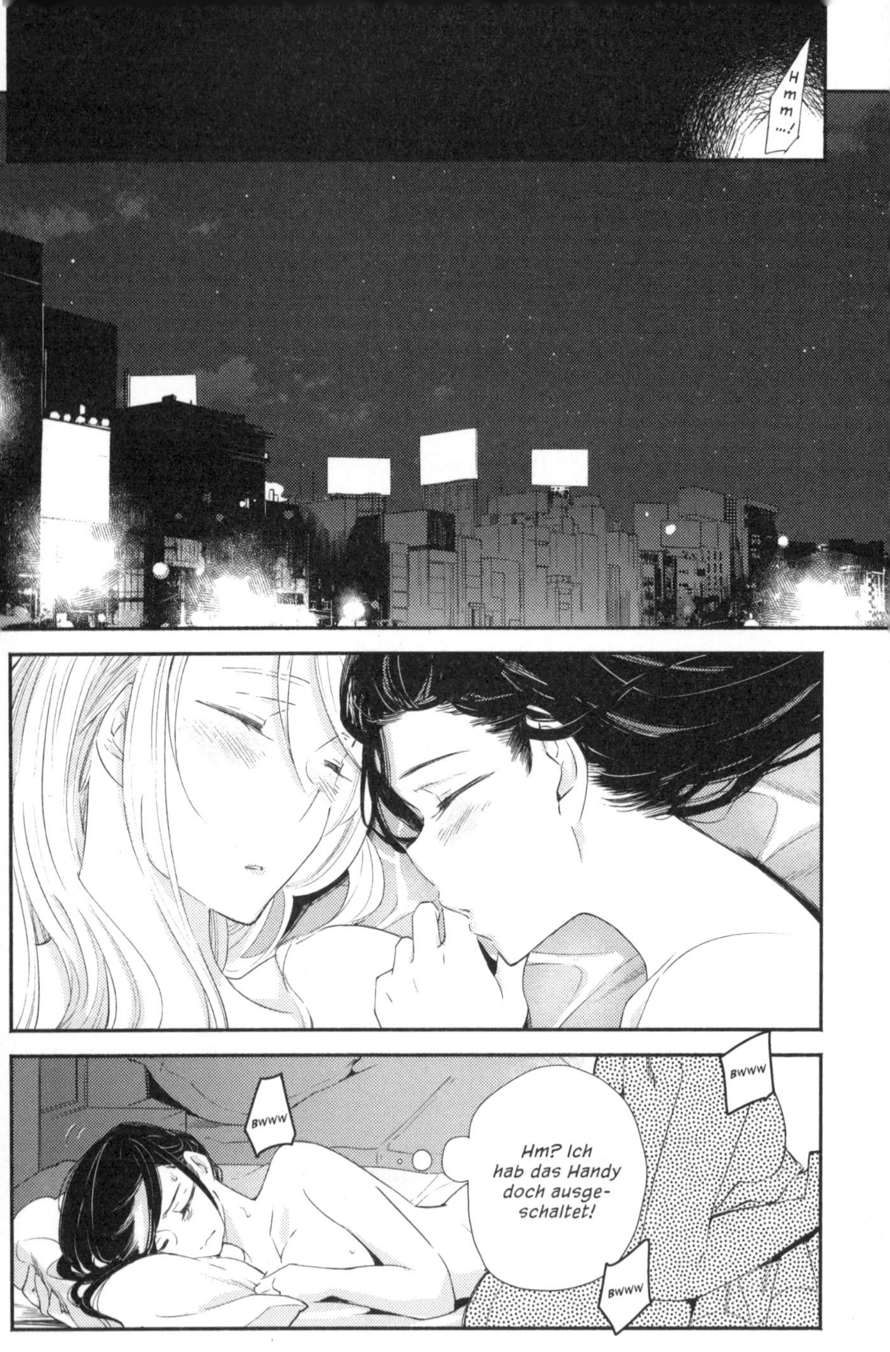
Hmm...!
BWWW
Hm? Ich hab das Handy doch ausge-schaltet!
BWWW
BWWW

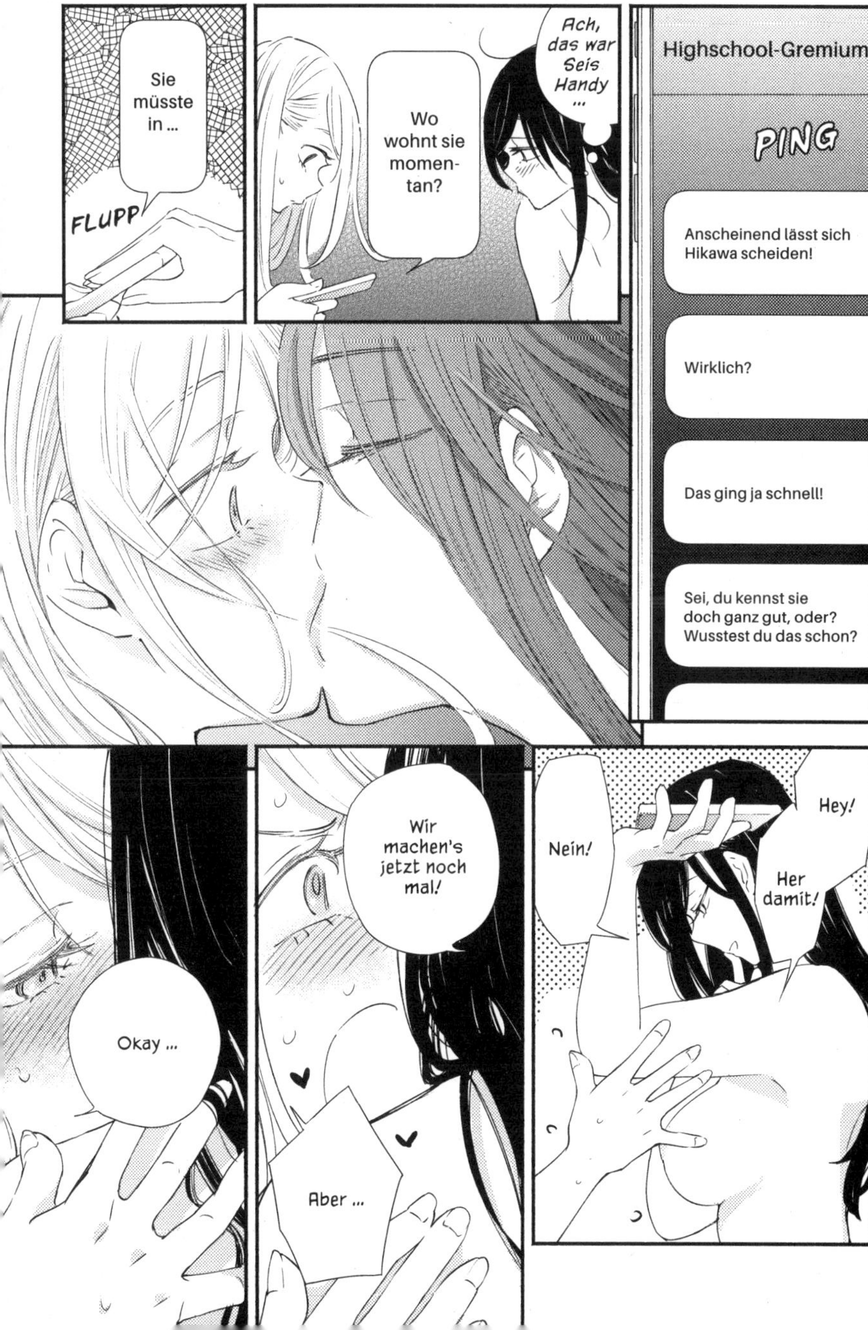
Highschool-Gremium
PING
Anscheinend lässt sich Hikawa scheiden!
Wirklich?
Das ging ja schnell!
Sei, du kennst sie doch ganz gut, oder? Wusstest du das schon?
Ach, das war Seis Handy ...
Wo wohnt sie momentan?
Sie müsste in ...
FLUPP
Hey!
Her damit!
Nein!
Wir machen's jetzt noch mal!
Aber ...
Okay ...

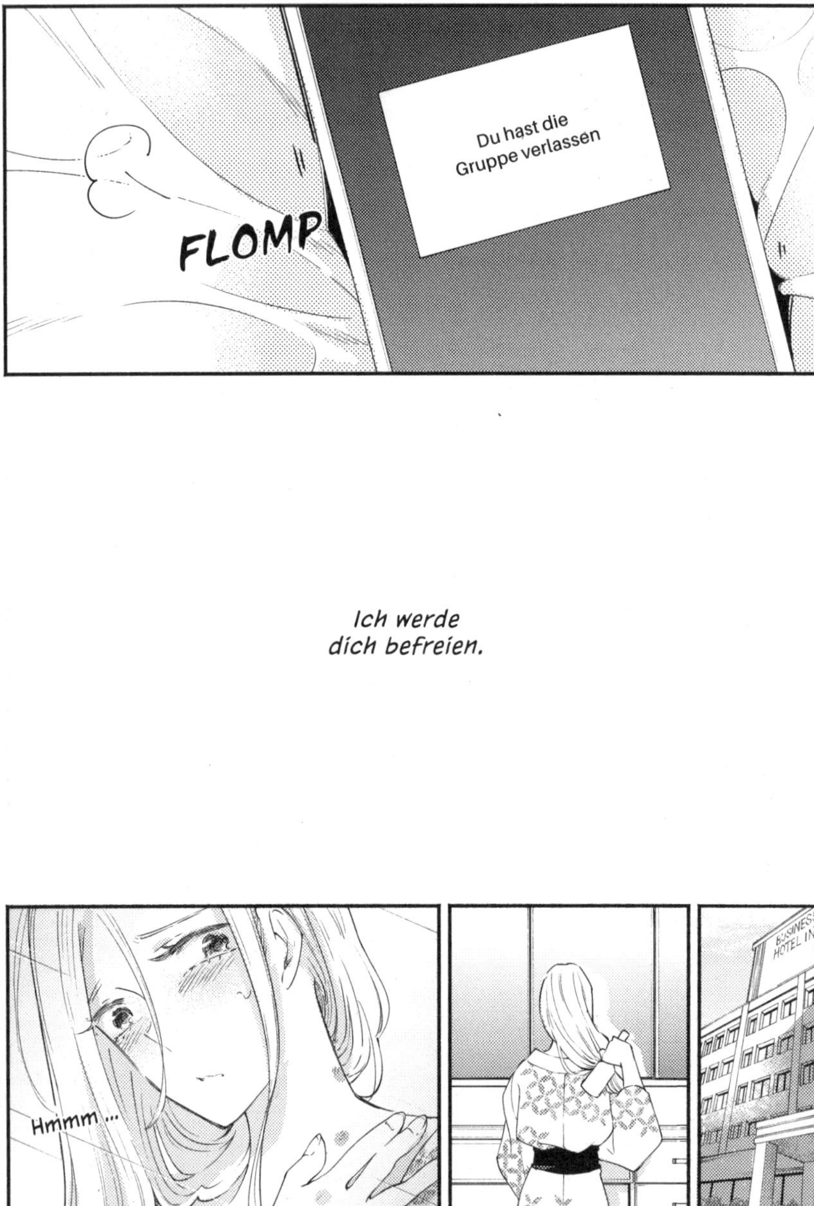
Du hast die Gruppe verlassen
FLOMP
Ich werde dich befreien.
Hmmm …

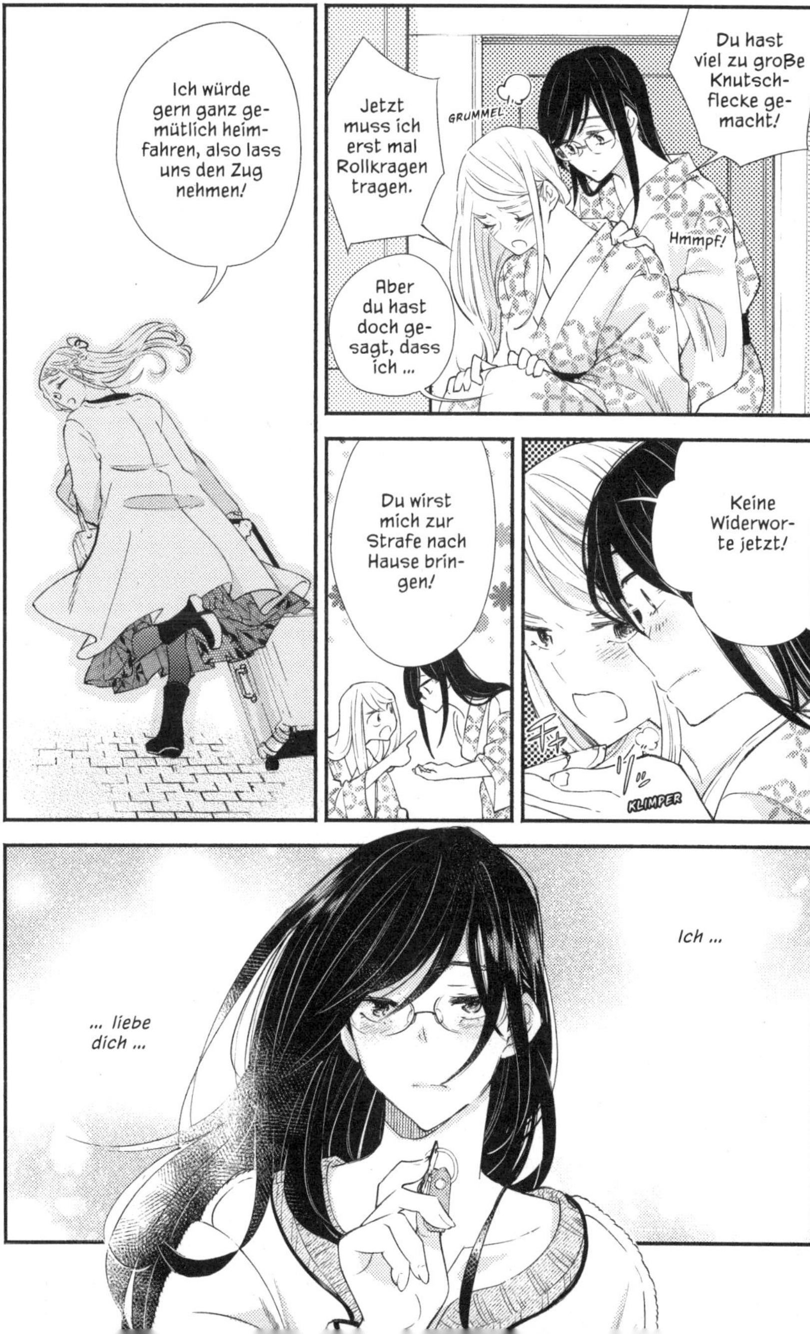
Du hast viel zu große Knutschflecke gemacht!
Hmmpf!
GRUMMEL
Jetzt muss ich erst mal Rollkragen tragen.
Aber du hast doch gesagt, dass ich ...
Keine Widerworte jetzt!
KLIMPER
Du wirst mich zur Strafe nach Hause bringen!
Ich würde gern ganz gemütlich heimfahren, also lass uns den Zug nehmen!
Ich ...
... liebe dich ...

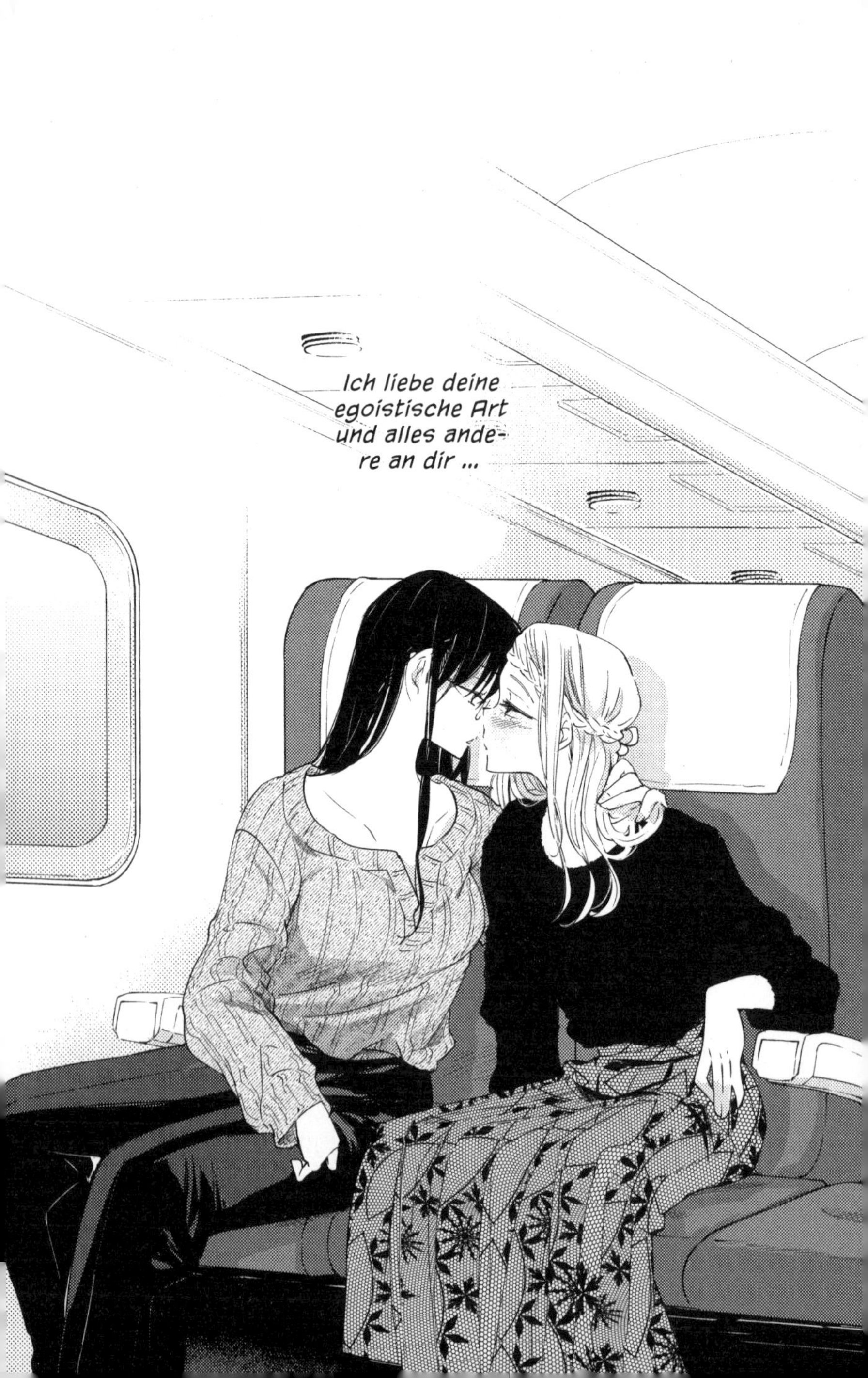
Ich liebe deine egoistische Art und alles andere an dir …

# Kapitel 20

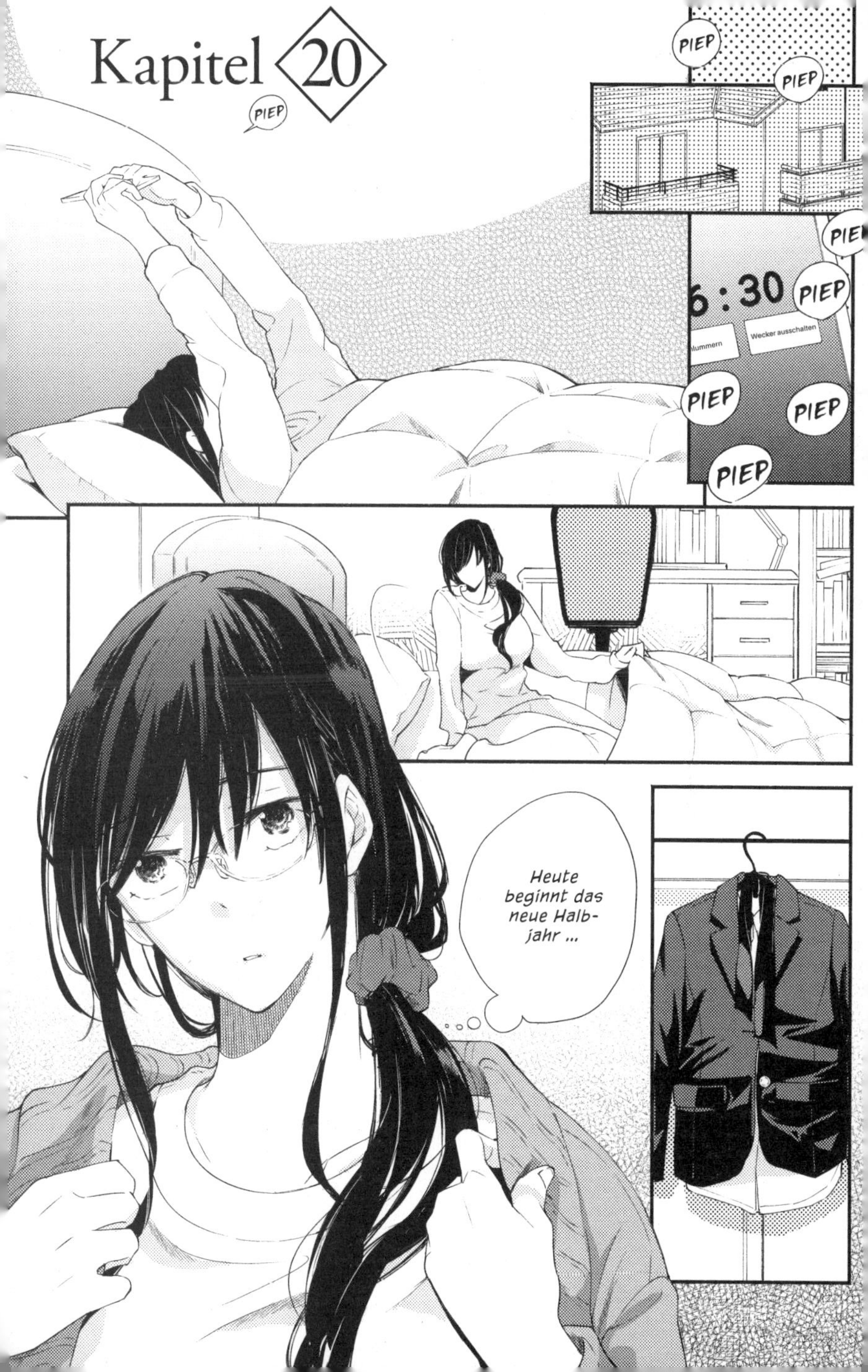

PIEP
PIEP
PIEP
PIEP
6:30
Wecker ausschalten
PIEP
PIEP
PIEP
PIEP
Heute beginnt das neue Halbjahr ...

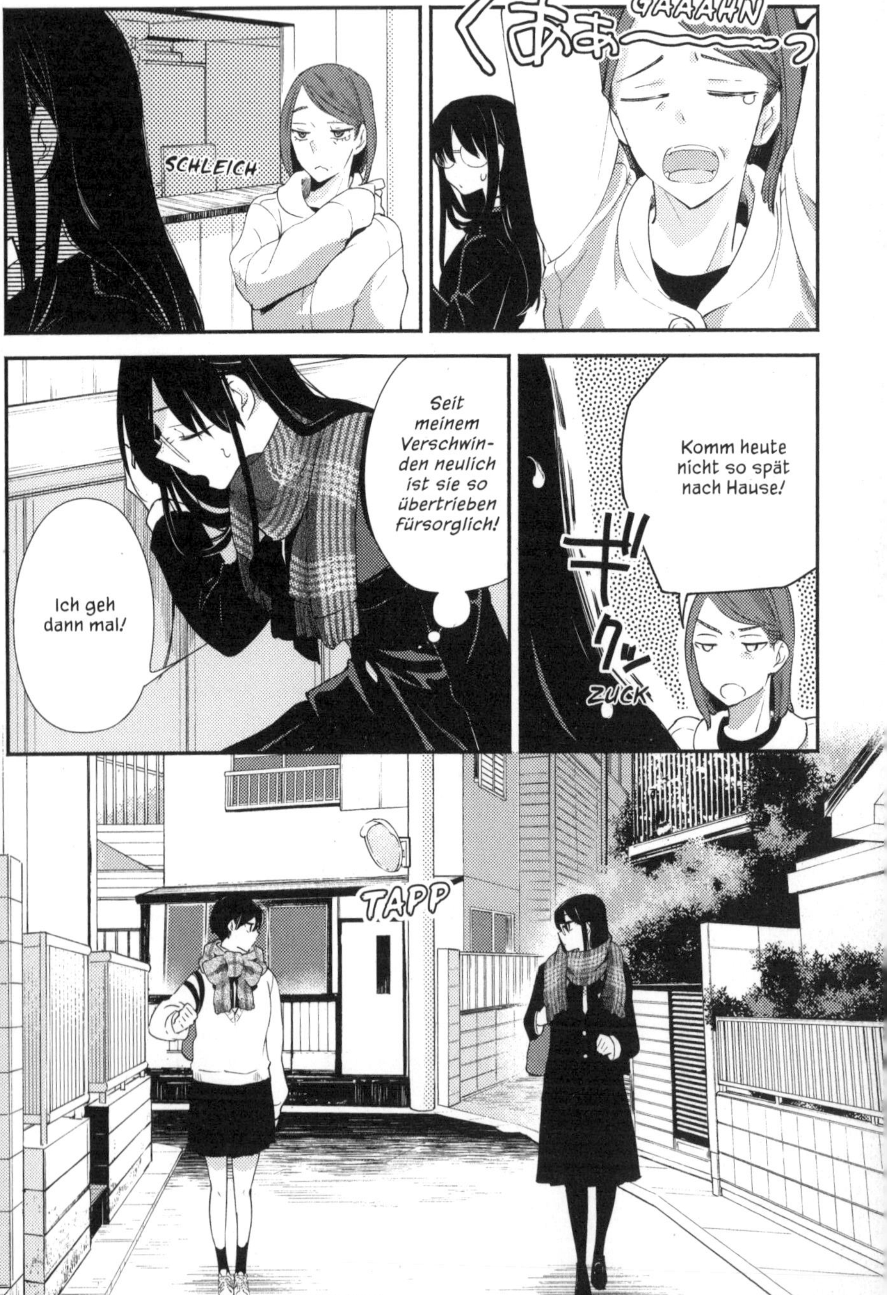
くあぁ～～っ
GÄÄÄHN
SCHLEICH
Komm heute nicht so spät nach Hause!
ギクッ
ZUCK
Seit meinem Verschwinden neulich ist sie so übertrieben fürsorglich!
Ich geh dann mal!
TAPP

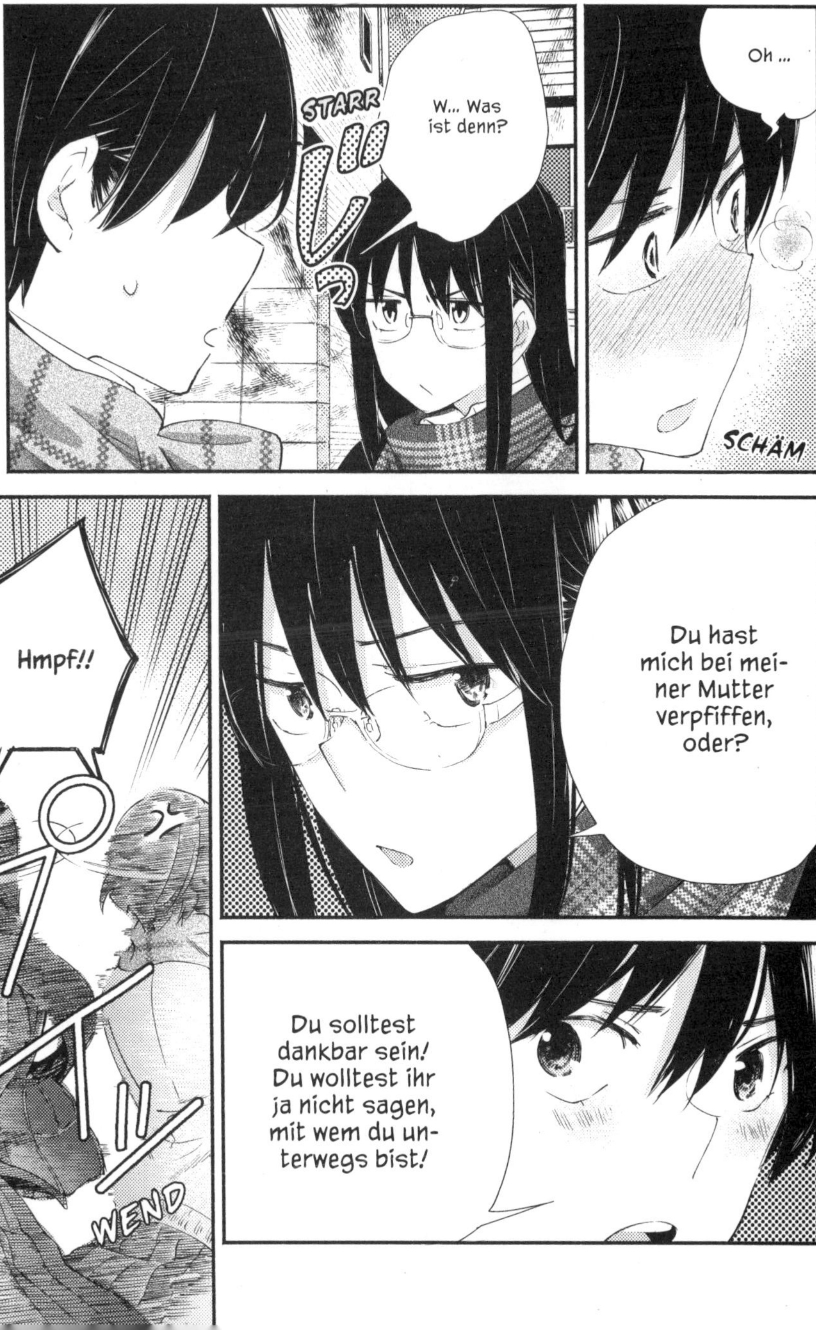
Oh ...
SCHÄM
STARR
W... Was ist denn?
Du hast mich bei meiner Mutter verpfiffen, oder?
Du solltest dankbar sein! Du wolltest ihr ja nicht sagen, mit wem du unterwegs bist!
Hmpf!!
WEND

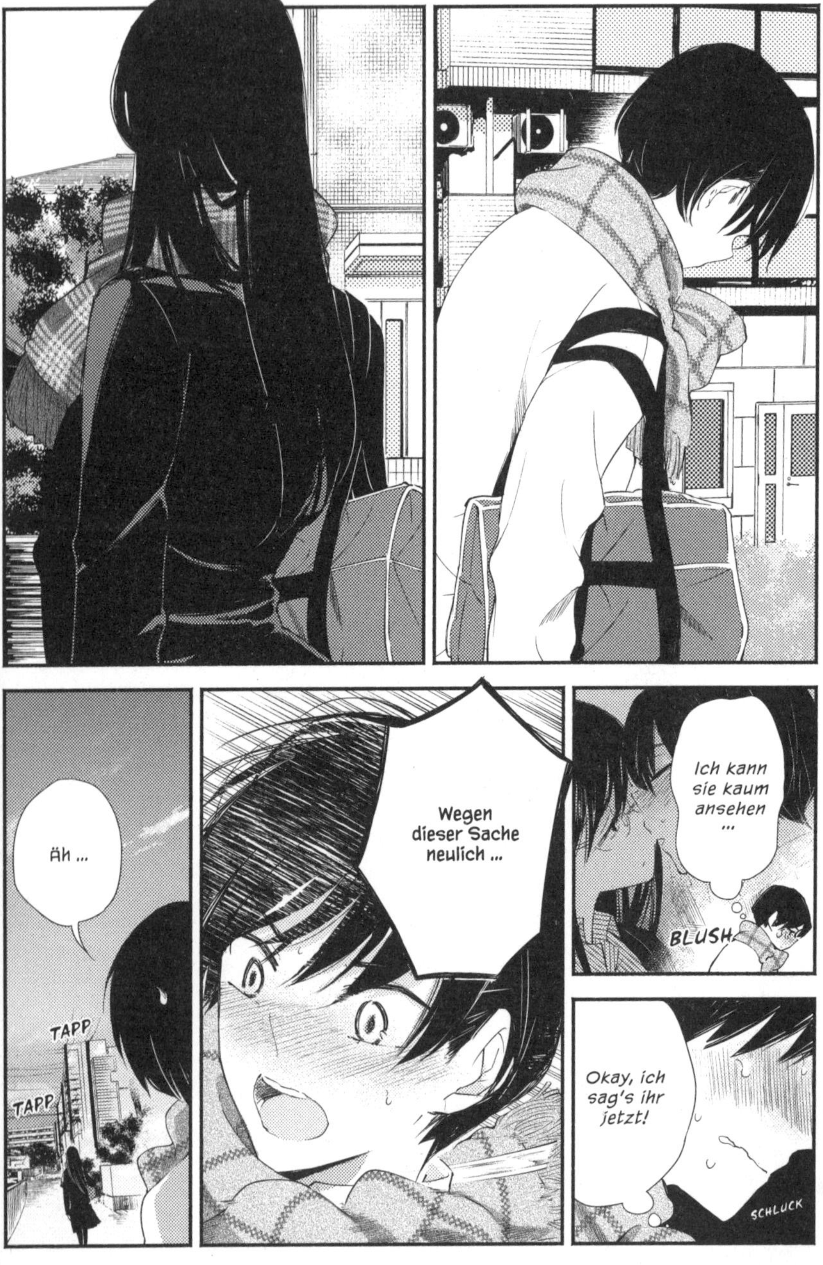
Ich kann sie kaum ansehen ...
BLUSH
Wegen dieser Sache neulich ...
Äh ...
TAPP
TAPP
Okay, ich sag's ihr jetzt!
SCHLUCK

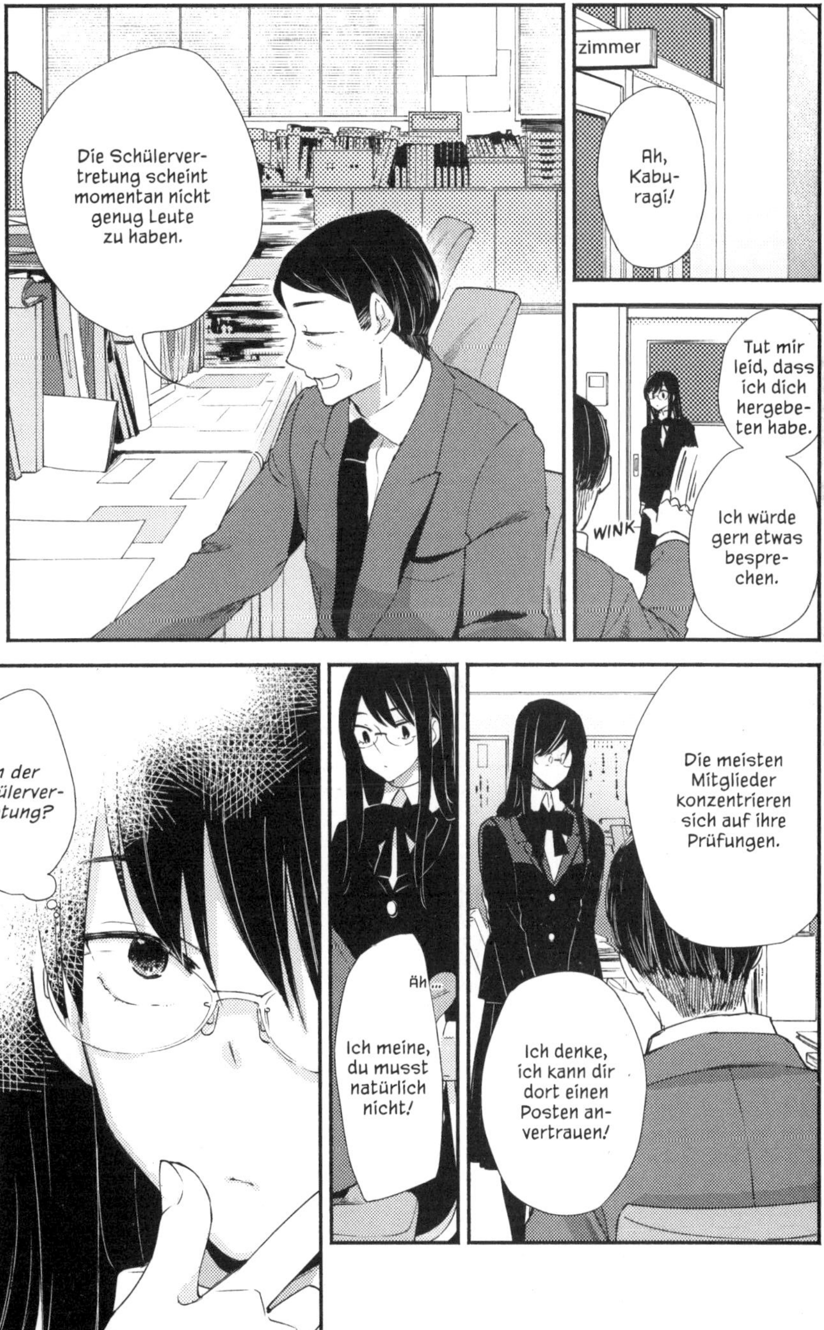
zimmer
Ah, Kaburagi!
Tut mir leid, dass ich dich hergebeten habe.
WINK
Ich würde gern etwas besprechen.
Die Schülervertretung scheint momentan nicht genug Leute zu haben.
Die meisten Mitglieder konzentrieren sich auf ihre Prüfungen.
Ich denke, ich kann dir dort einen Posten anvertrauen!
Äh ...
Ich meine, du musst natürlich nicht!
In der Schülervertretung?

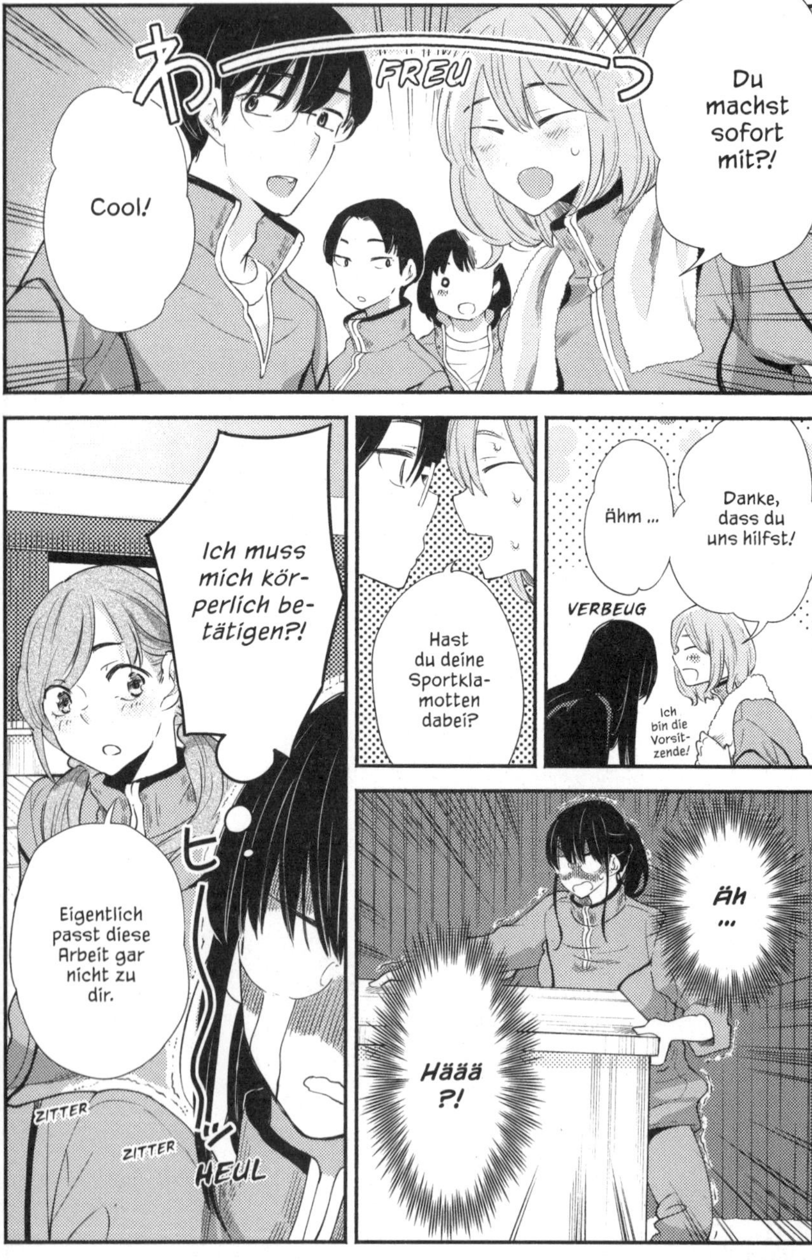
Du machst sofort mit?!
FREU
Cool!
Danke, dass du uns hilfst!
Ähm ...
VERBEUG
Ich bin die Vorsitzende!
Hast du deine Sportklamotten dabei?
Äh ...
Häää ?!
Ich muss mich körperlich betätigen?!
Eigentlich passt diese Arbeit gar nicht zu dir.
ZITTER
ZITTER
HEUL

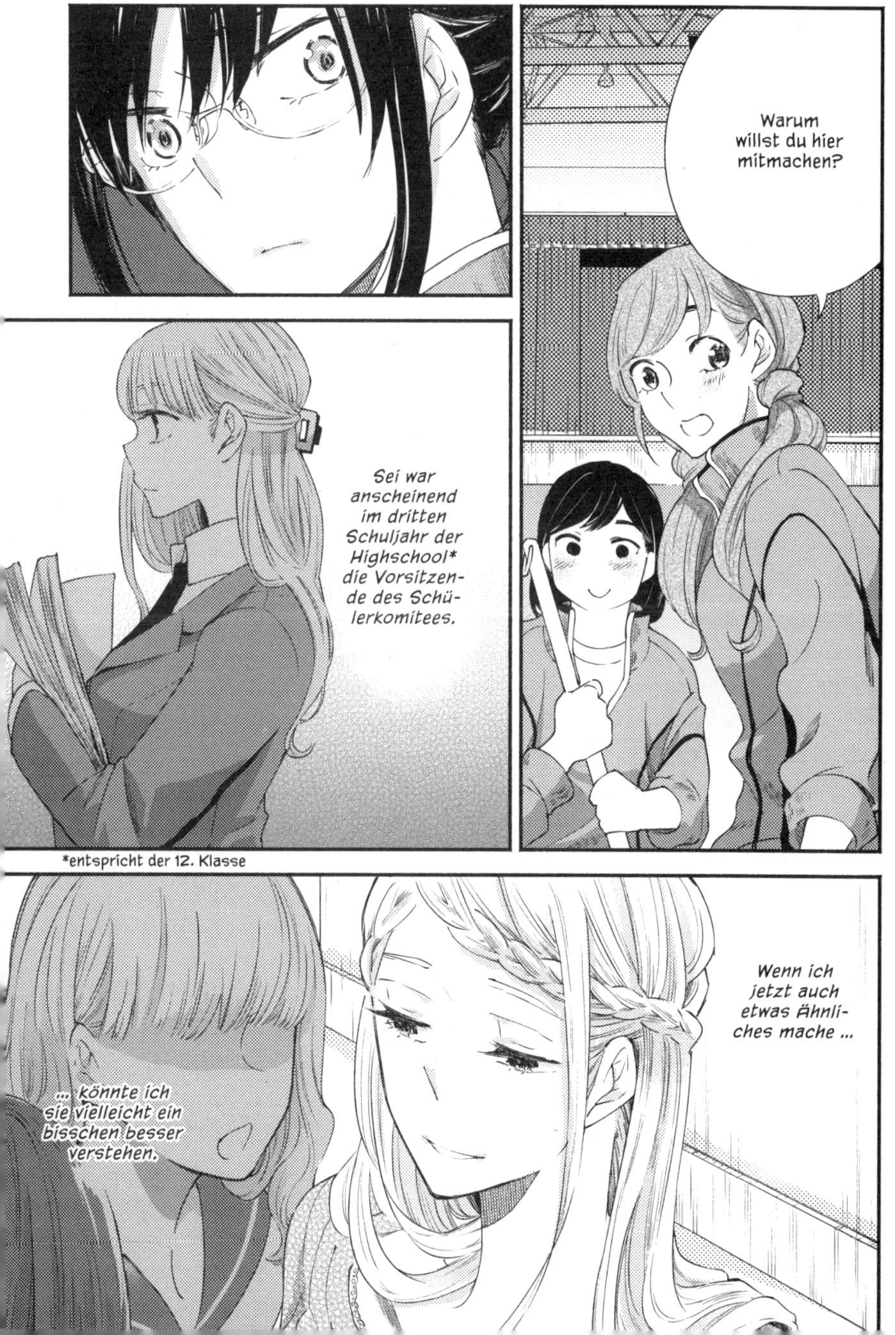


*entspricht der 12. Klasse

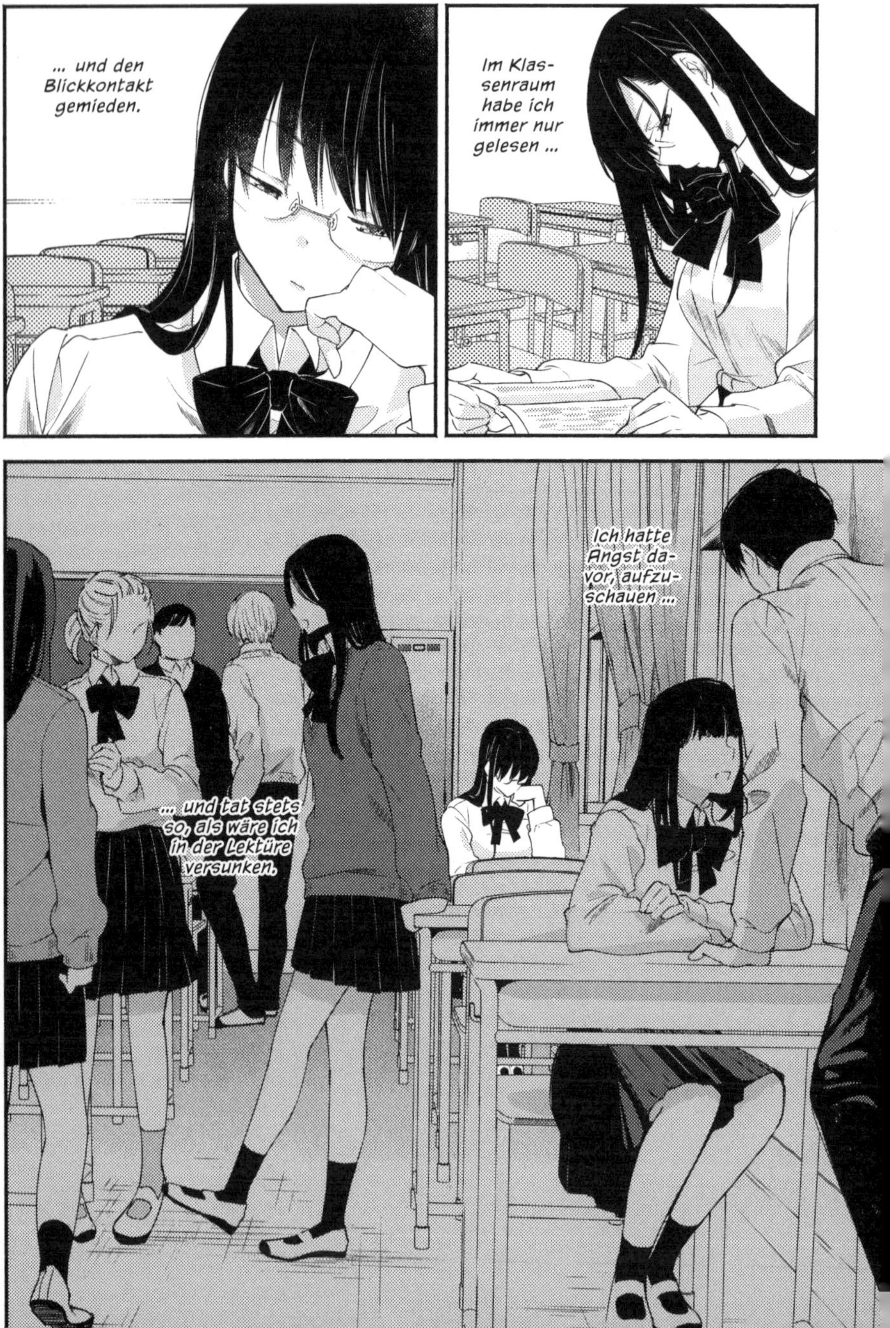

Im Klassenraum habe ich immer nur gelesen ...
... und den Blickkontakt gemieden.
Ich hatte Angst davor, aufzuschauen ...
... und tat stets so, als wäre ich in der Lektüre versunken.

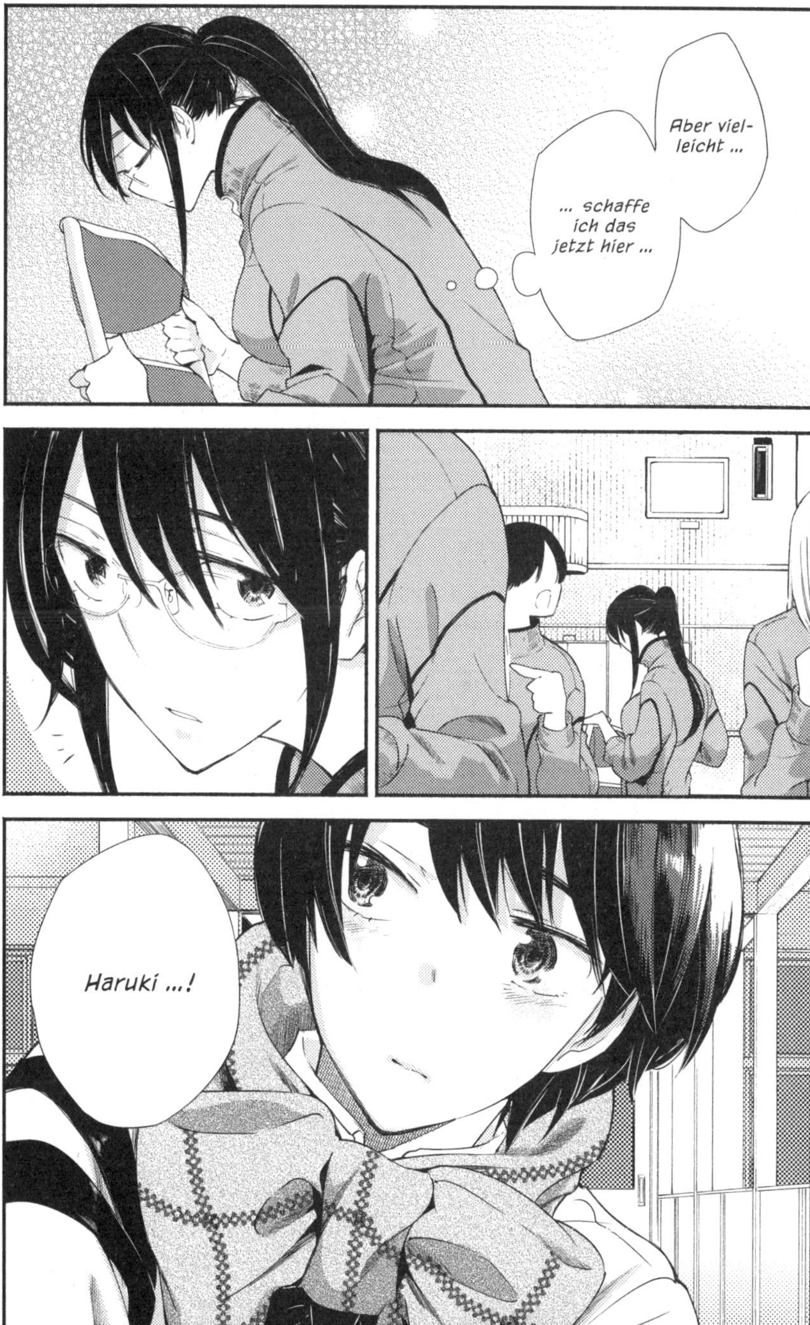
Aber viel-
leicht ...
... schaffe
ich das
jetzt hier ...
Haruki ...!

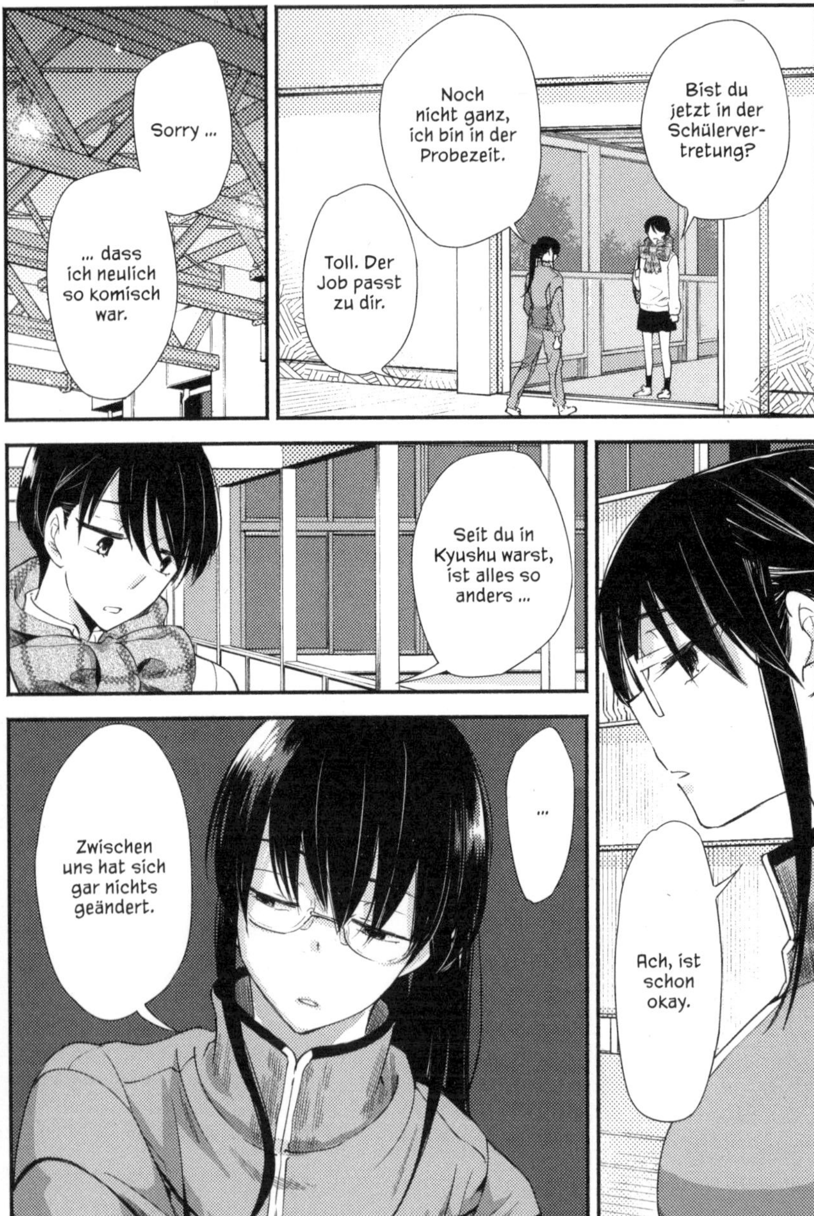
Bist du jetzt in der Schülervertretung?
Noch nicht ganz, ich bin in der Probezeit.
Toll. Der Job passt zu dir.
Sorry ...
... dass ich neulich so komisch war.
Ach, ist schon okay.
Seit du in Kyushu warst, ist alles so anders ...
...
Zwischen uns hat sich gar nichts geändert.

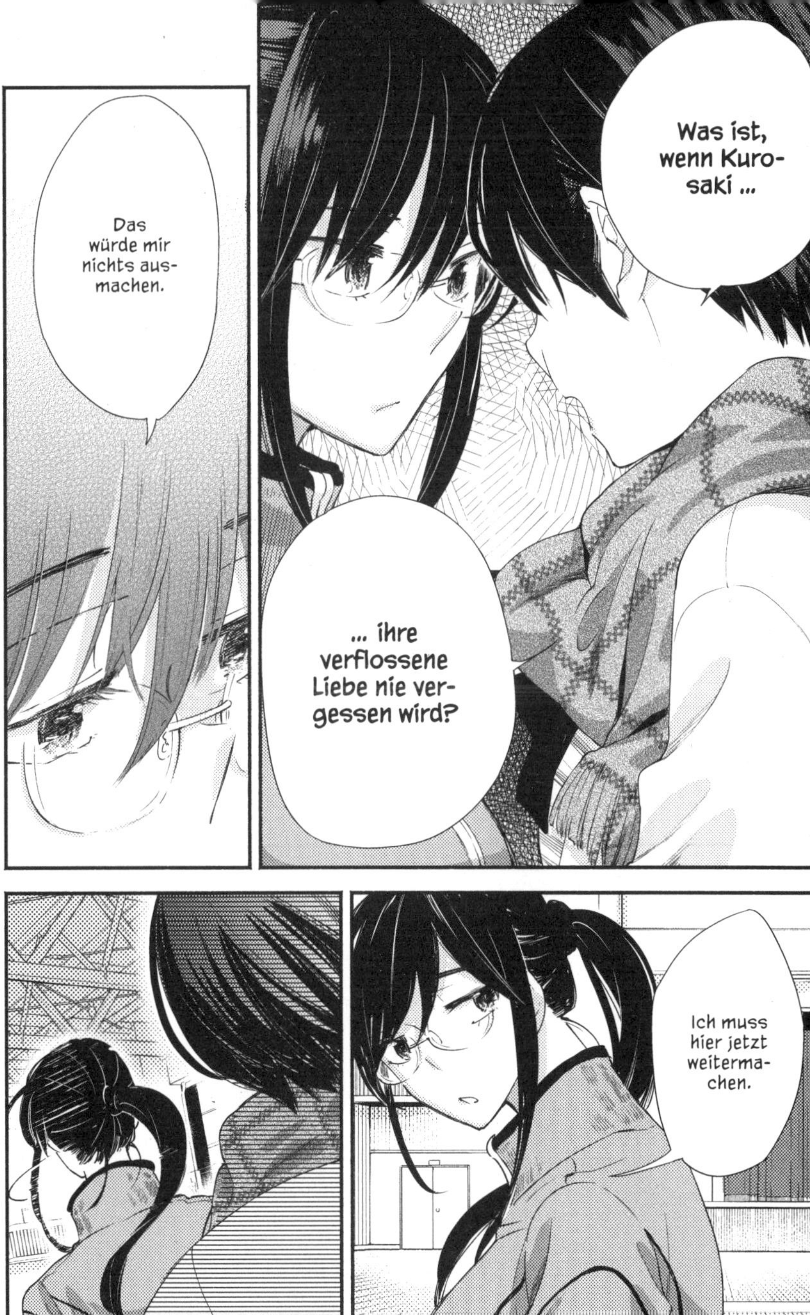
Was ist, wenn Kurosaki ...
... ihre verflossene Liebe nie vergessen wird?
Das würde mir nichts ausmachen.
Ich muss hier jetzt weitermachen.

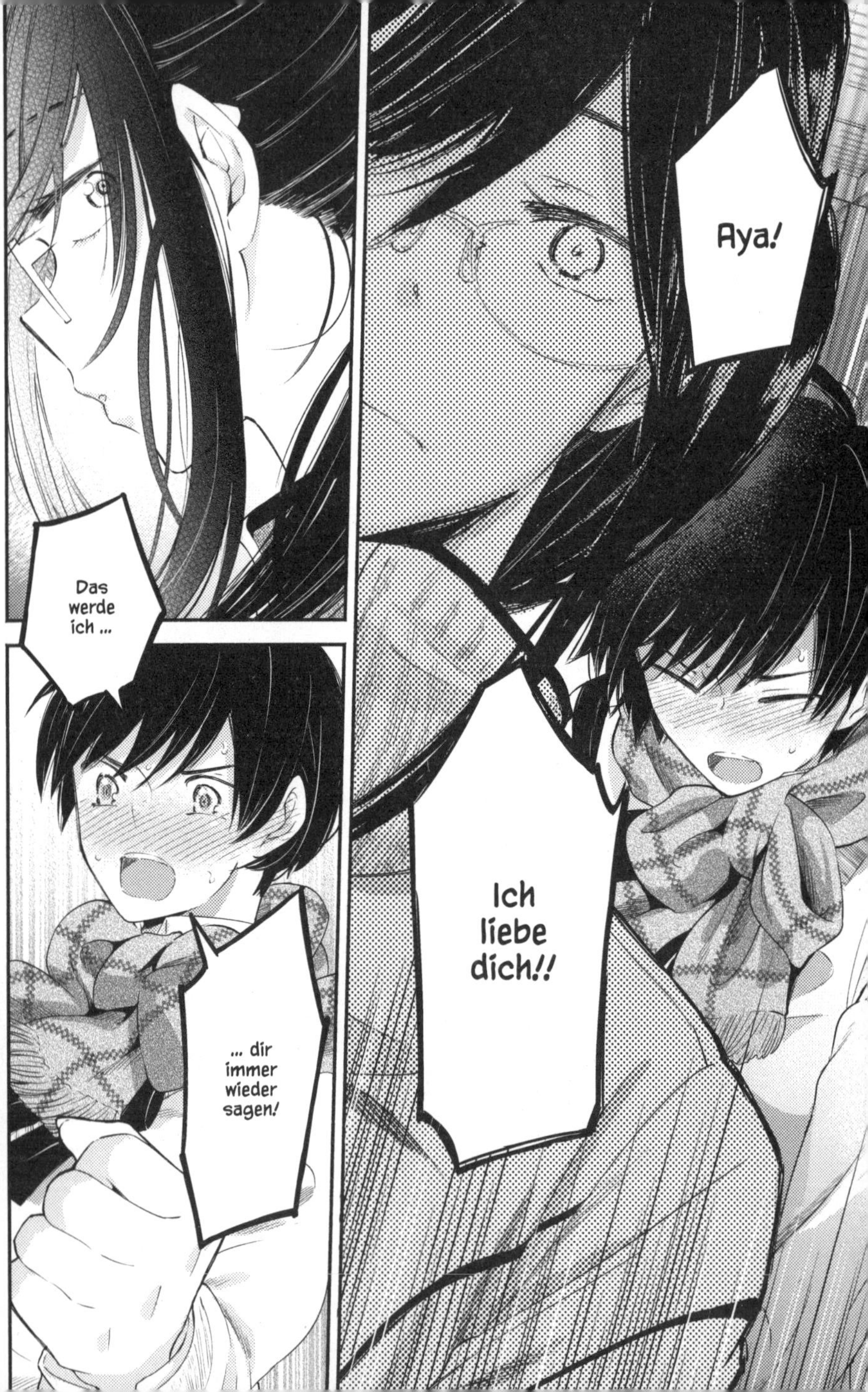
Aya!
Ich liebe dich!!
Das werde ich ...
... dir immer wieder sagen!

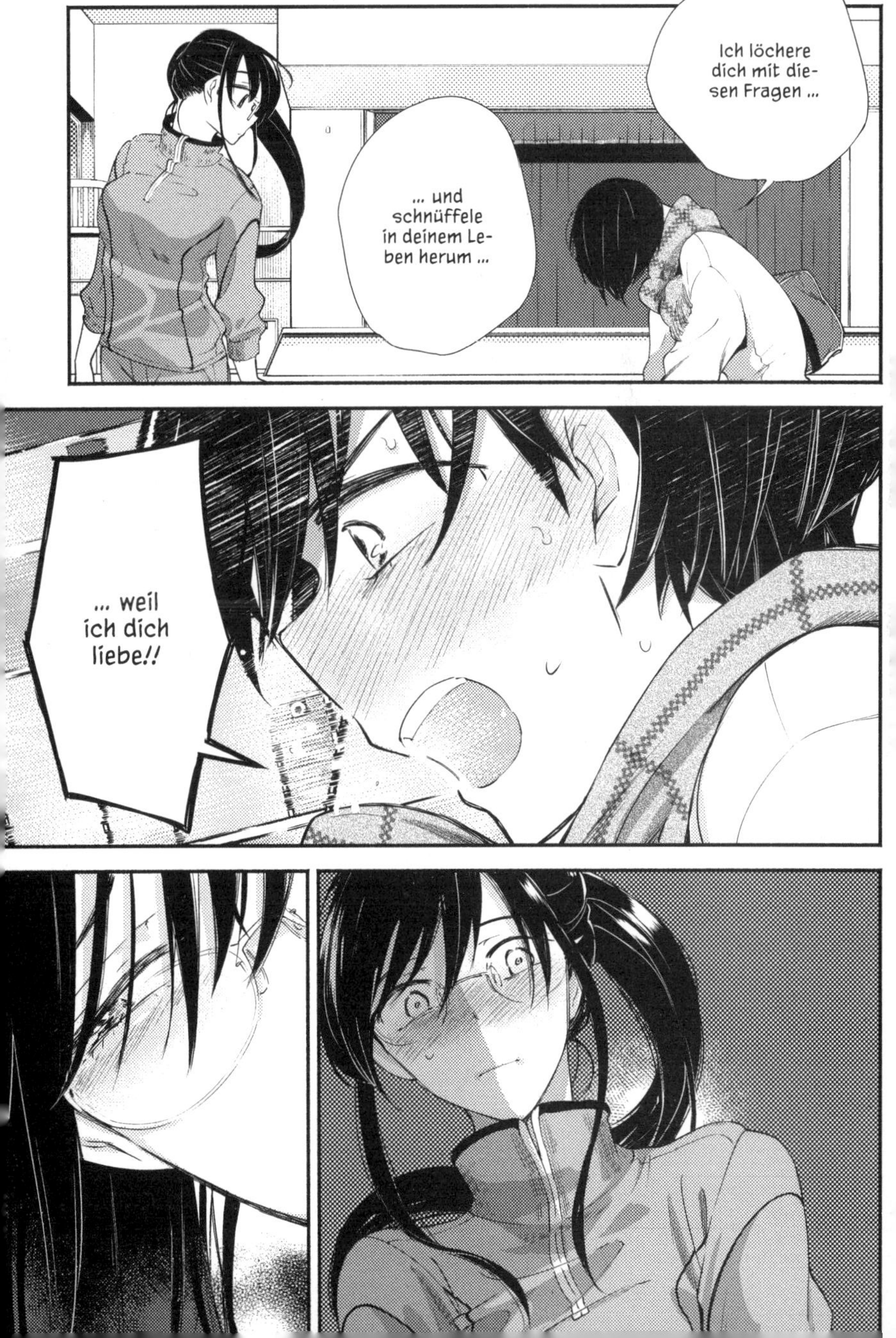

Ich löchere dich mit diesen Fragen ...
... und schnüffele in deinem Leben herum ...
... weil ich dich liebe!!

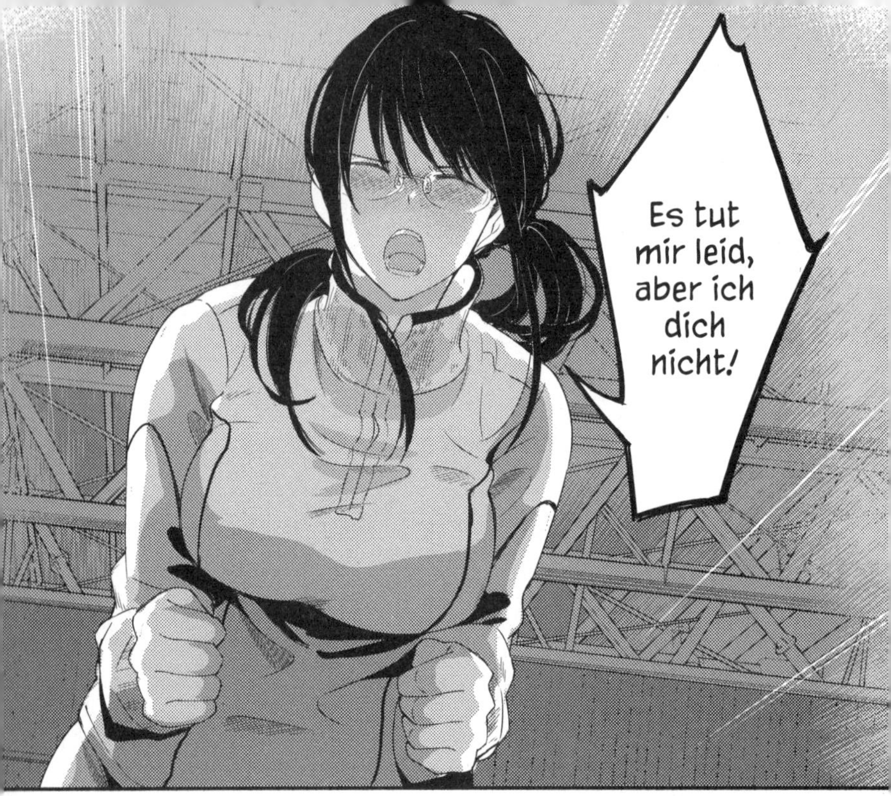
Es tut mir leid, aber ich dich nicht!

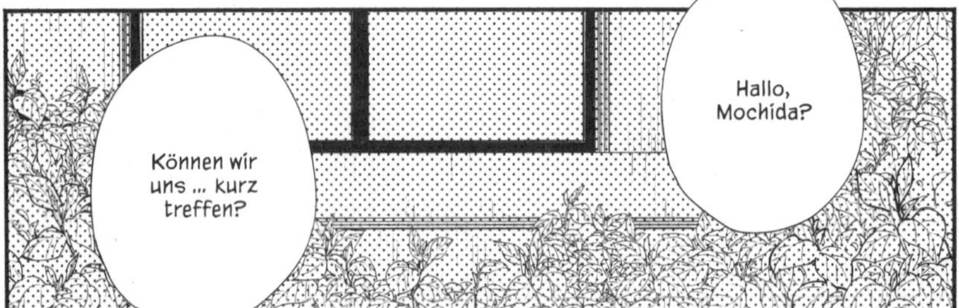
Hallo, Mochida?
Können wir uns ... kurz treffen?

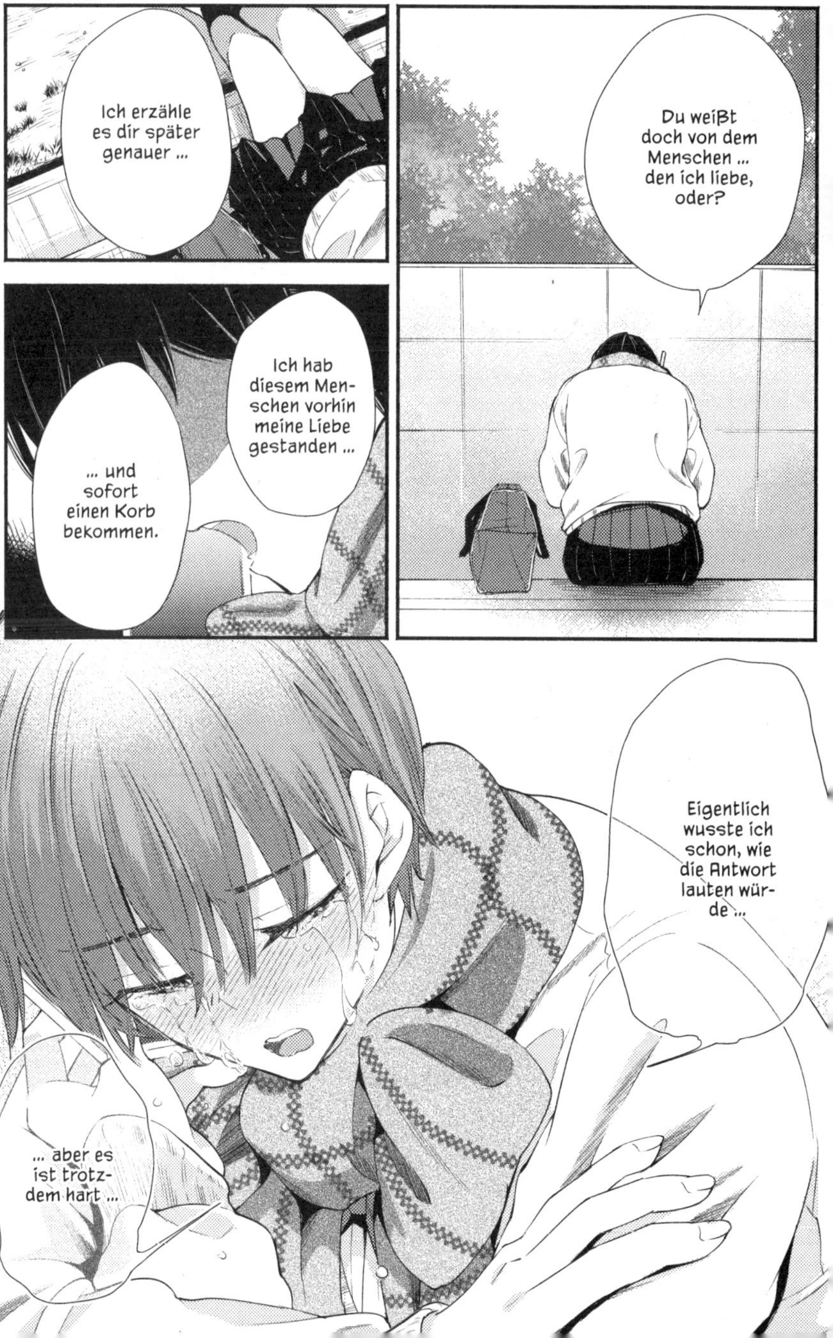
Du weißt doch von dem Menschen ... den ich liebe, oder?
Ich erzähle es dir später genauer ...
Ich hab diesem Menschen vorhin meine Liebe gestanden ...
... und sofort einen Korb bekommen.
Eigentlich wusste ich schon, wie die Antwort lauten würde ...
... aber es ist trotzdem hart ...

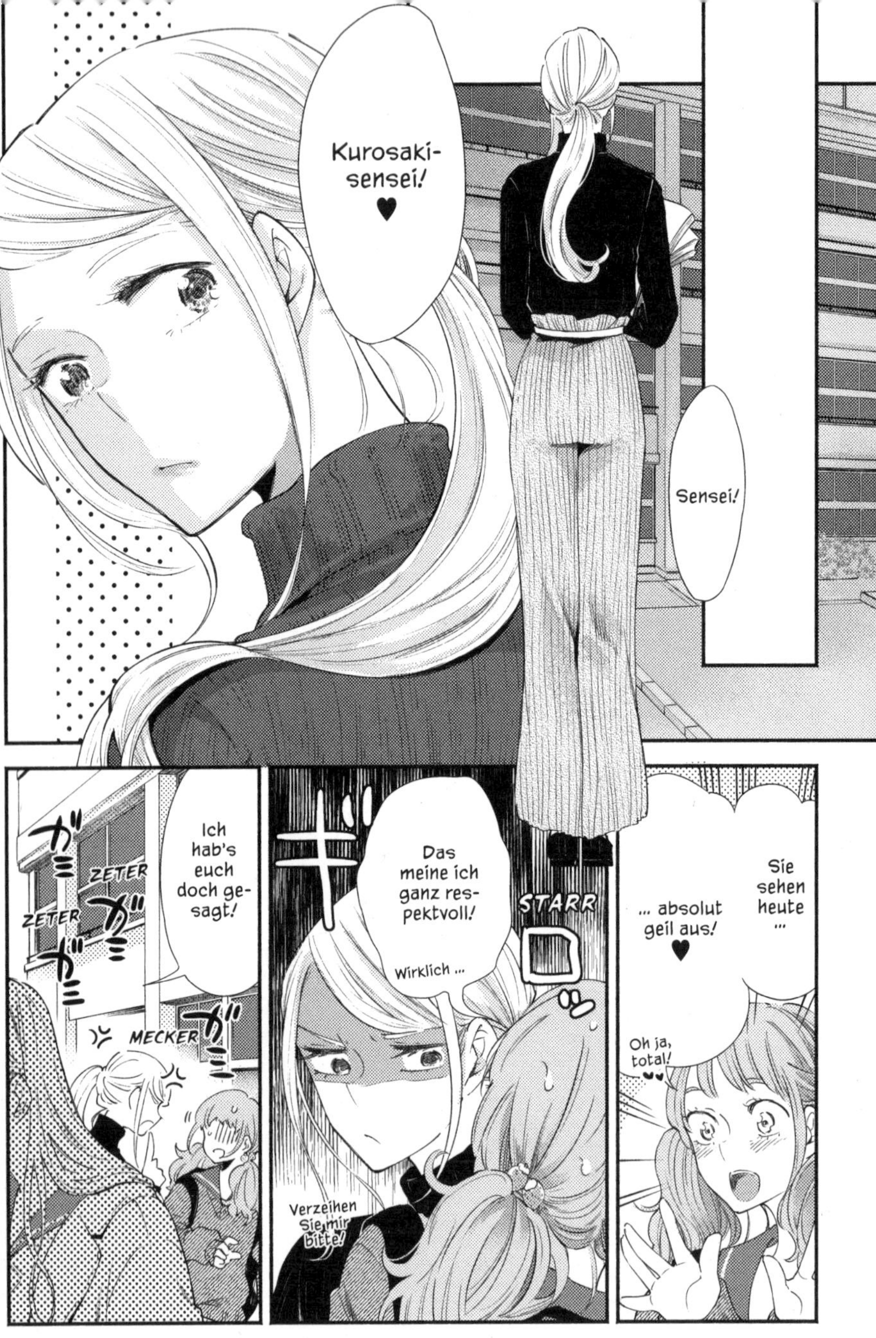
Sensei!
Kurosaki-
sensei!
♥
Sie
sehen
heute
...
... absolut
geil aus!
♥
Oh ja,
total!
♥♥
STARR
Das
meine ich
ganz res-
pektvoll!
Wirklich ...
Verzeihen
Sie mir
bitte!
Ich
hab's
euch
doch ge-
sagt!
ZETER
ZETER
MECKER

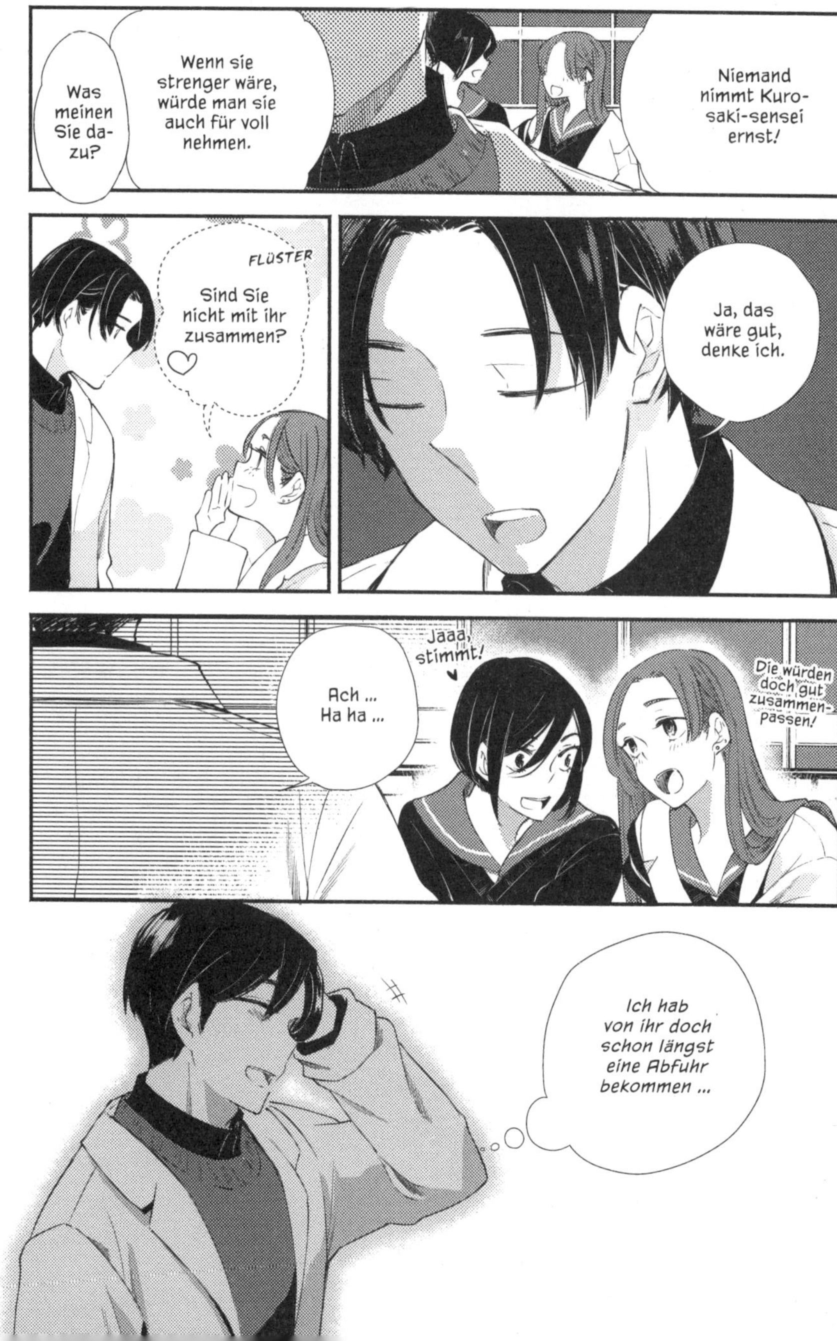
Niemand nimmt Kurosaki-sensei ernst!
Wenn sie strenger wäre, würde man sie auch für voll nehmen.
Was meinen Sie dazu?
Ja, das wäre gut, denke ich.
FLÜSTER
Sind Sie nicht mit ihr zusammen?
Die würden doch gut zusammenpassen!
Jaaa, stimmt!
Ach ... Ha ha ...
Ich hab von ihr doch schon längst eine Abfuhr bekommen ...

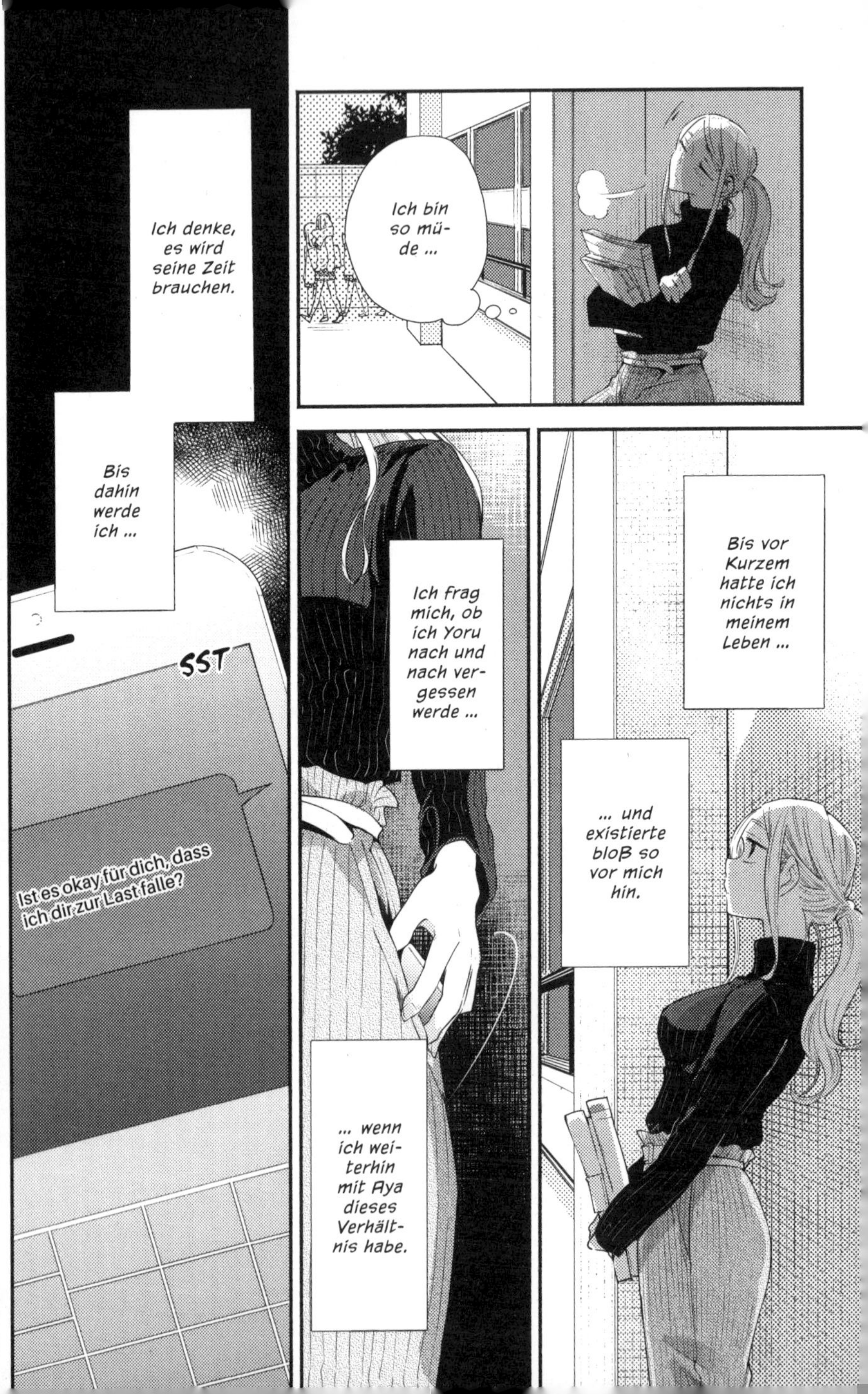
Ich bin so mü-de ...
Bis vor Kurzem hatte ich nichts in meinem Leben ...
... und existierte bloß so vor mich hin.
Ich frag mich, ob ich Yoru nach und nach vergessen werde ...
... wenn ich weiterhin mit Aya dieses Verhältnis habe.
Ich denke, es wird seine Zeit brauchen.
Bis dahin werde ich ...
SST
Ist es okay für dich, dass ich dir zur Last falle?

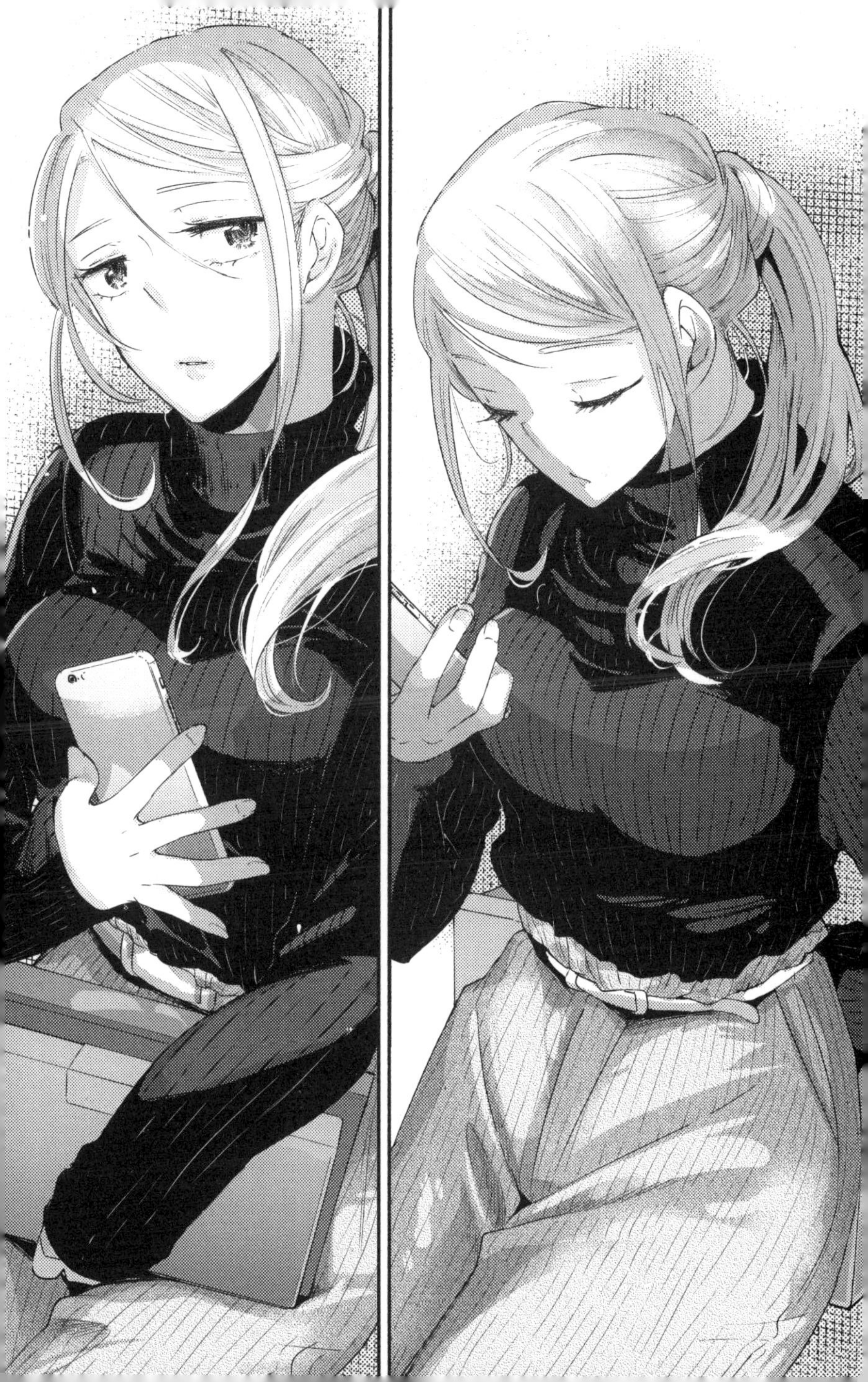

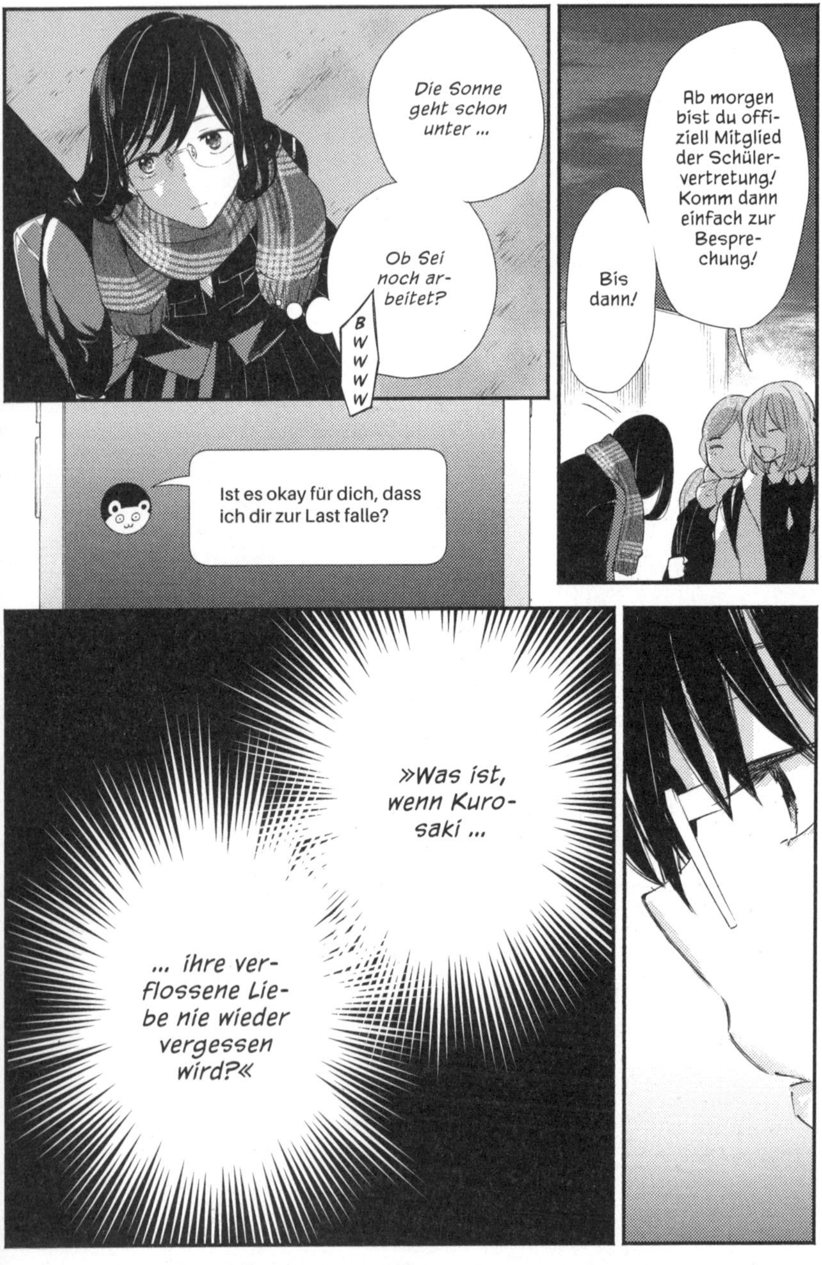
Ab morgen bist du offiziell Mitglied der Schülervertretung! Komm dann einfach zur Besprechung!
Bis dann!
Die Sonne geht schon unter ...
Ob Sei noch arbeitet?
BWWWWW
Ist es okay für dich, dass ich dir zur Last falle?
»Was ist, wenn Kurosaki ...
... ihre verflossene Liebe nie wieder vergessen wird?«

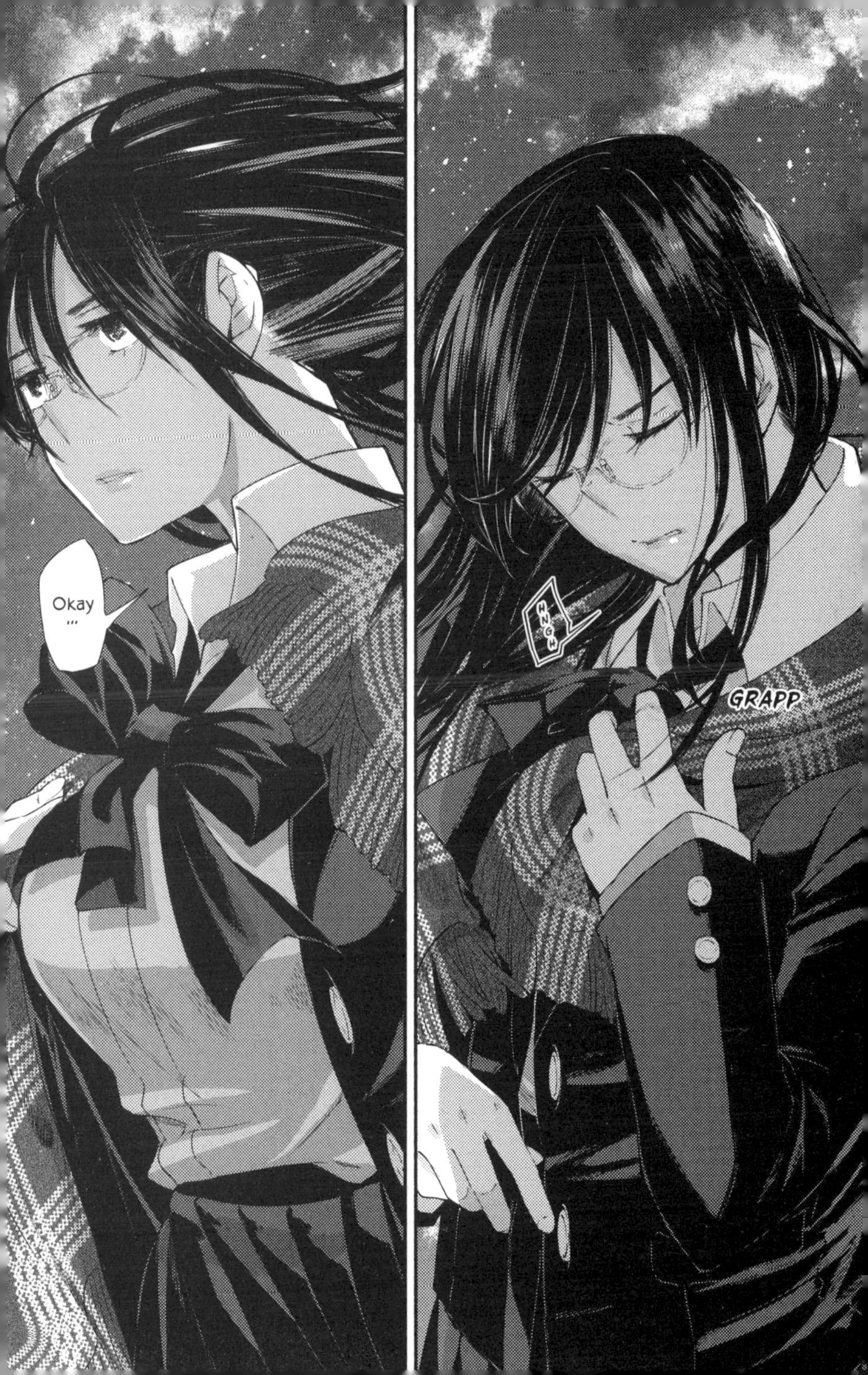
HNGH
GRAPP
Okay
...

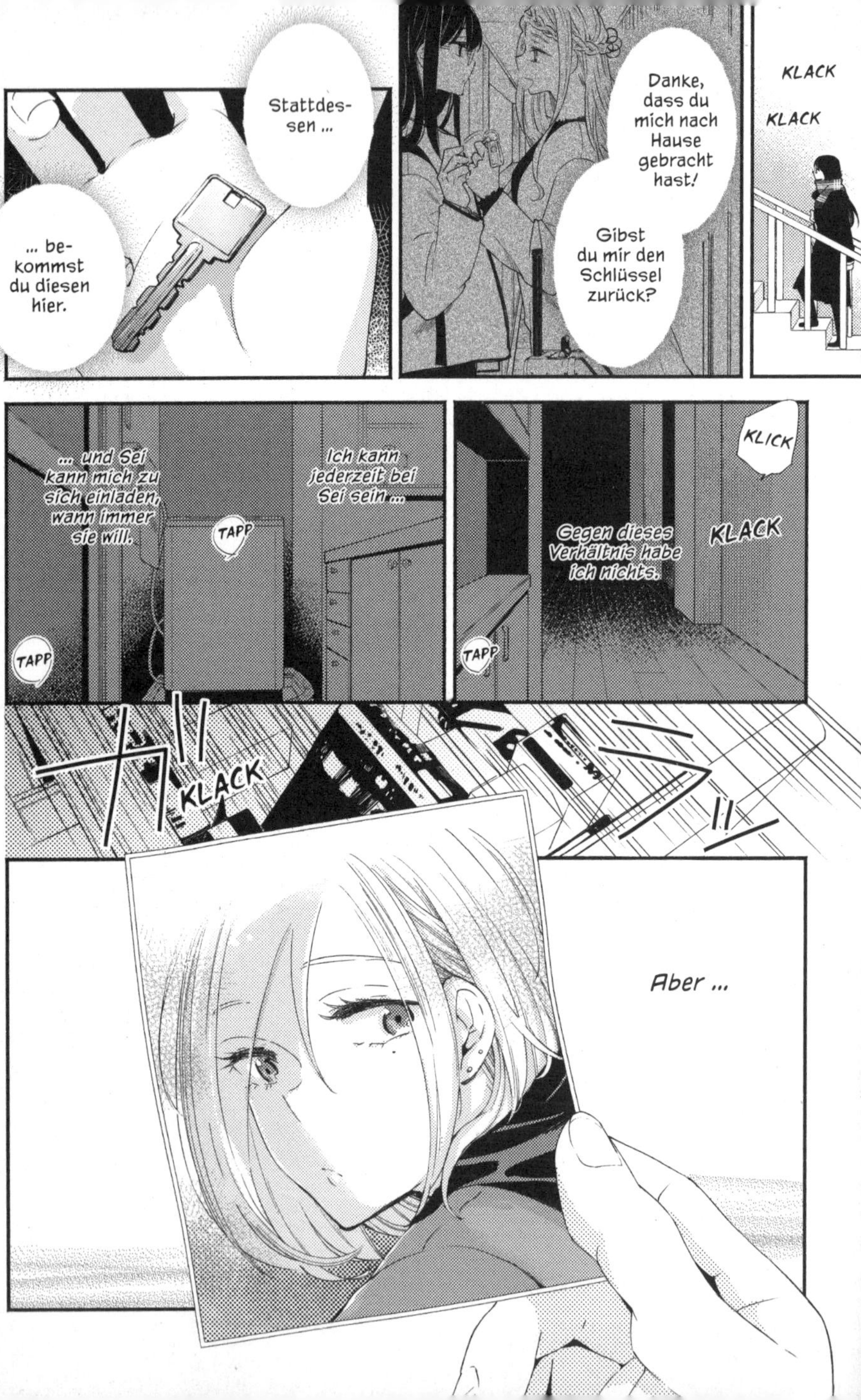

KLACK
KLACK
Danke, dass du mich nach Hause gebracht hast!
Gibst du mir den Schlüssel zurück?
Stattdessen ...
... bekommst du diesen hier.
KLICK
KLACK
Gegen dieses Verhältnis habe ich nichts.
TAPP
Ich kann jederzeit bei Sei sein ...
... und Sei kann mich zu sich einladen, wann immer sie will.
TAPP
TAPP
KLACK
Aber ...

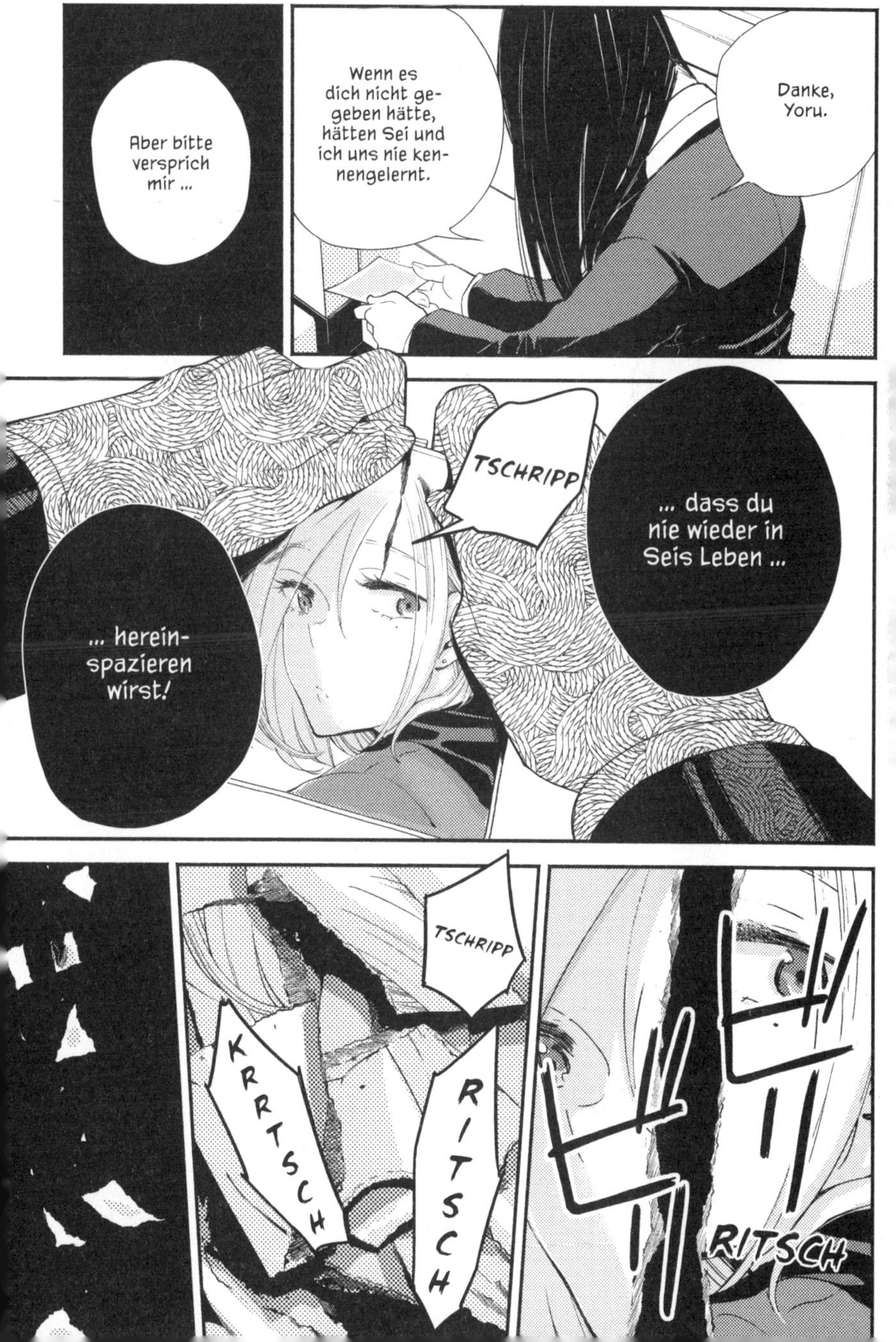
Danke, Yoru.
Wenn es dich nicht gegeben hätte, hätten Sei und ich uns nie kennengelernt.
Aber bitte versprich mir ...
... dass du nie wieder in Seis Leben ...
TSCHRIPP
... hereinspazieren wirst!
RITSCH
TSCHRIPP
RITSCH
KRRTSCH

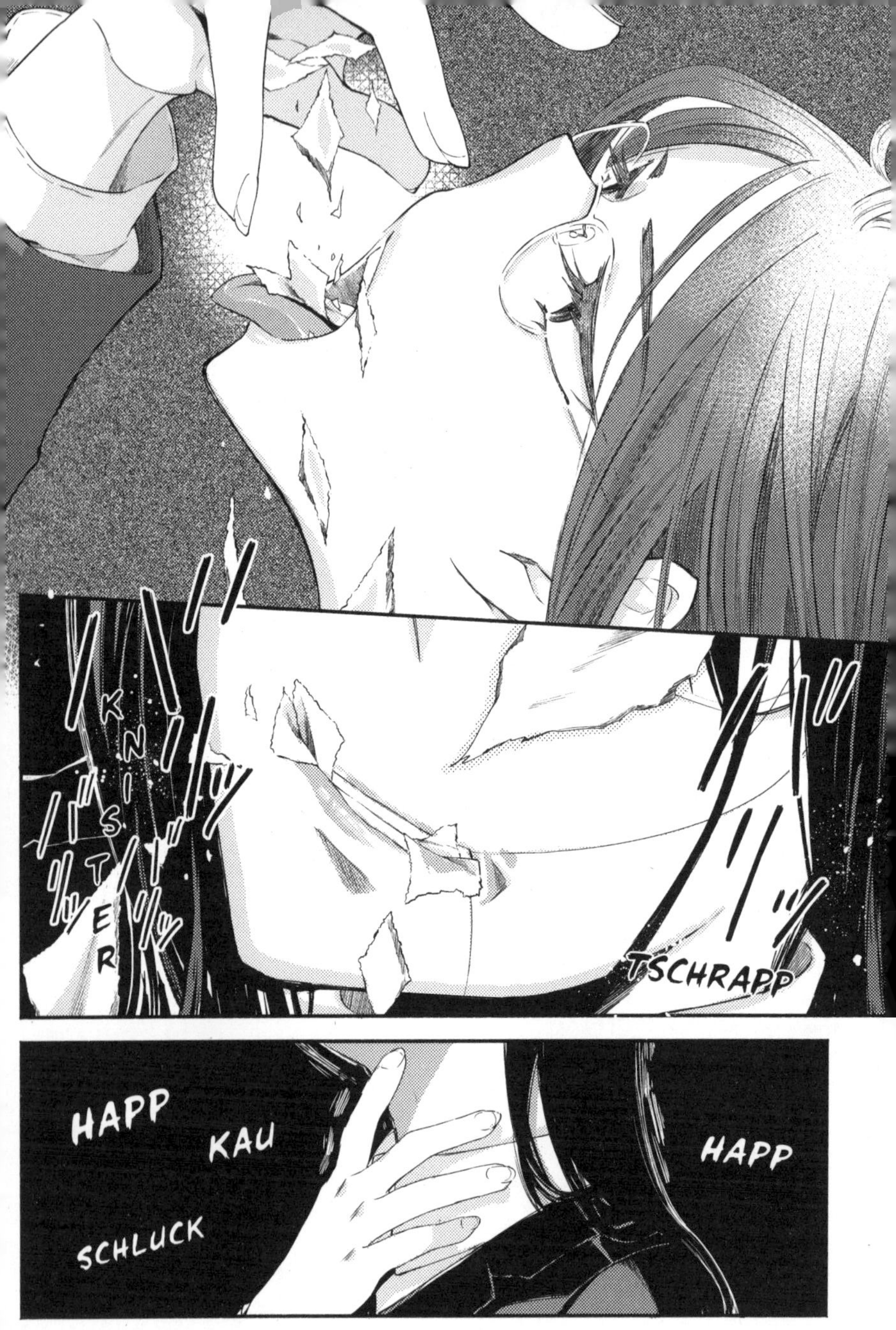
KNISTER
TSCHRAPP
HAPP
KAU
HAPP
SCHLUCK

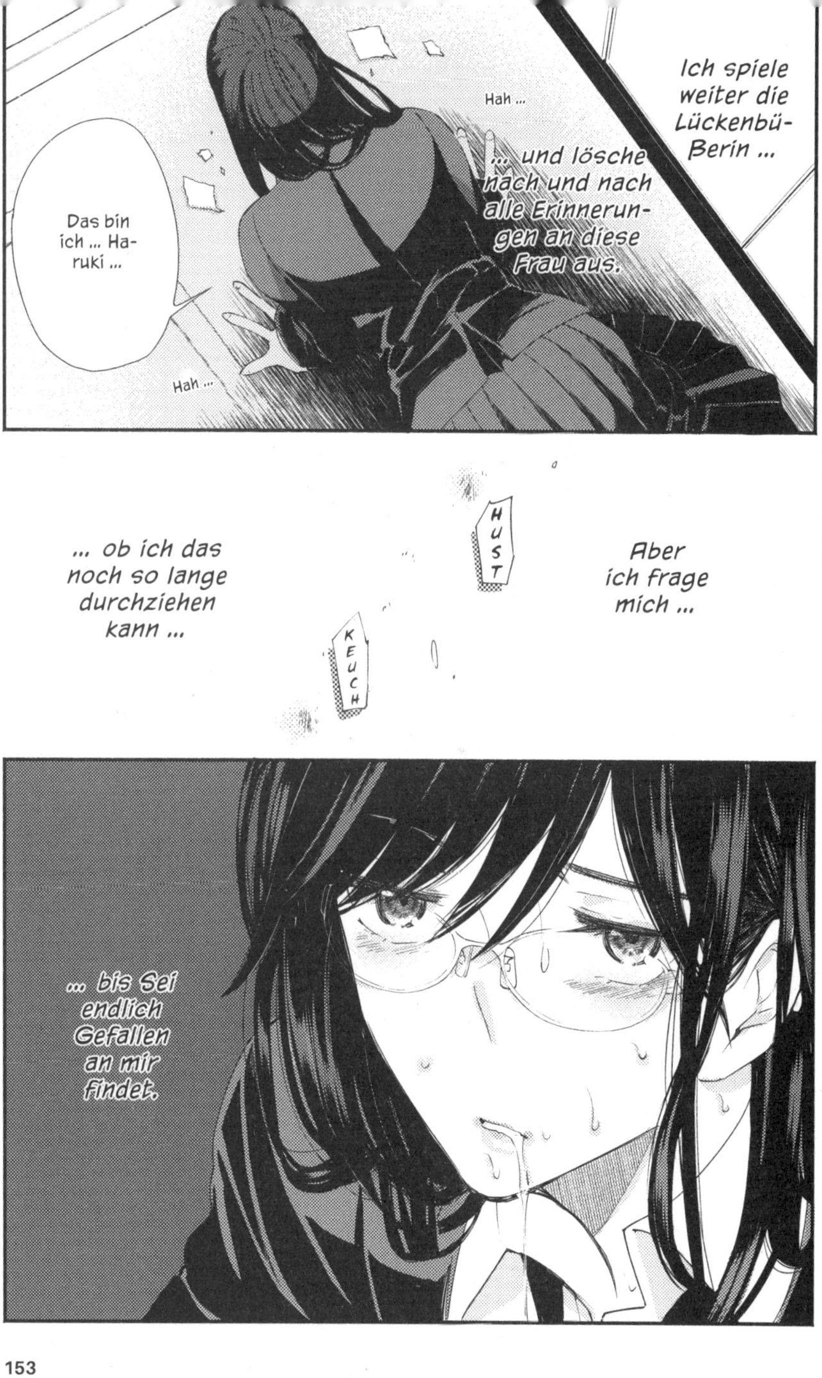

Ich spiele weiter die Lückenbü-ßerin ...
... und lösche nach und nach alle Erinnerun-gen an diese Frau aus.
Hah ...
Das bin ich ... Ha-ruki ...
Hah ...
Aber ich frage mich ...
HUST
KEUCH
... ob ich das noch so lange durchziehen kann ...
... bis Sei endlich Gefallen an mir findet.

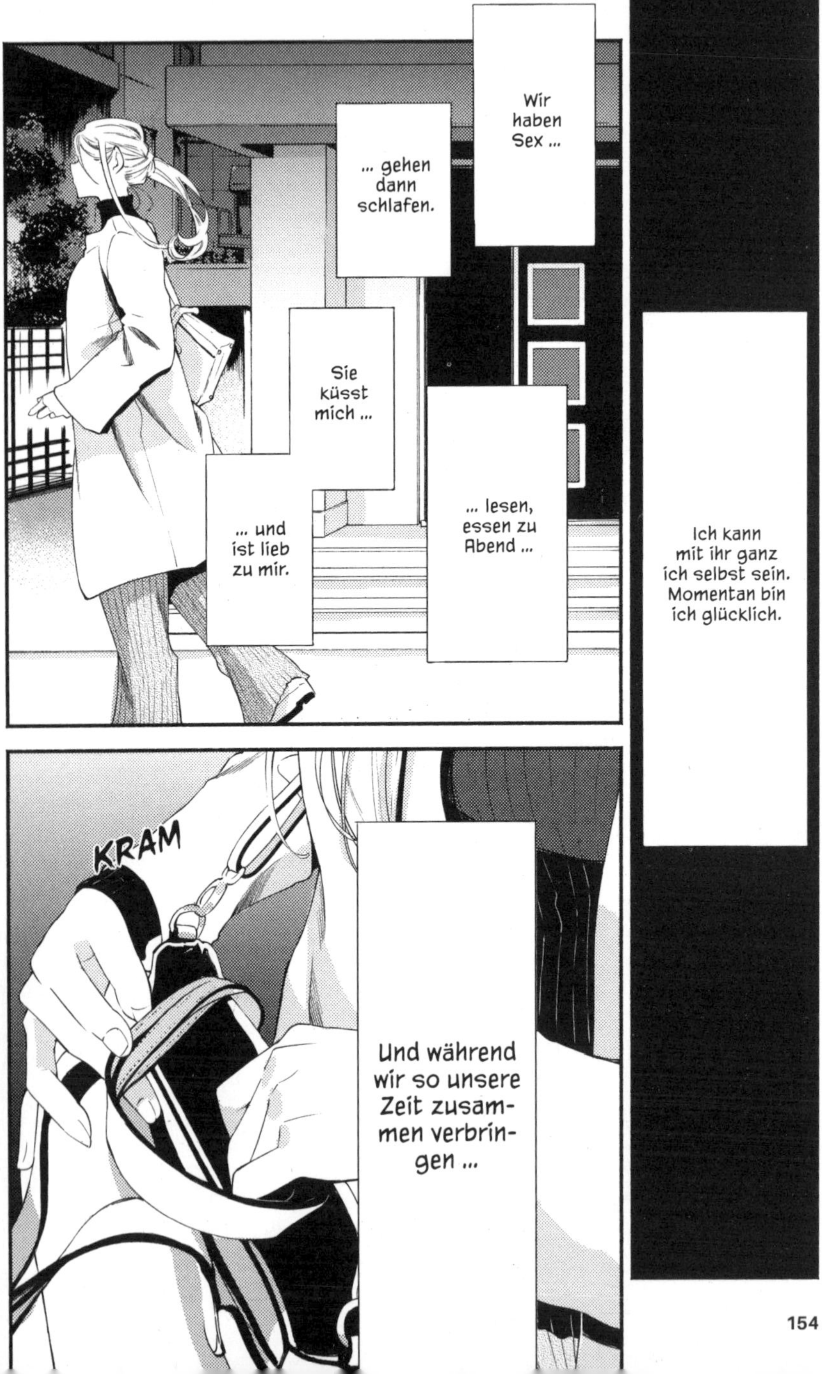
Wir haben Sex ...
... lesen, essen zu Abend ...
... gehen dann schlafen.
Sie küsst mich ...
... und ist lieb zu mir.
Ich kann mit ihr ganz ich selbst sein. Momentan bin ich glücklich.
KRAM
Und während wir so unsere Zeit zusammen verbringen ...

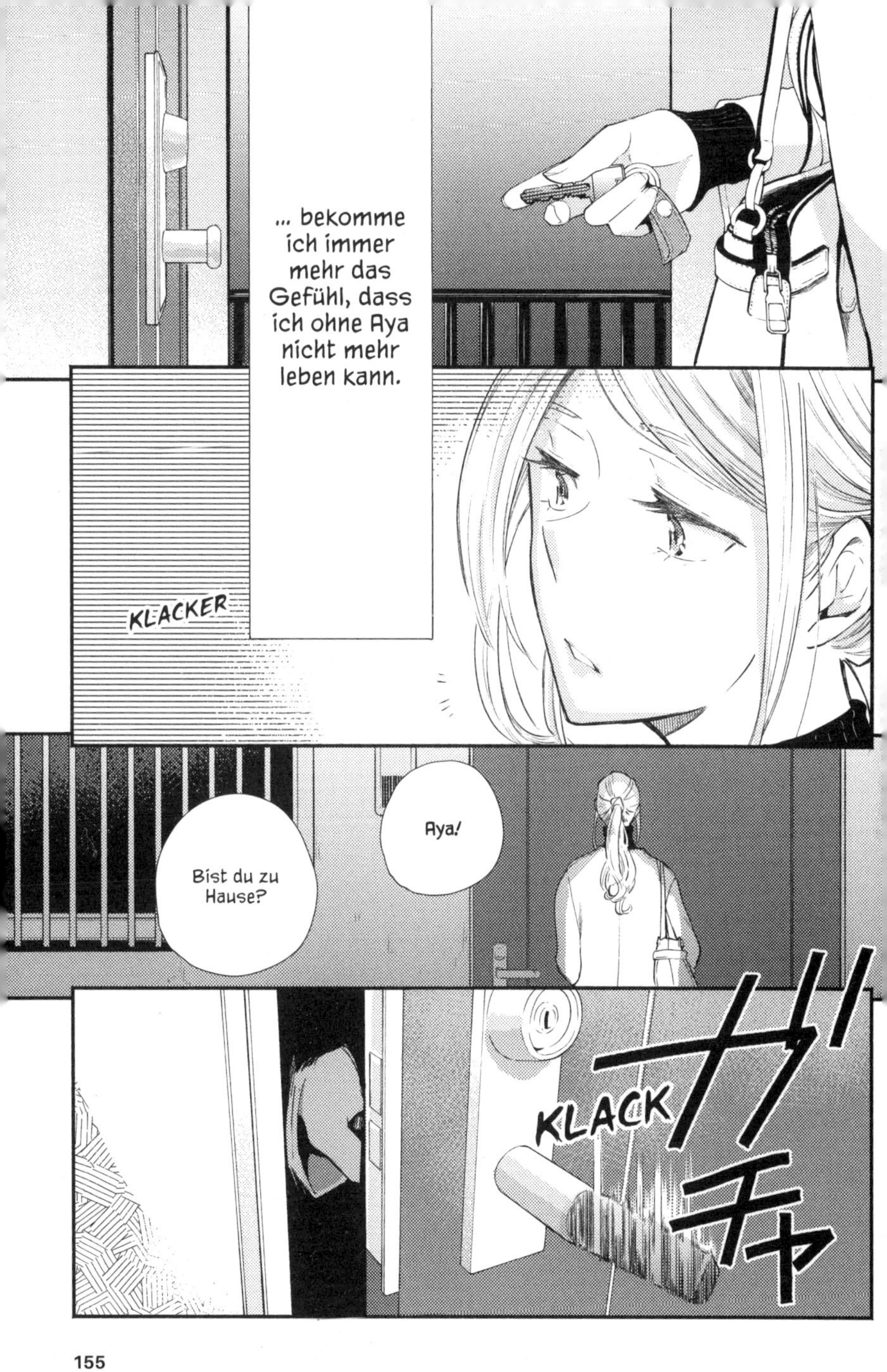
... bekomme ich immer mehr das Gefühl, dass ich ohne Aya nicht mehr leben kann.
KLACKER
Aya!
Bist du zu Hause?
KLACK
ガチャ

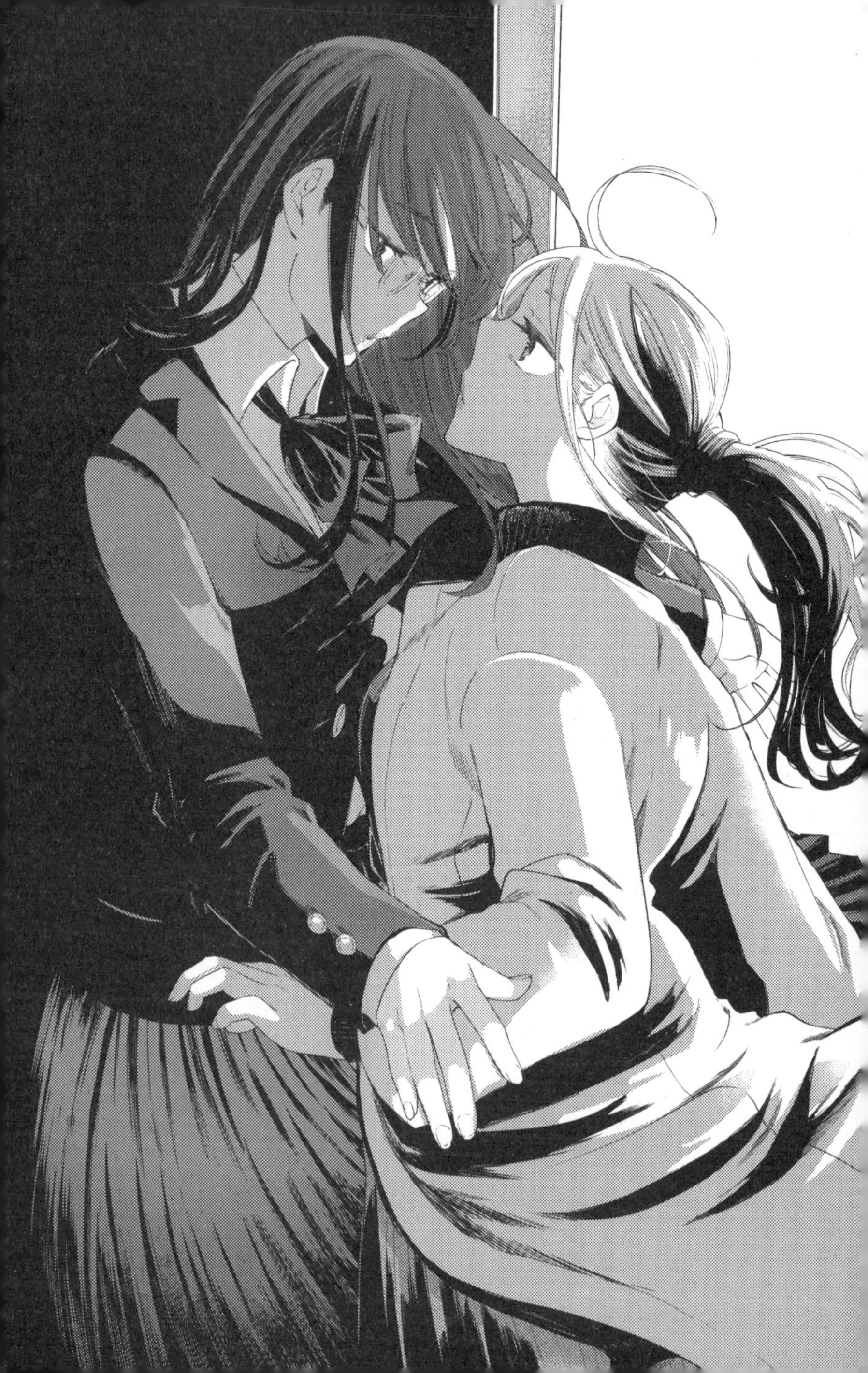

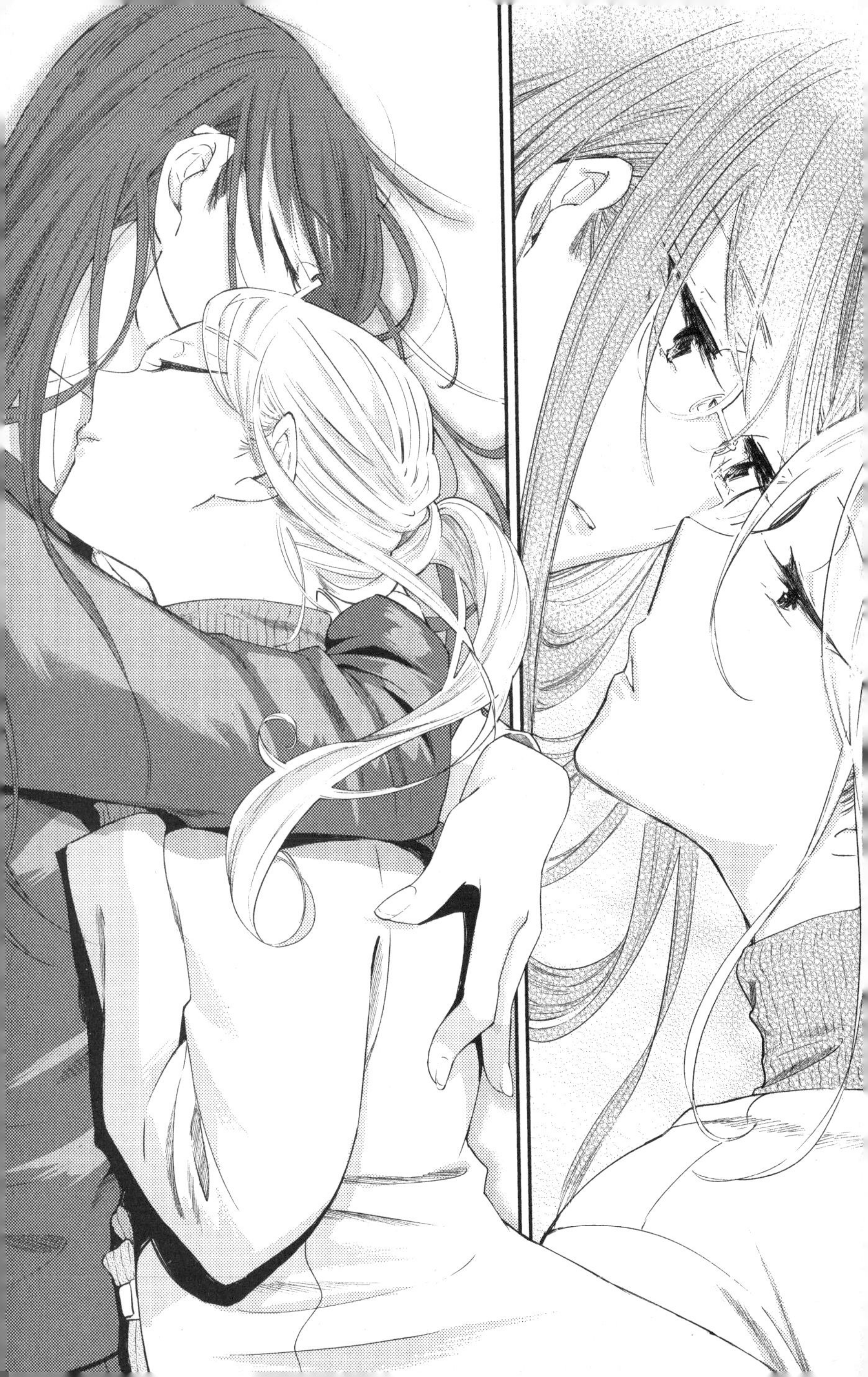

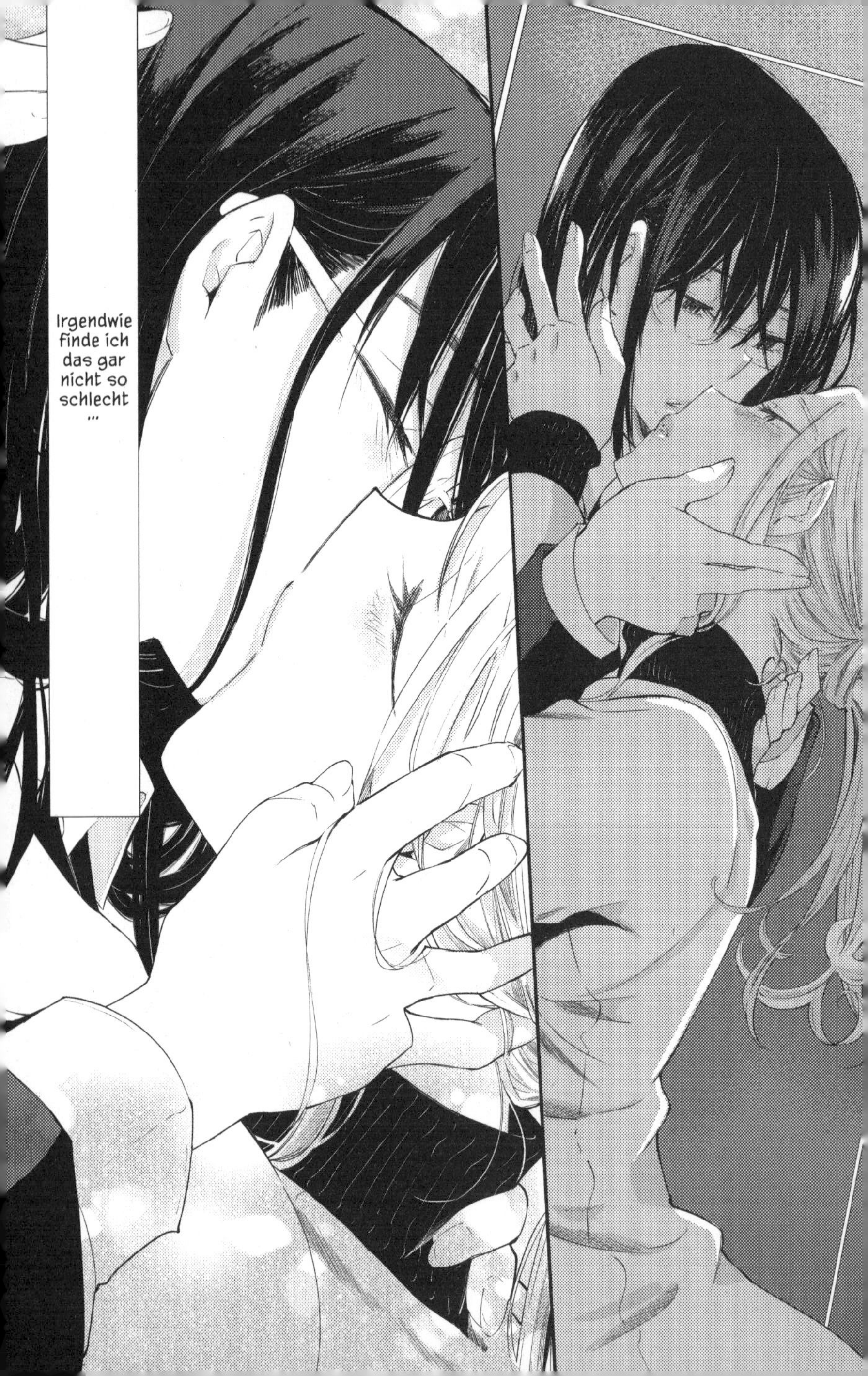
Irgendwie finde ich das gar nicht so schlecht …

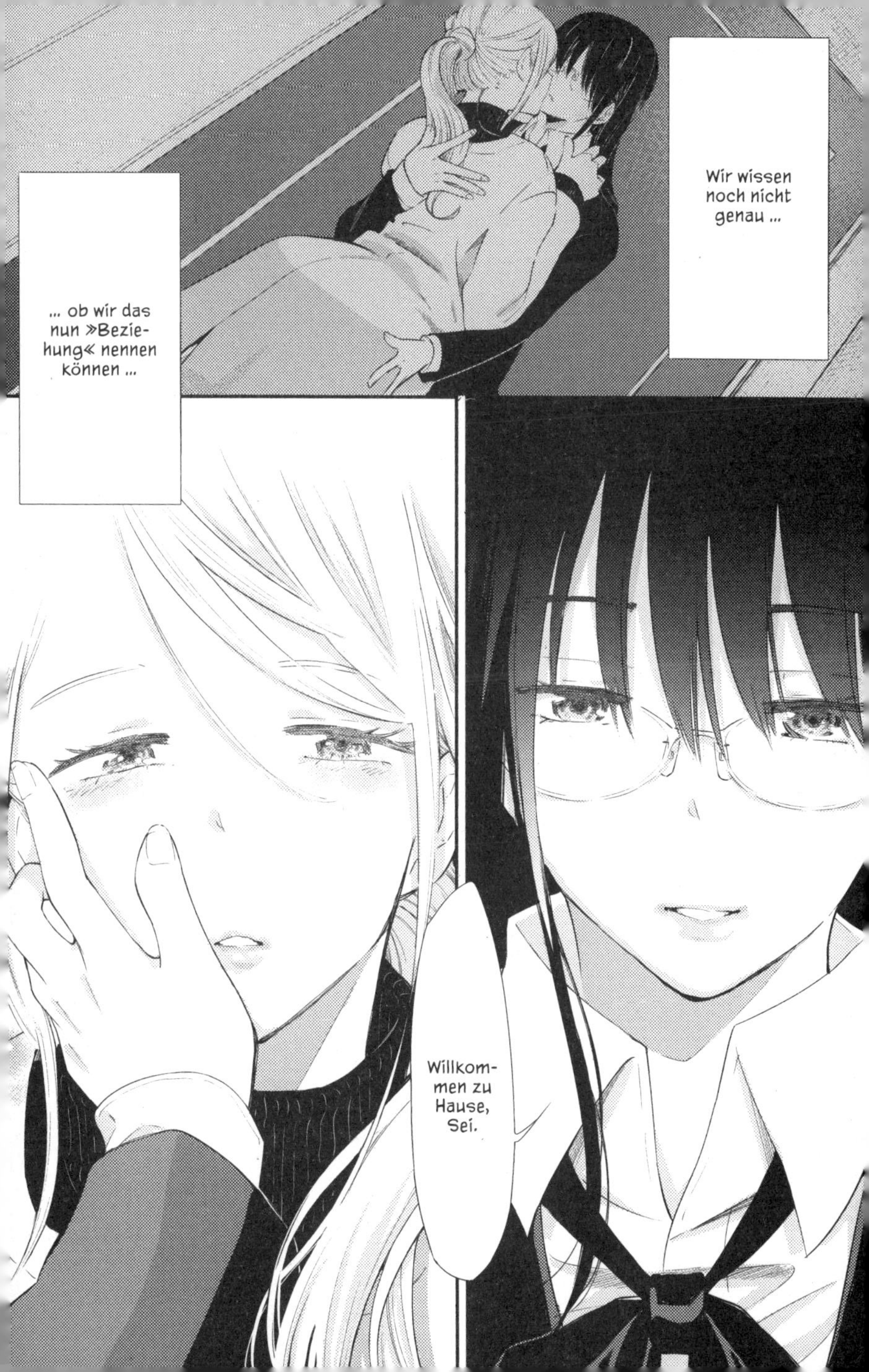
Wir wissen noch nicht genau ...
... ob wir das nun »Beziehung« nennen können ...
Willkommen zu Hause, Sei.

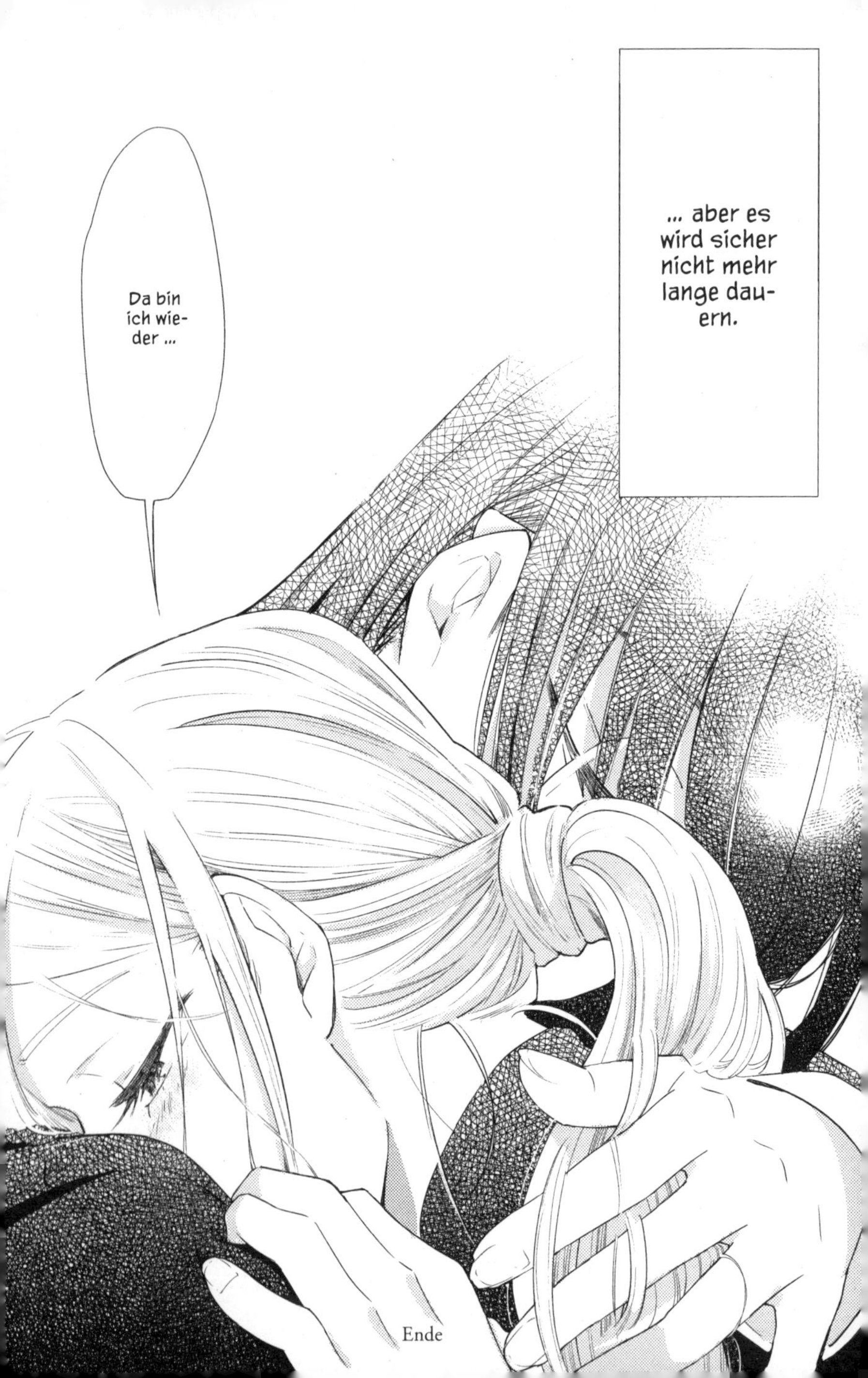
... aber es wird sicher nicht mehr lange dau-ern.
Da bin ich wie-der ...
Ende

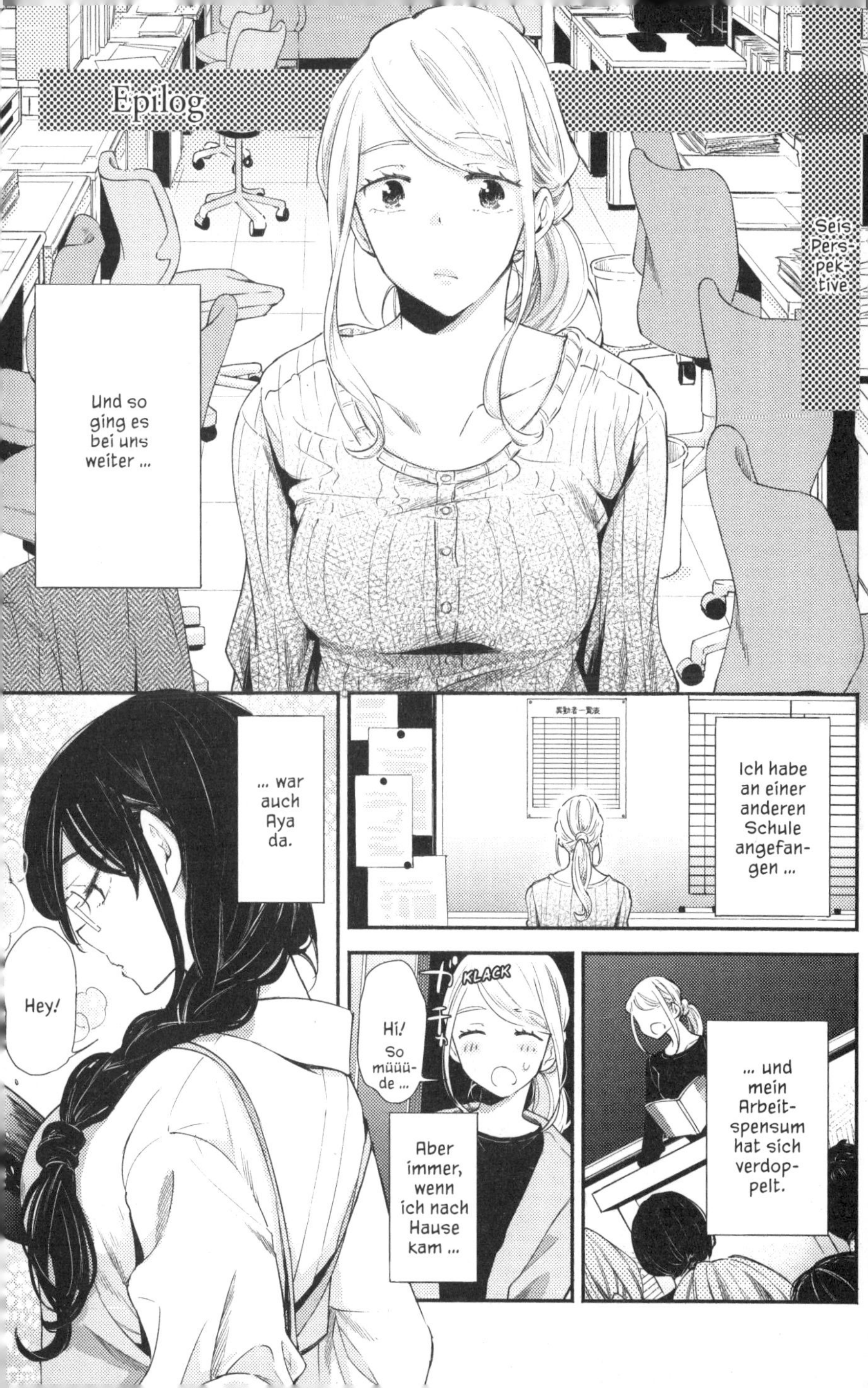
Epilog
Seis Pers-pek-tive
Und so ging es bei uns weiter ...
Ich habe an einer anderen Schule angefan-gen ...
... und mein Arbeit-spensum hat sich verdop-pelt.
KLACK
Hi! So müüü-de ...
Aber immer, wenn ich nach Hause kam ...
... war auch Aya da.
Hey!

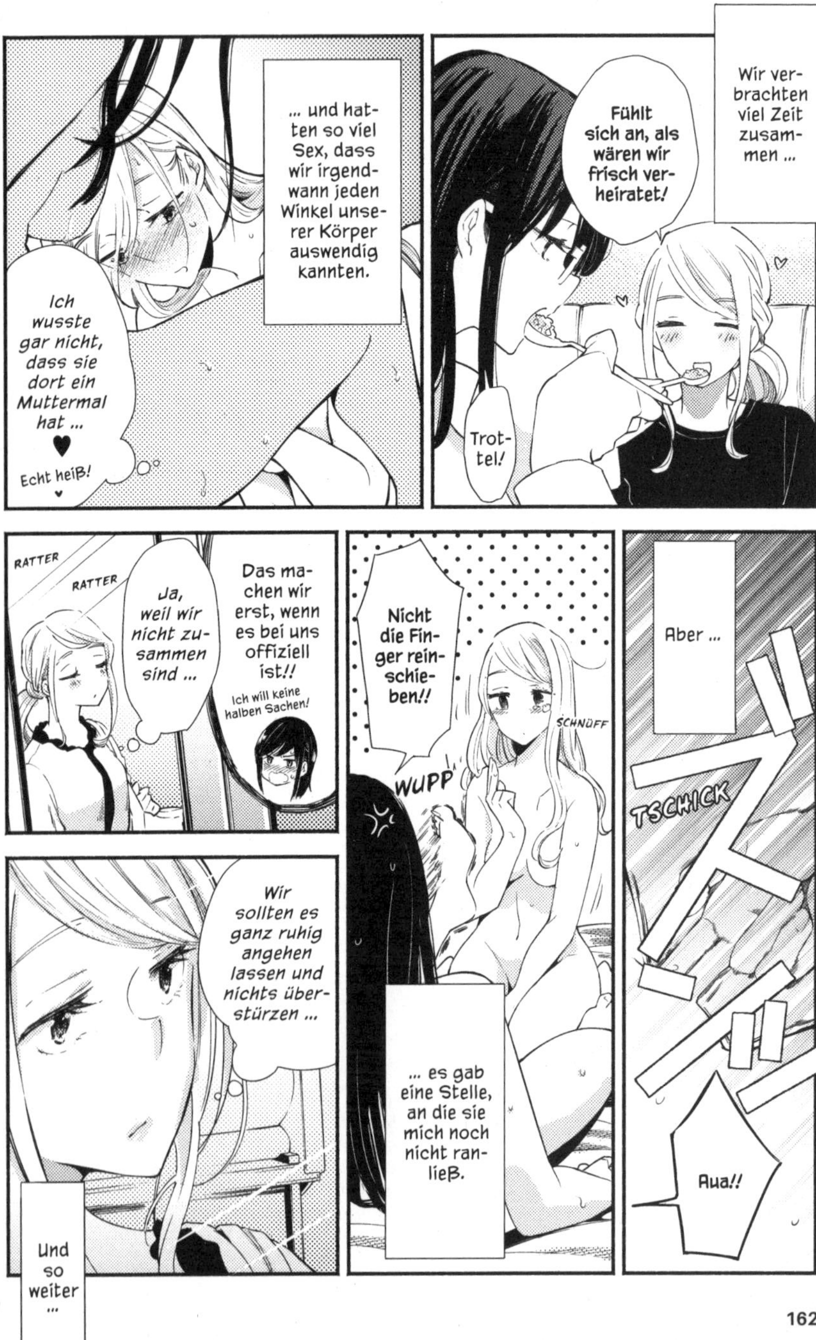
Wir verbrachten viel Zeit zusammen ...
Fühlt sich an, als wären wir frisch verheiratet!
Trottel!
... und hatten so viel Sex, dass wir irgendwann jeden Winkel unserer Körper auswendig kannten.
Ich wusste gar nicht, dass sie dort ein Muttermal hat ... ♥
Echt heiß! ♥
Aber ...
TSCHICK
Aua!!
Nicht die Finger reinschieben!!
WUPP
SCHNÜFF
... es gab eine Stelle, an die sie mich noch nicht ranließ.
RATTER
RATTER
Das machen wir erst, wenn es bei uns offiziell ist!!
Ich will keine halben Sachen!
Ja, weil wir nicht zusammen sind ...
Wir sollten es ganz ruhig angehen lassen und nichts überstürzen ...
Und so weiter ...

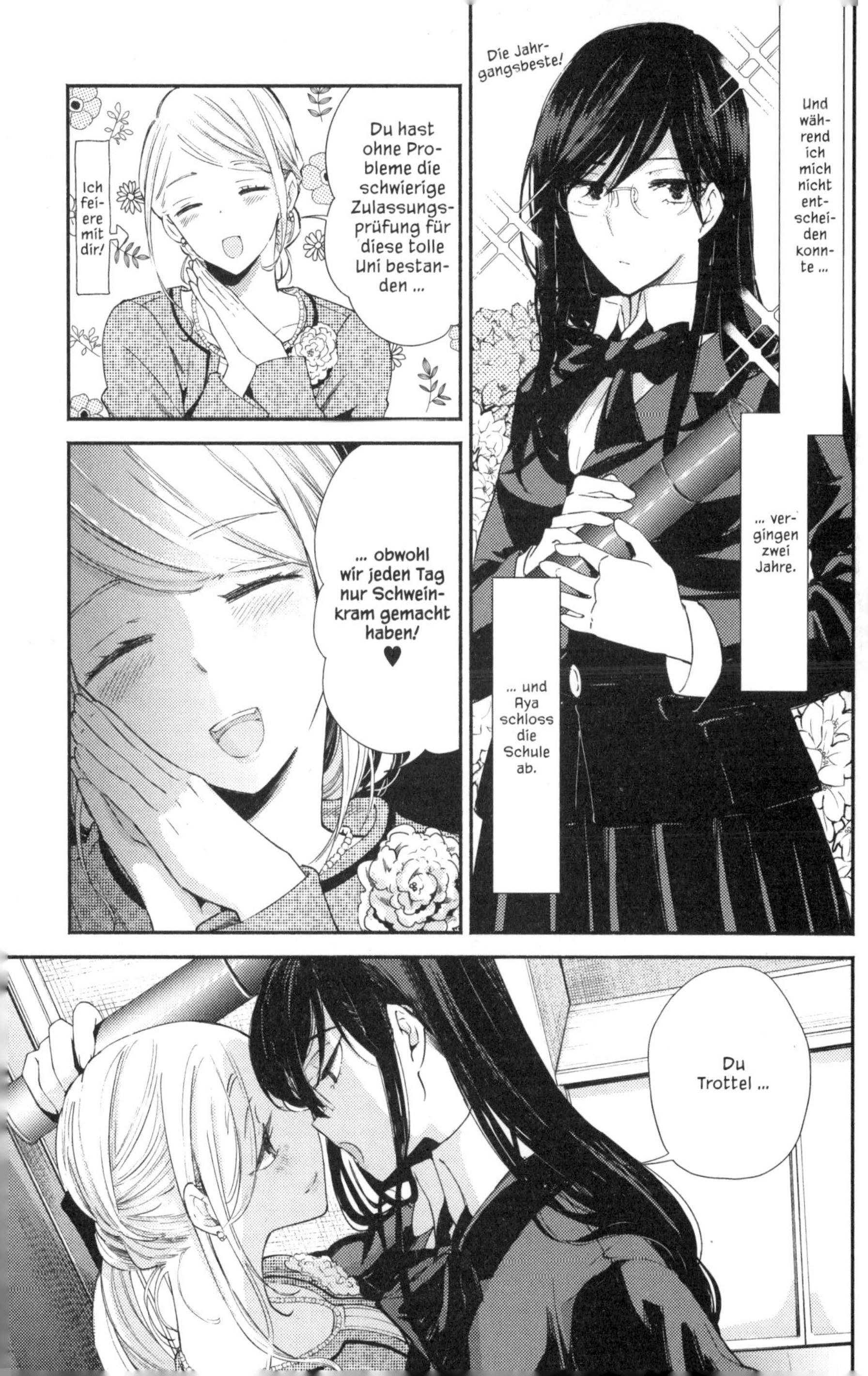

Die Jahrgangsbeste!
Und während ich mich nicht entscheiden konnte ...
... vergingen zwei Jahre.
... und Aya schloss die Schule ab.
Du hast ohne Probleme die schwierige Zulassungsprüfung für diese tolle Uni bestanden ...
Ich feiere mit dir!
... obwohl wir jeden Tag nur Schweinkram gemacht haben! ♥
Du Trottel ...

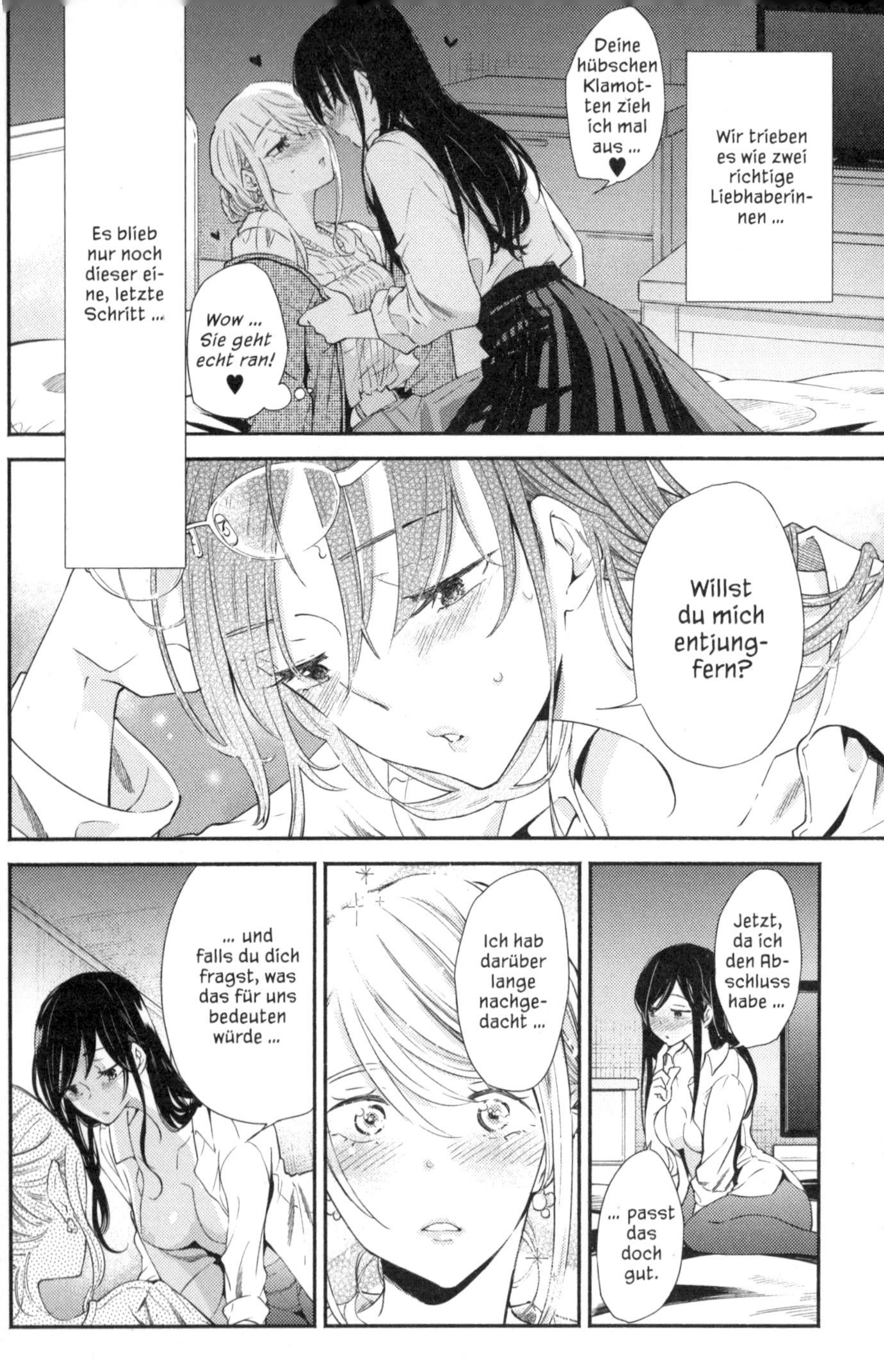
Wir trieben es wie zwei richtige Liebhaberinnen ...
Deine hübschen Klamotten zieh ich mal aus ... ♥
Wow ... Sie geht echt ran! ♥
Es blieb nur noch dieser eine, letzte Schritt ...
Willst du mich entjungfern?
Jetzt, da ich den Abschluss habe ...
... passt das doch gut.
Ich hab darüber lange nachgedacht ...
... und falls du dich fragst, was das für uns bedeuten würde ...

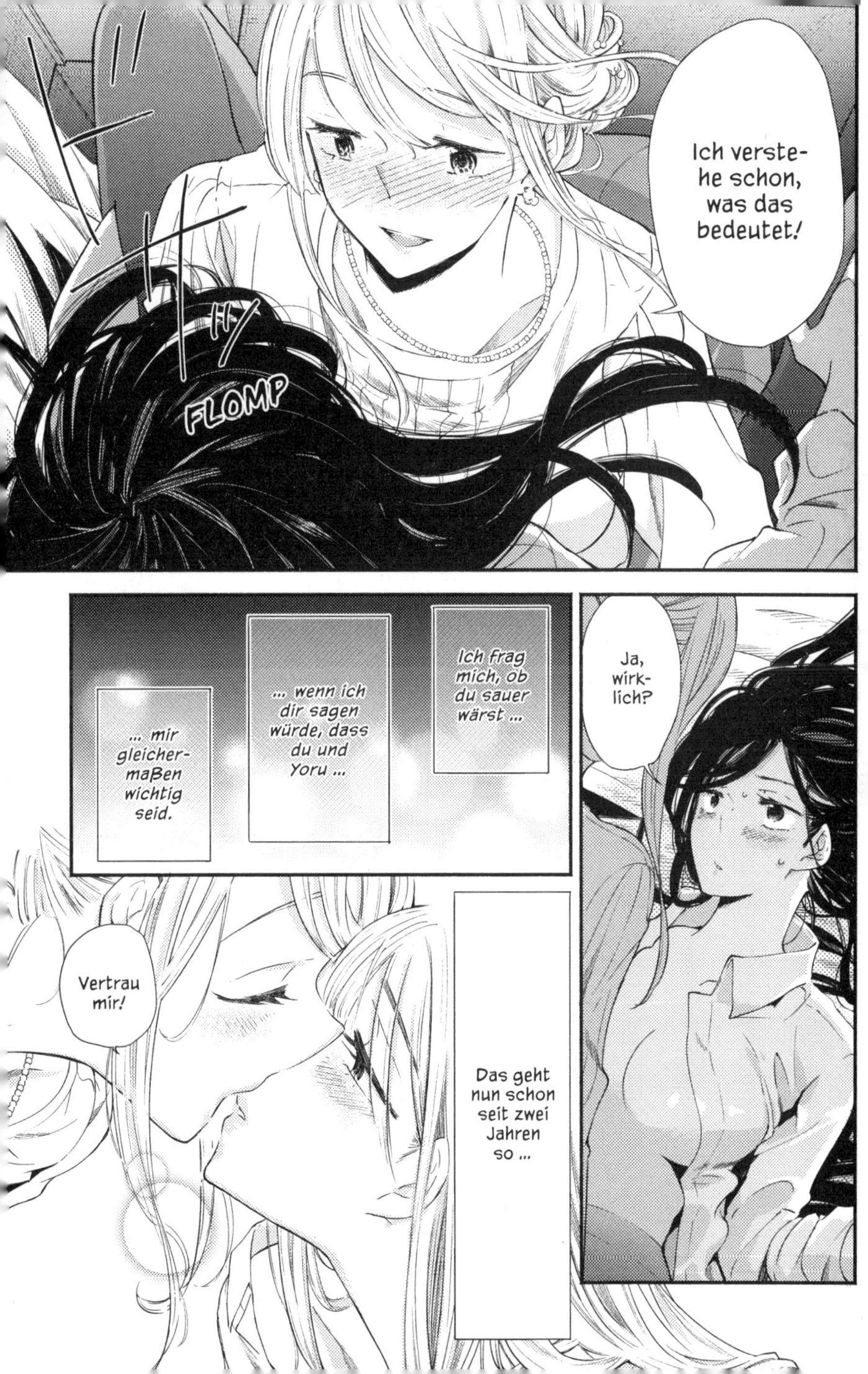
Ich verste-
he schon,
was das
bedeutet!
FLOMP
Ich frag
mich, ob
du sauer
wärst ...
... wenn ich
dir sagen
würde, dass
du und
Yoru ...
... mir
gleicher-
maßen
wichtig
seid.
Ja,
wirk-
lich?
Vertrau
mir!
Das geht
nun schon
seit zwei
Jahren
so ...

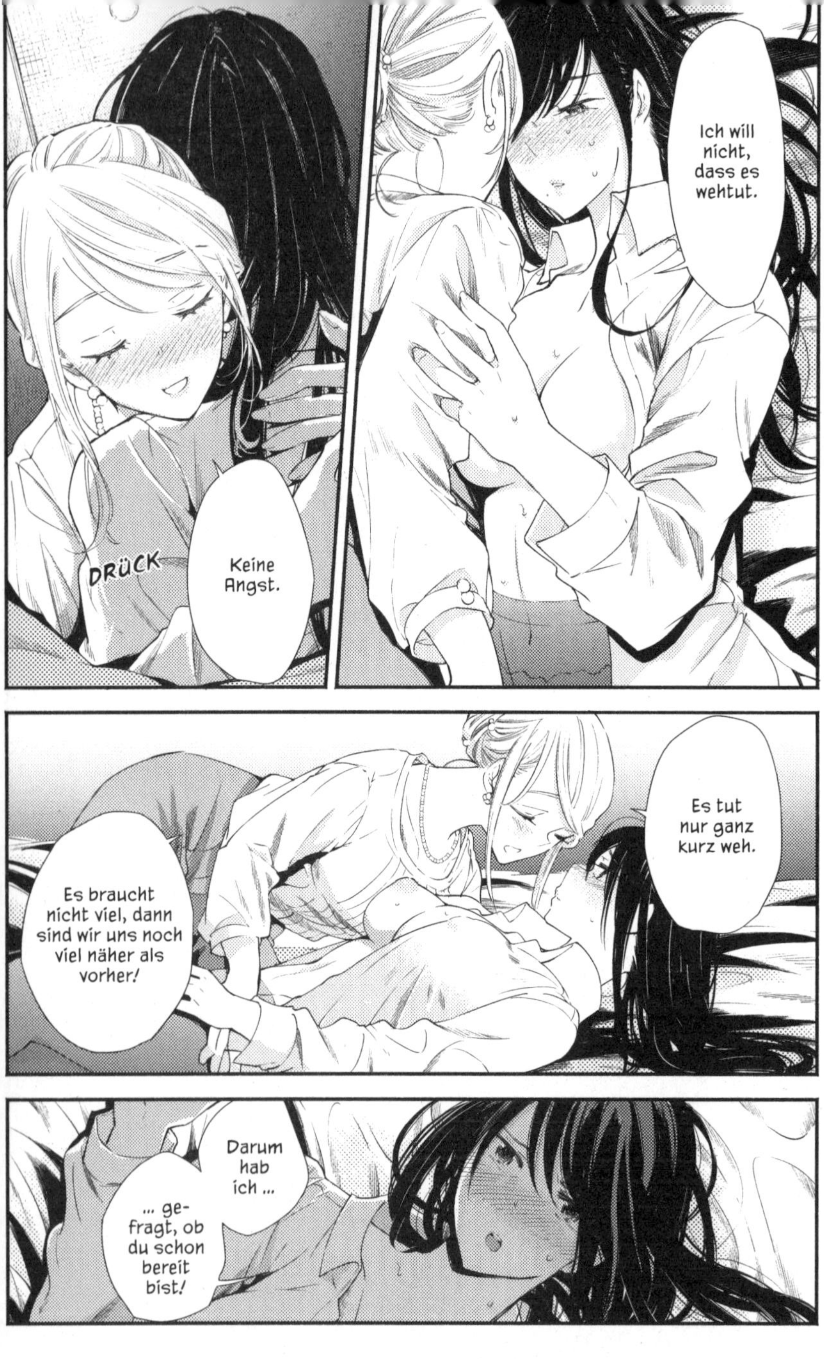
Ich will nicht, dass es wehtut.
DRÜCK
Keine Angst.
Es tut nur ganz kurz weh.
Es braucht nicht viel, dann sind wir uns noch viel näher als vorher!
Darum hab ich ...
... ge-fragt, ob du schon bereit bist!

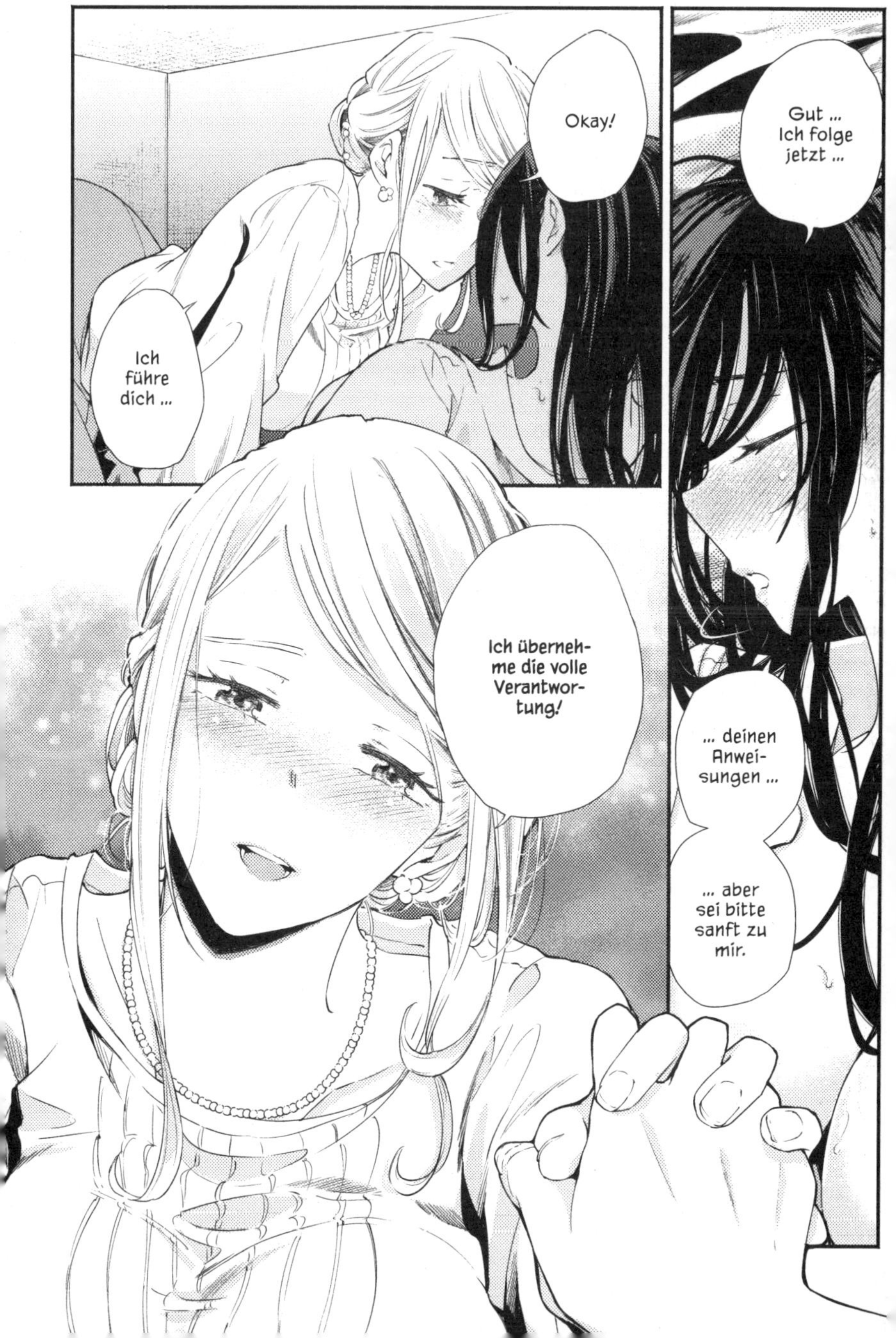
Gut ... Ich folge jetzt ...
... deinen Anweisungen ...
... aber sei bitte sanft zu mir.
Okay!
Ich führe dich ...
Ich übernehme die volle Verantwortung!

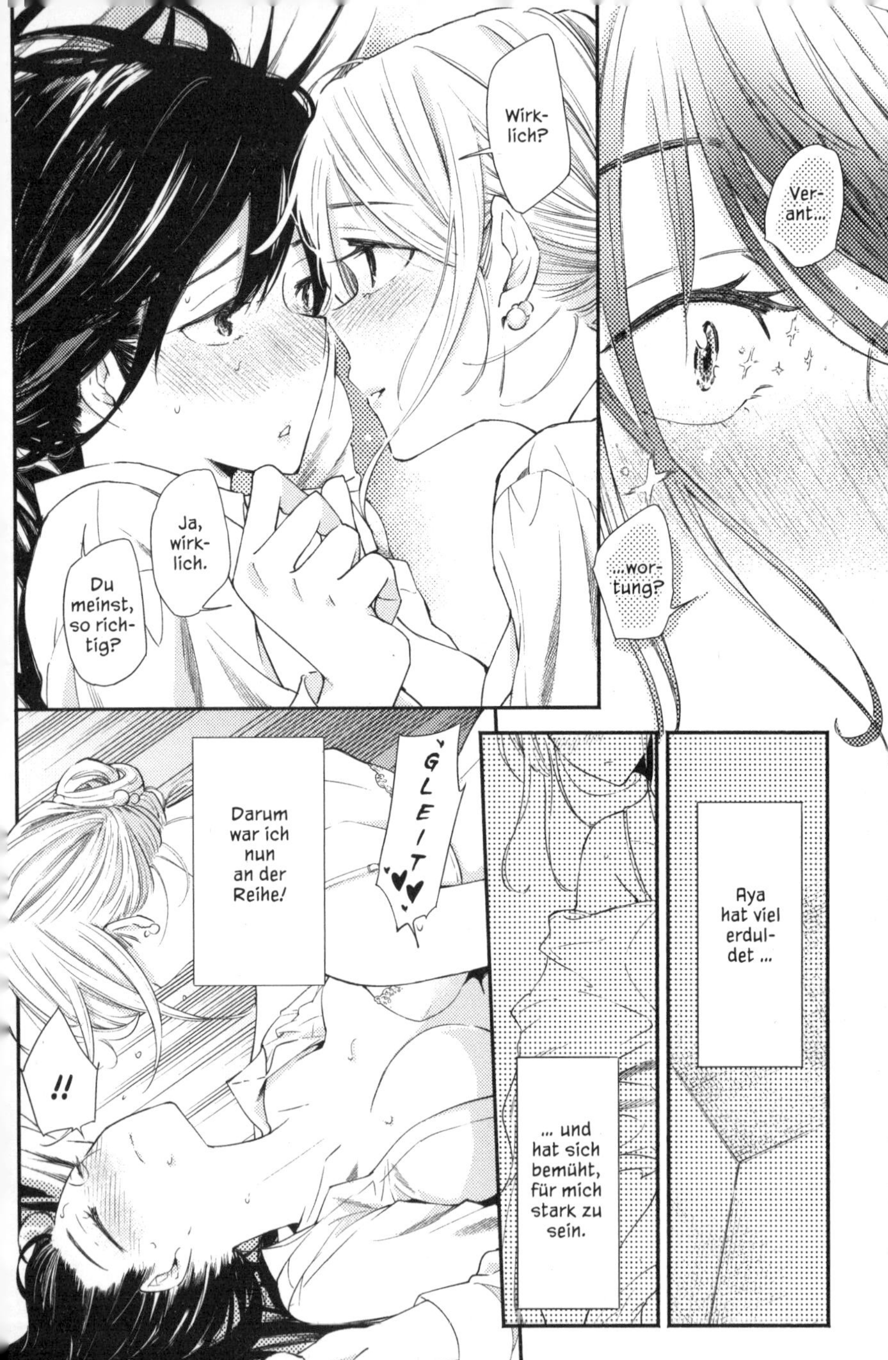
Ver-ant...
...wor-tung?
Wirk-lich?
Ja, wirk-lich.
Du meinst, so rich-tig?
Aya hat viel erdul-det ...
... und hat sich bemüht, für mich stark zu sein.
Darum war ich nun an der Reihe!
GLEIT
!!

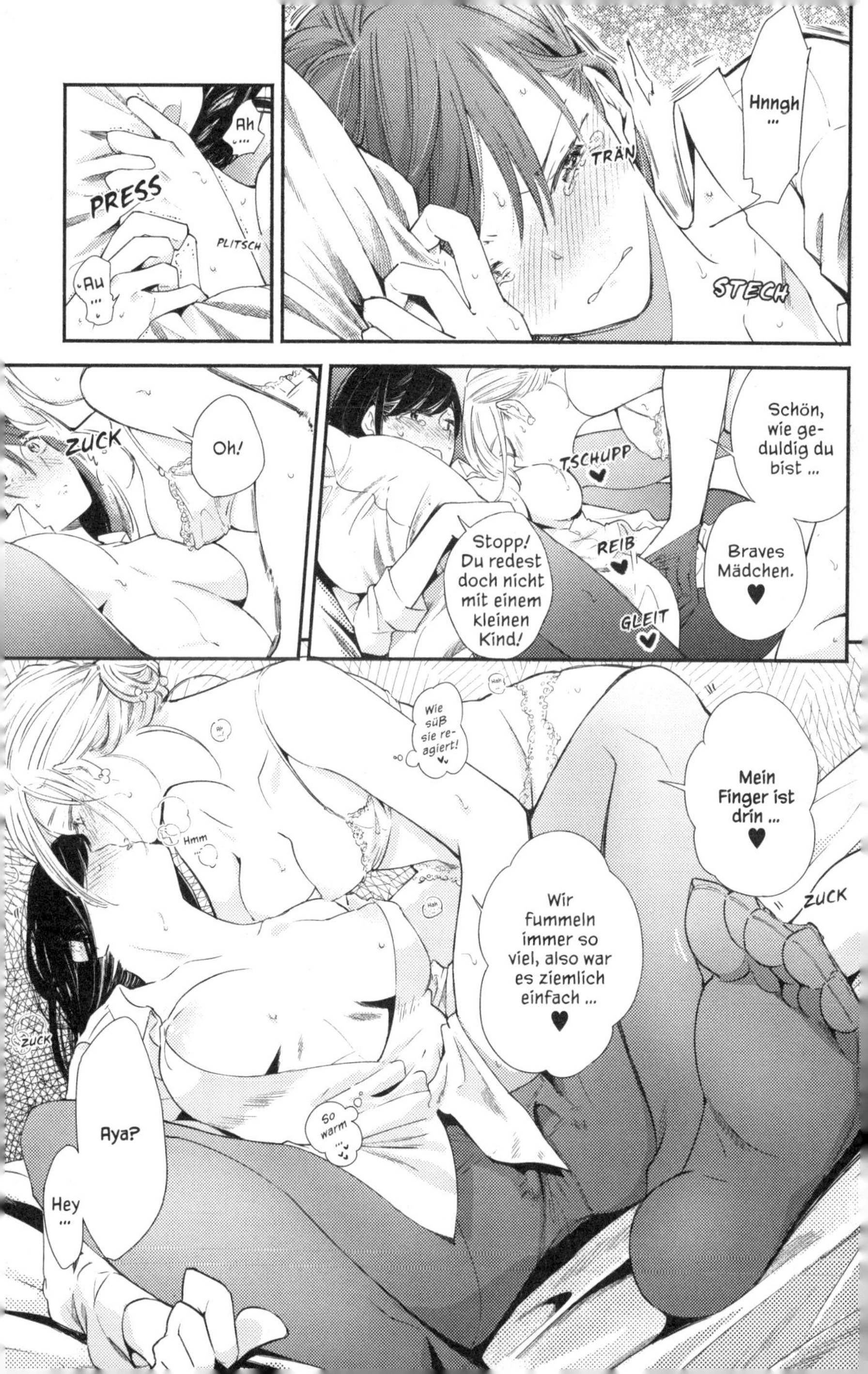
Hnngh ...
TRÄN
STECH
Ah ...
PRESS
PLITSCH
Au ...
Schön, wie geduldig du bist ...
TSCHUPP
Braves Mädchen.
REIB
GLEIT
Stopp! Du redest doch nicht mit einem kleinen Kind!
ZUCK
Oh!
Mein Finger ist drin ...
ZUCK
Wir fummeln immer so viel, also war es ziemlich einfach ...
Wie süß sie reagiert!
Hmm ...
So warm ...
ZUCK
Aya?
Hey ...

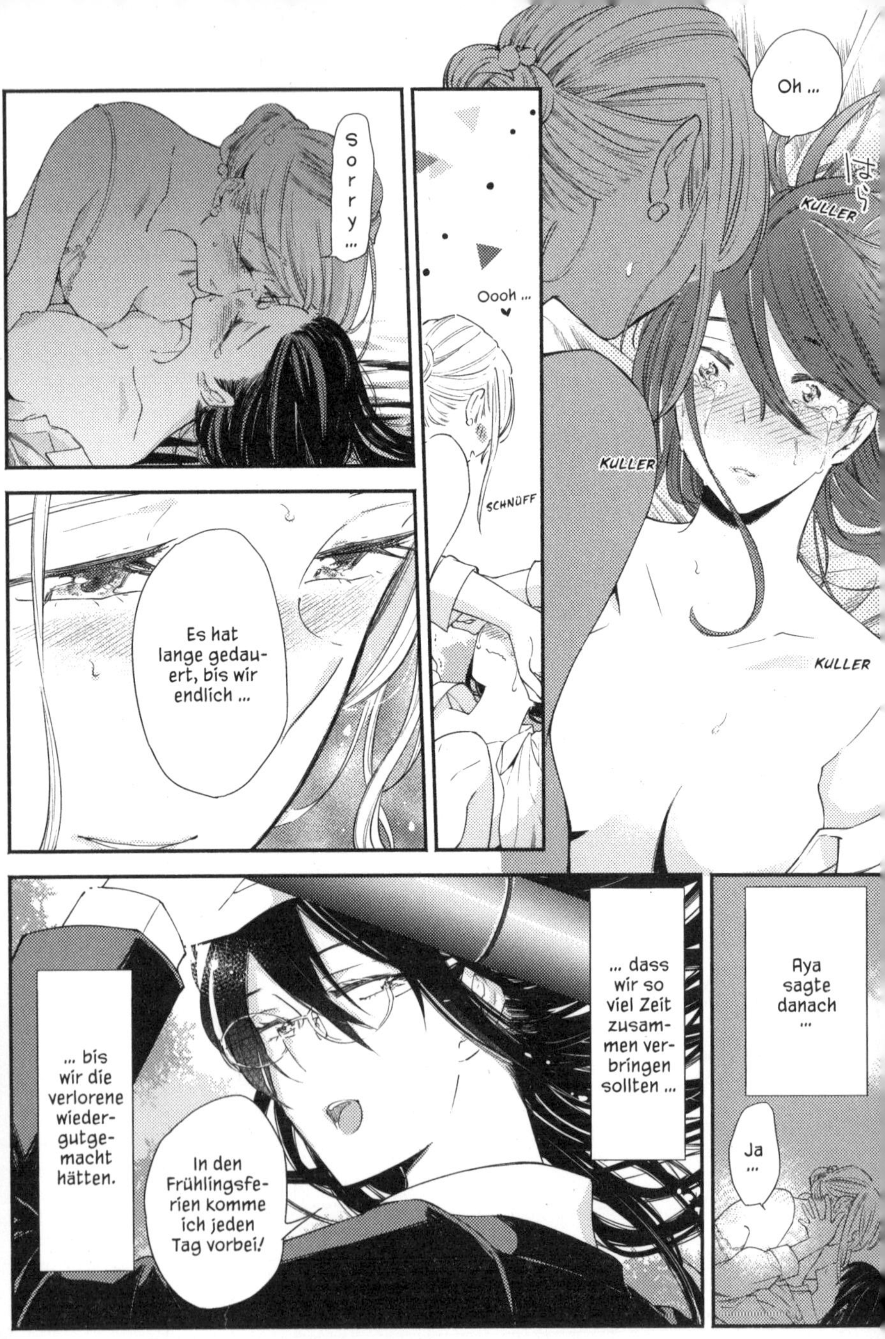

Oh ...
はら
KULLER
KULLER
KULLER
Oooh ... ♥
SCHNÜFF
Sorry ...
Es hat lange gedauert, bis wir endlich ...
Aya sagte danach ...
Ja ...
... dass wir so viel Zeit zusammen verbringen sollten ...
In den Frühlingsferien komme ich jeden Tag vorbei!
... bis wir die verlorene wiedergutgemacht hätten.

# Epilog 2: Haruki und Mochida

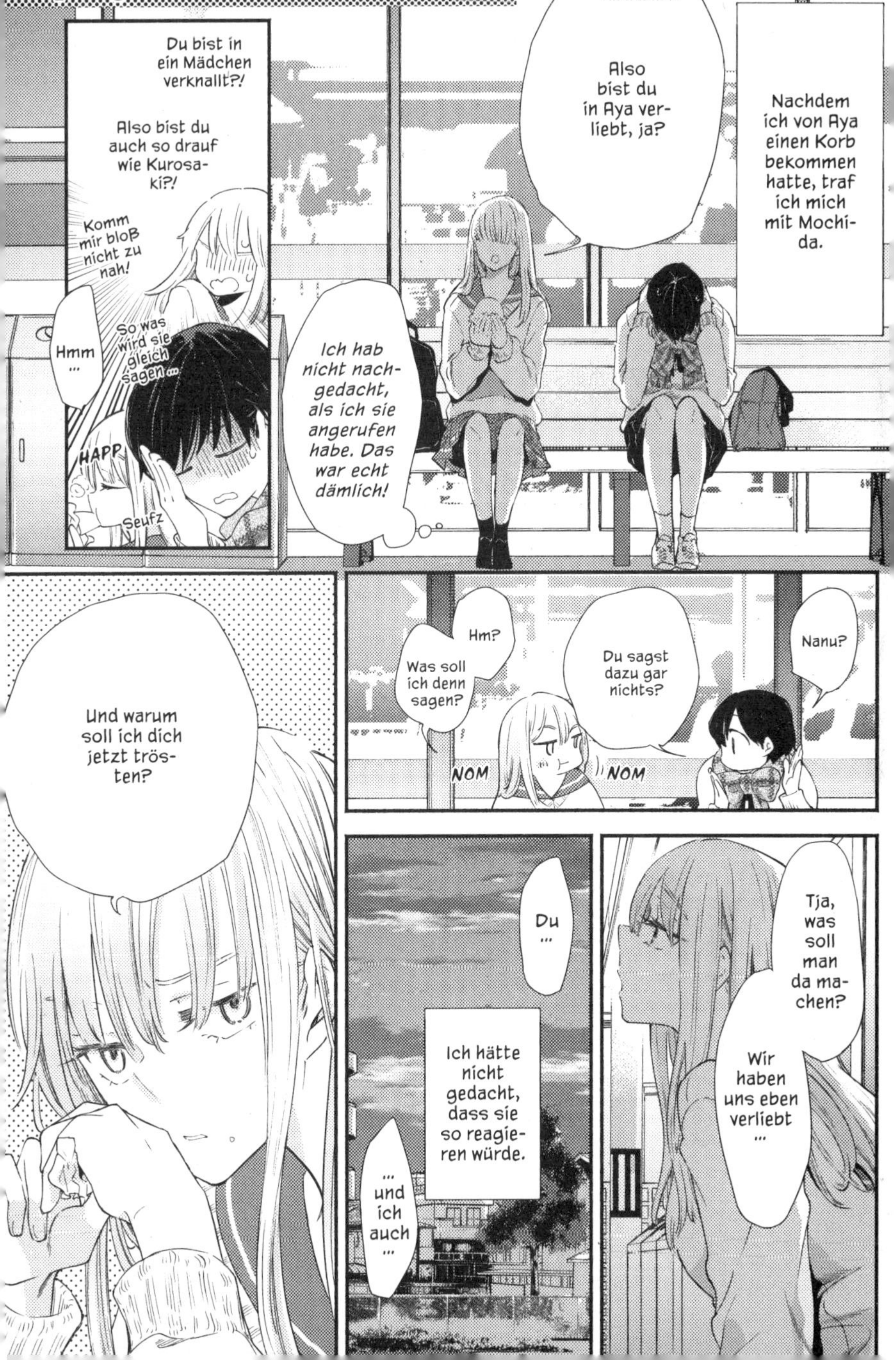

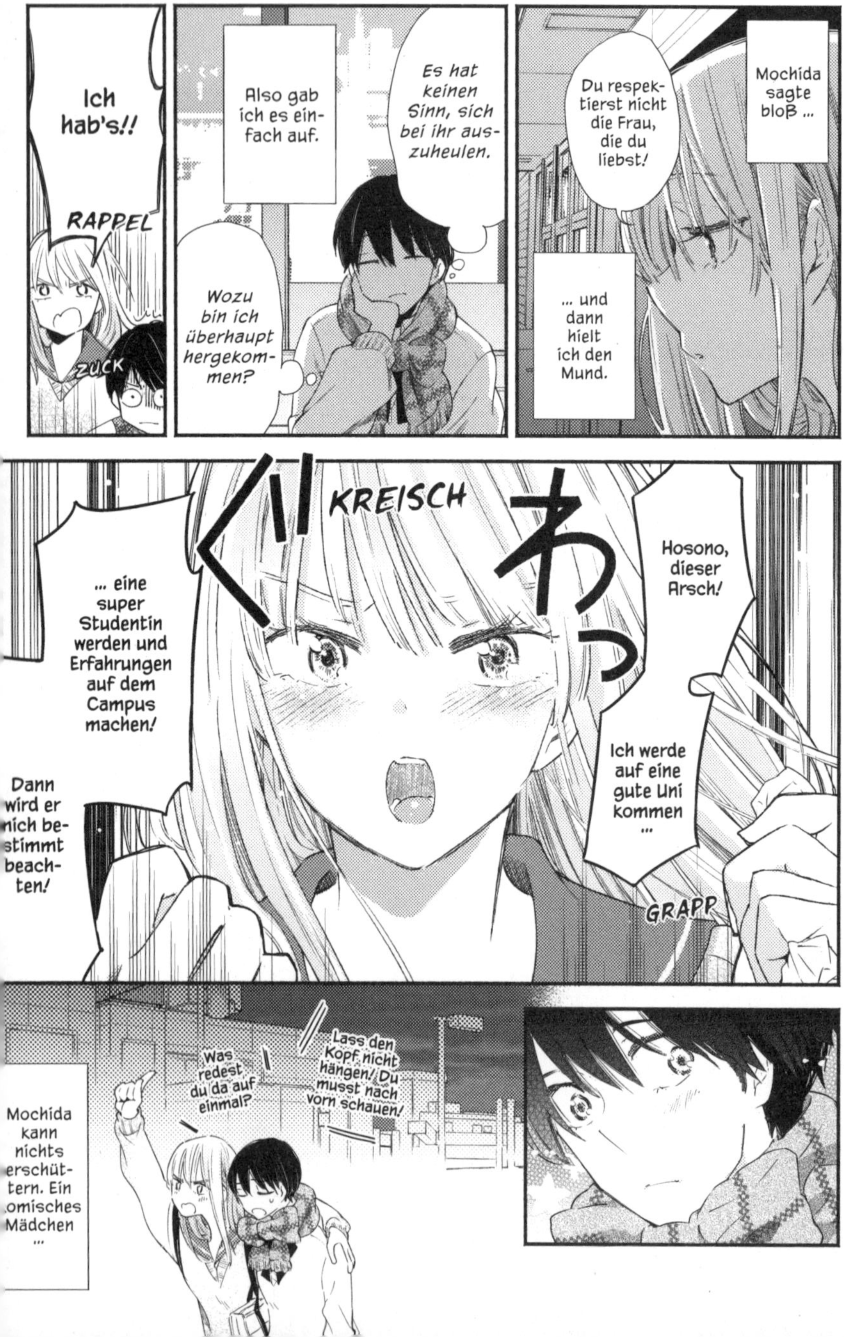

Mochida sagte bloß ...
Du respektierst nicht die Frau, die du liebst!
... und dann hielt ich den Mund.
Es hat keinen Sinn, sich bei ihr auszuheulen.
Also gab ich es einfach auf.
Wozu bin ich überhaupt hergekommen?
Ich hab's!!
RAPPEL
ZUCK
くわっ
KREISCH
Hosono, dieser Arsch!
Ich werde auf eine gute Uni kommen ...
... eine super Studentin werden und Erfahrungen auf dem Campus machen!
GRAPP
Dann wird er nich bestimmt beachten!
Lass den Kopf nicht hängen! Du musst nach vorn schauen!
Was redest du da auf einmal?
Mochida kann nichts erschüttern. Ein omisches Mädchen ...

# Toxic Love Affair

# Toxic Love Affair

# Toxic Love-Kindergarten Teil 4

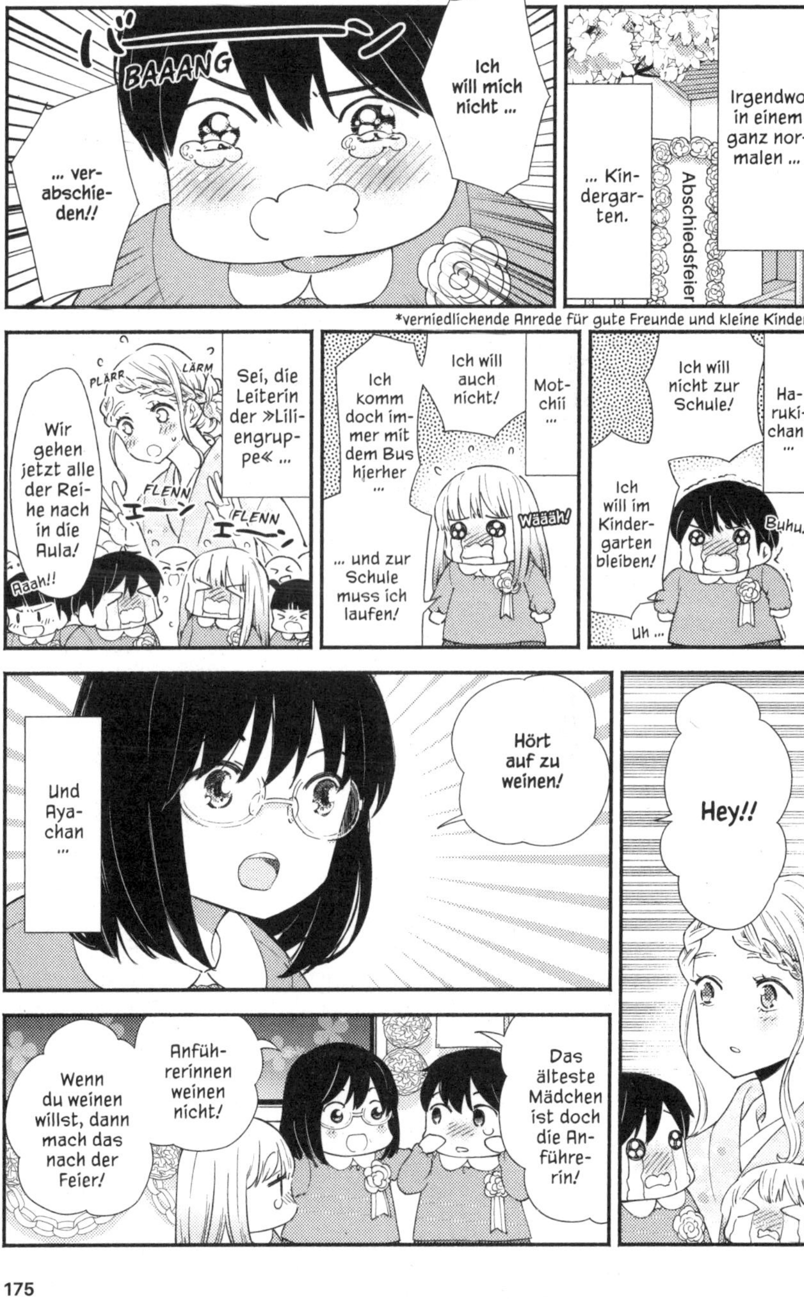


*verniedlichende Anrede für gute Freunde und kleine Kinder

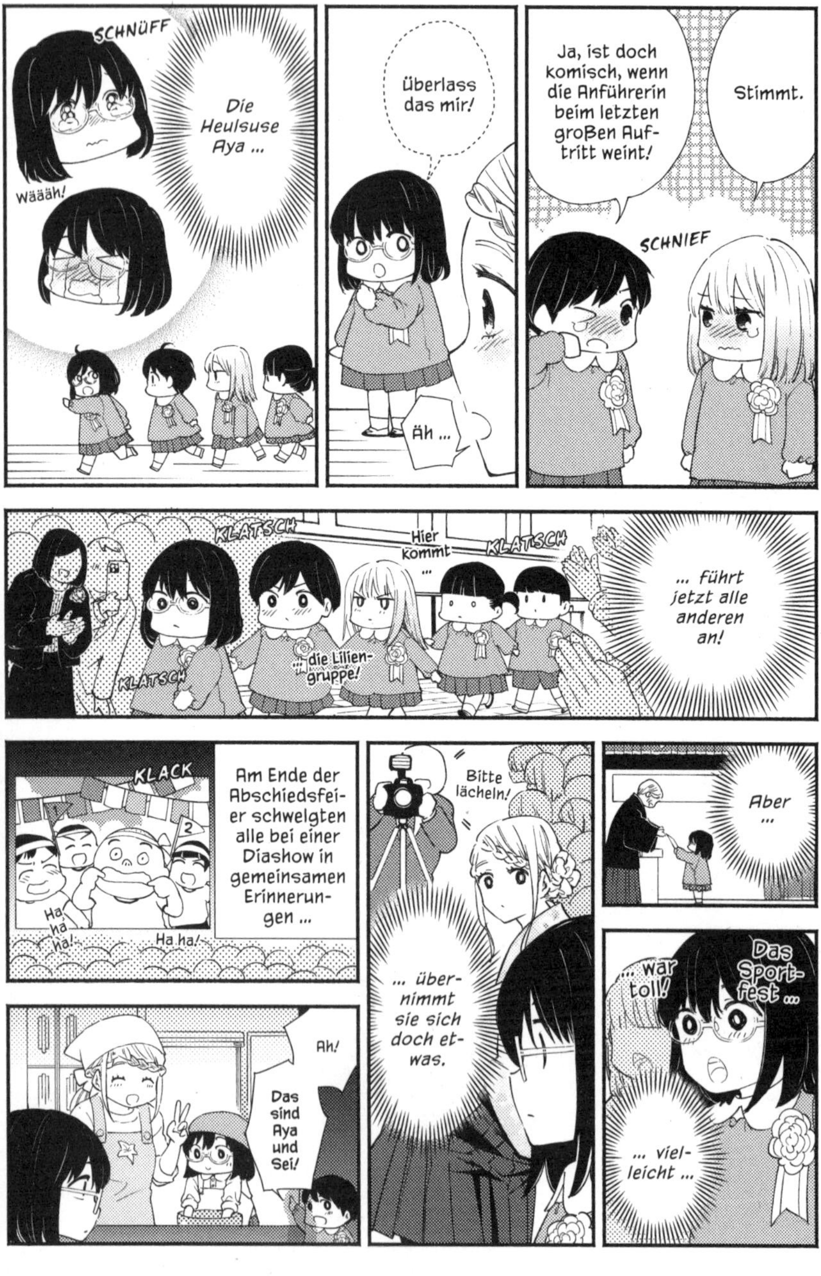
Ja, ist doch komisch, wenn die Anführerin beim letzten großen Auftritt weint!
Stimmt.
SCHNIEF
Überlass das mir!
Äh ...
SCHNÜFF
Die Heulsuse Aya ...
Wääääh!
KLATSCH
Hier kommt ...
... die Liliengruppe!
KLATSCH
KLATSCH
... führt jetzt alle anderen an!
Aber ...
Bitte lächeln!
... übernimmt sie sich doch etwas.
KLACK
Am Ende der Abschiedsfeier schwelgten alle bei einer Diashow in gemeinsamen Erinnerungen ...
Ha ha ha!
Ha ha!
Das Sportfest ...
... war toll!
... vielleicht ...
Ah!
Das sind Aya und Sei!

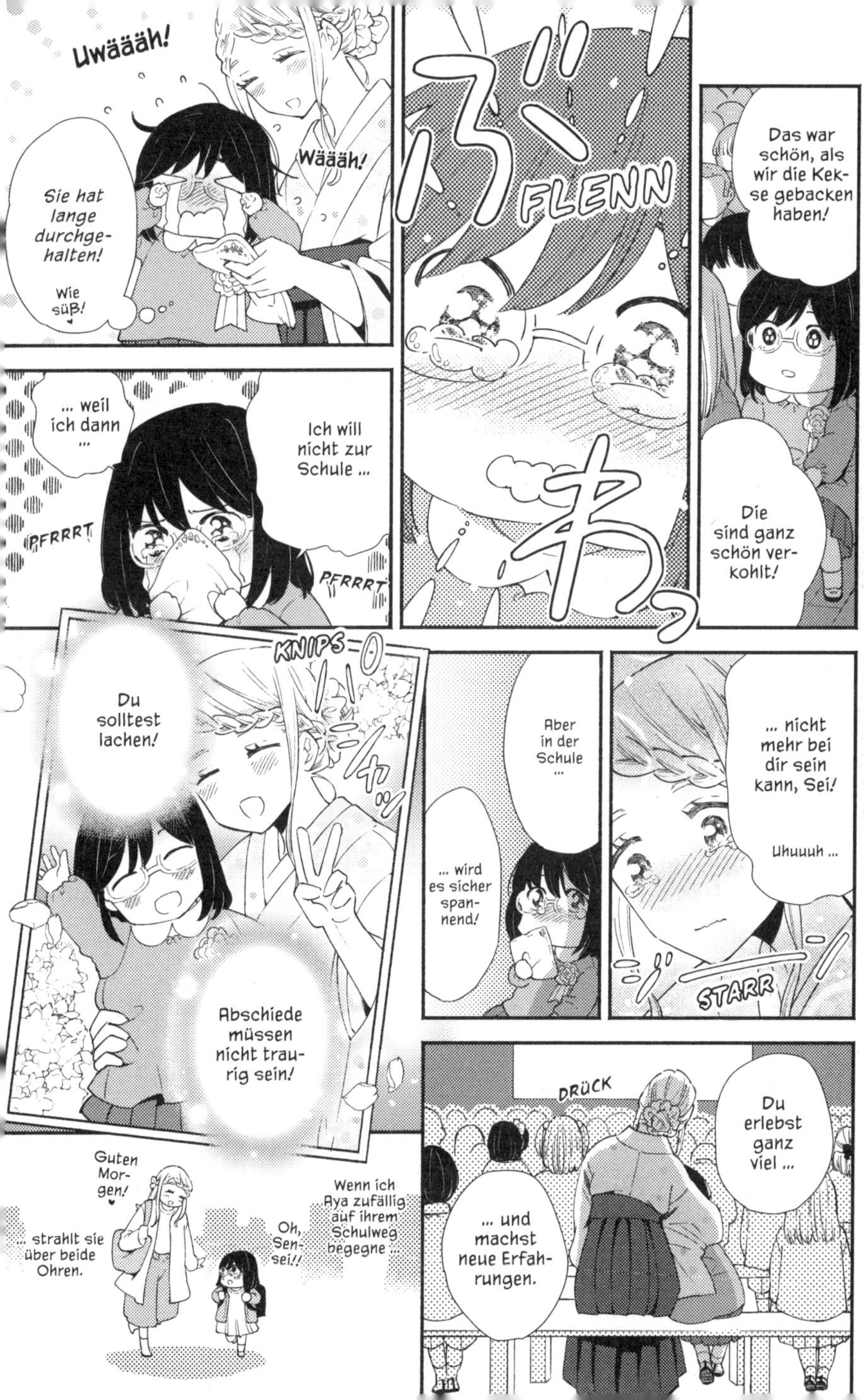

Das war schön, als wir die Kekse gebacken haben!
Die sind ganz schön verkohlt!
FLENN
Uwääääh!
Wäääh!
Sie hat lange durchgehalten!
Wie süß!
Ich will nicht zur Schule ...
... weil ich dann ...
PFRRRT
PFRRRT
... nicht mehr bei dir sein kann, Sei!
Uhuuuh ...
STARR
Aber in der Schule ...
... wird es sicher spannend!
KNIPS
Du solltest lachen!
Abschiede müssen nicht traurig sein!
DRÜCK
Du erlebst ganz viel ...
... und machst neue Erfahrungen.
Wenn ich Aya zufällig auf ihrem Schulweg begegne ...
Oh, Sensei!!
Guten Morgen!
... strahlt sie über beide Ohren.

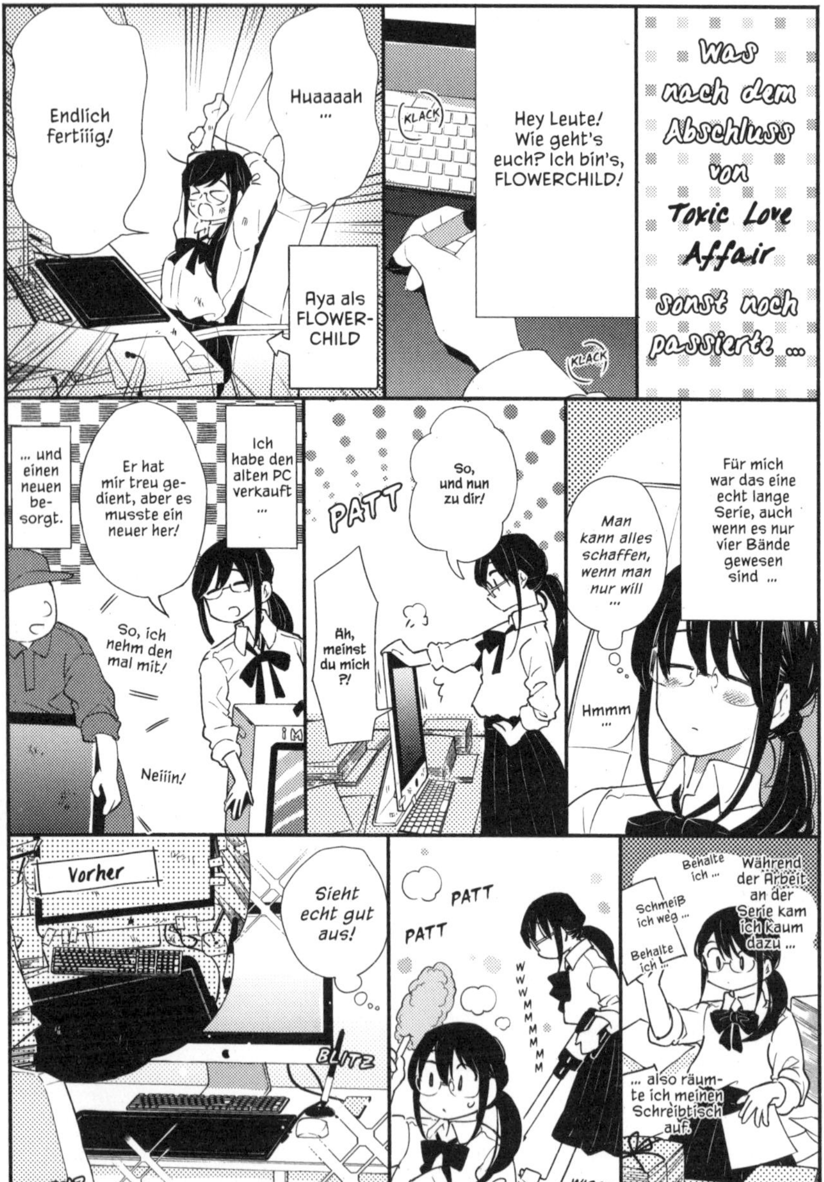


↑ Der neue PC war das gleiche Modell, das ich vorher hatte, also war ich nach dem Kauf nicht total aus dem Häuschen ...

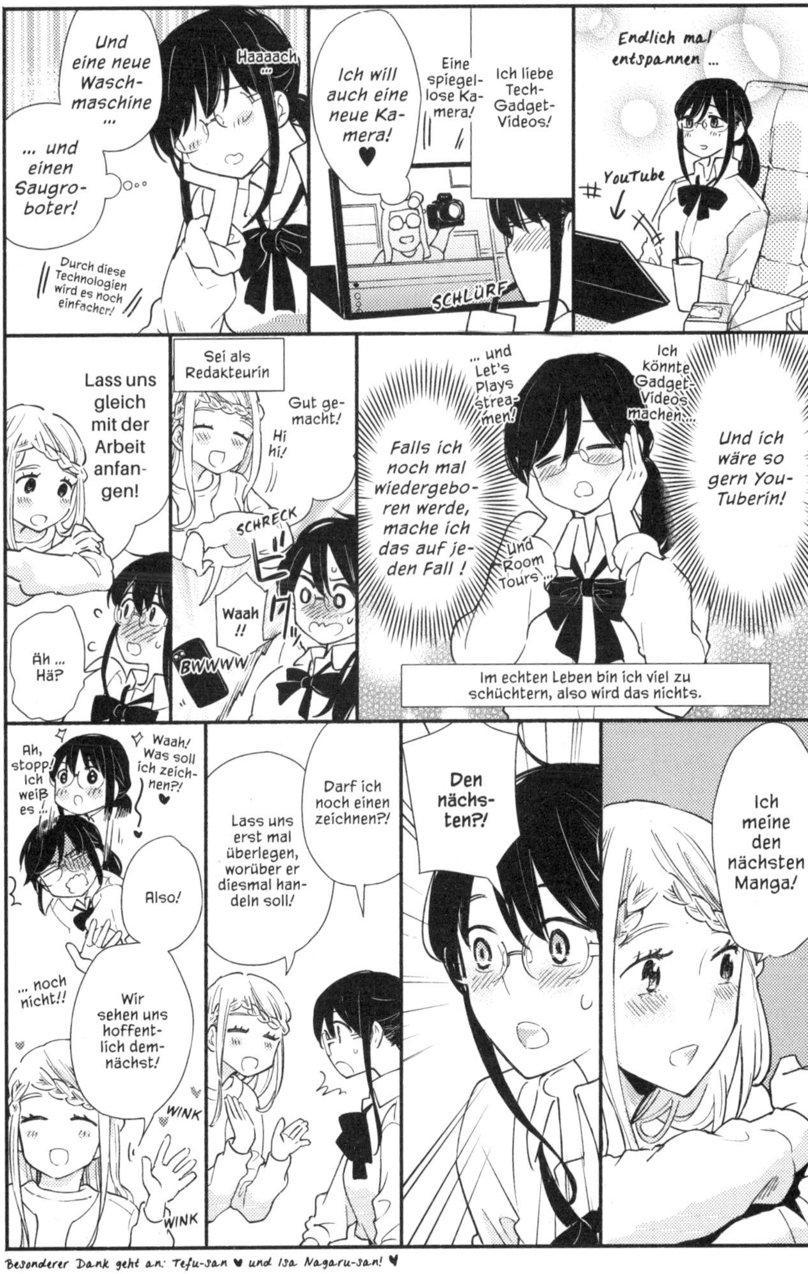


Besonderer Dank geht an: Tefu-san ♥ und Isa Nagaru-san! ♥

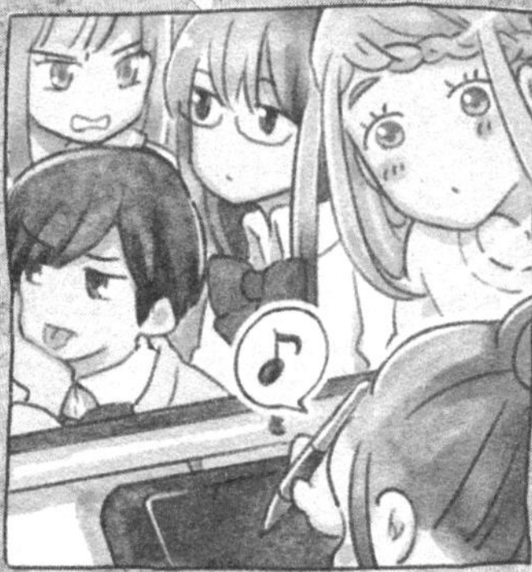

## FLOWERCHILD

Dies ist der Abschlussband der Reihe! Ich finde, dass er von allen Bänden am besten gelungen ist. Es ist einiges passiert, aber ich bin jetzt sehr erleichtert, dass er ohne Probleme veröffentlicht werden konnte. Ich werde noch weitere Yuri-Manga zeichnen (auch wenn es bis dahin ein bisschen dauern könnte) und freue mich, wenn ihr diese ebenfalls lesen würdet!

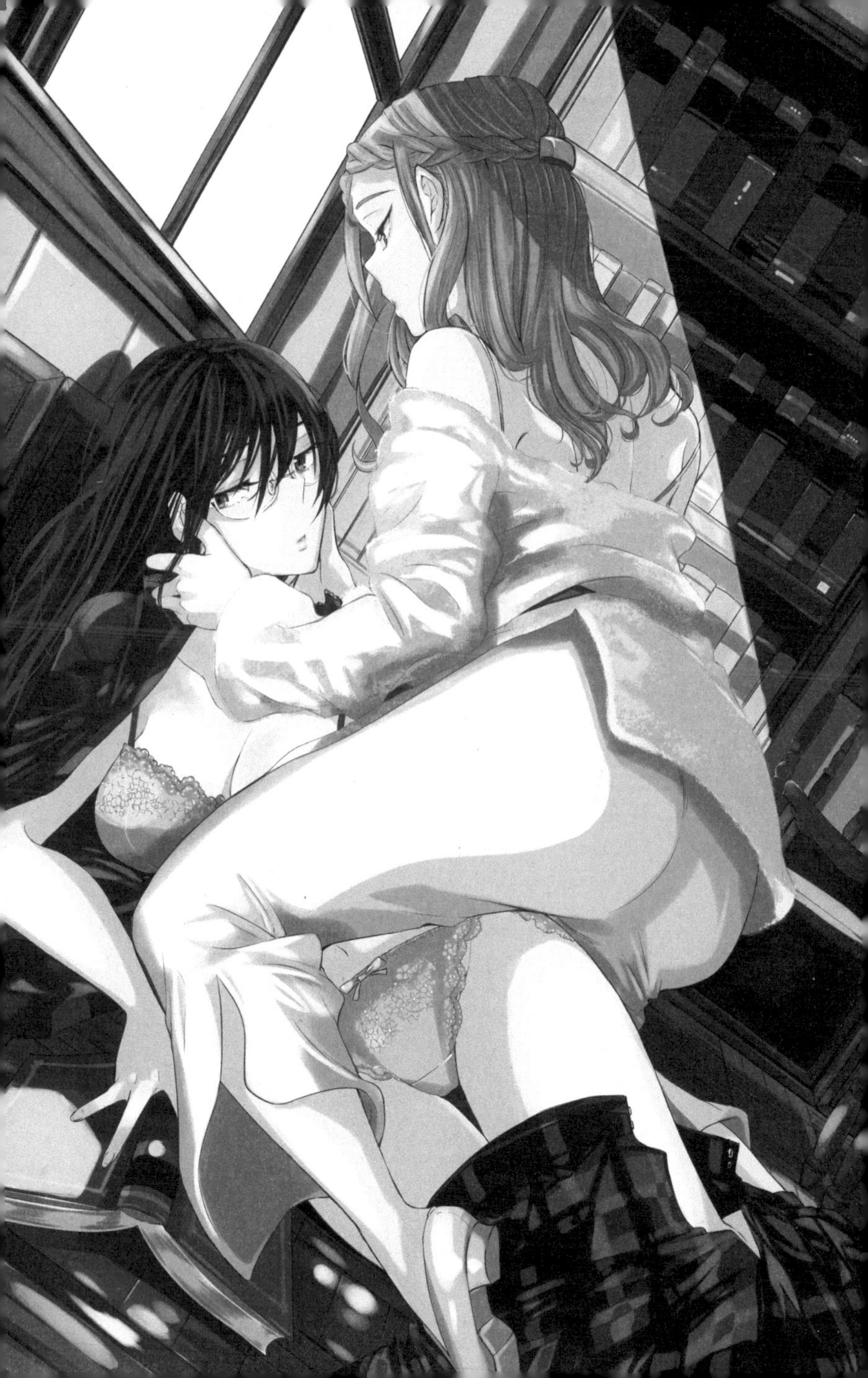

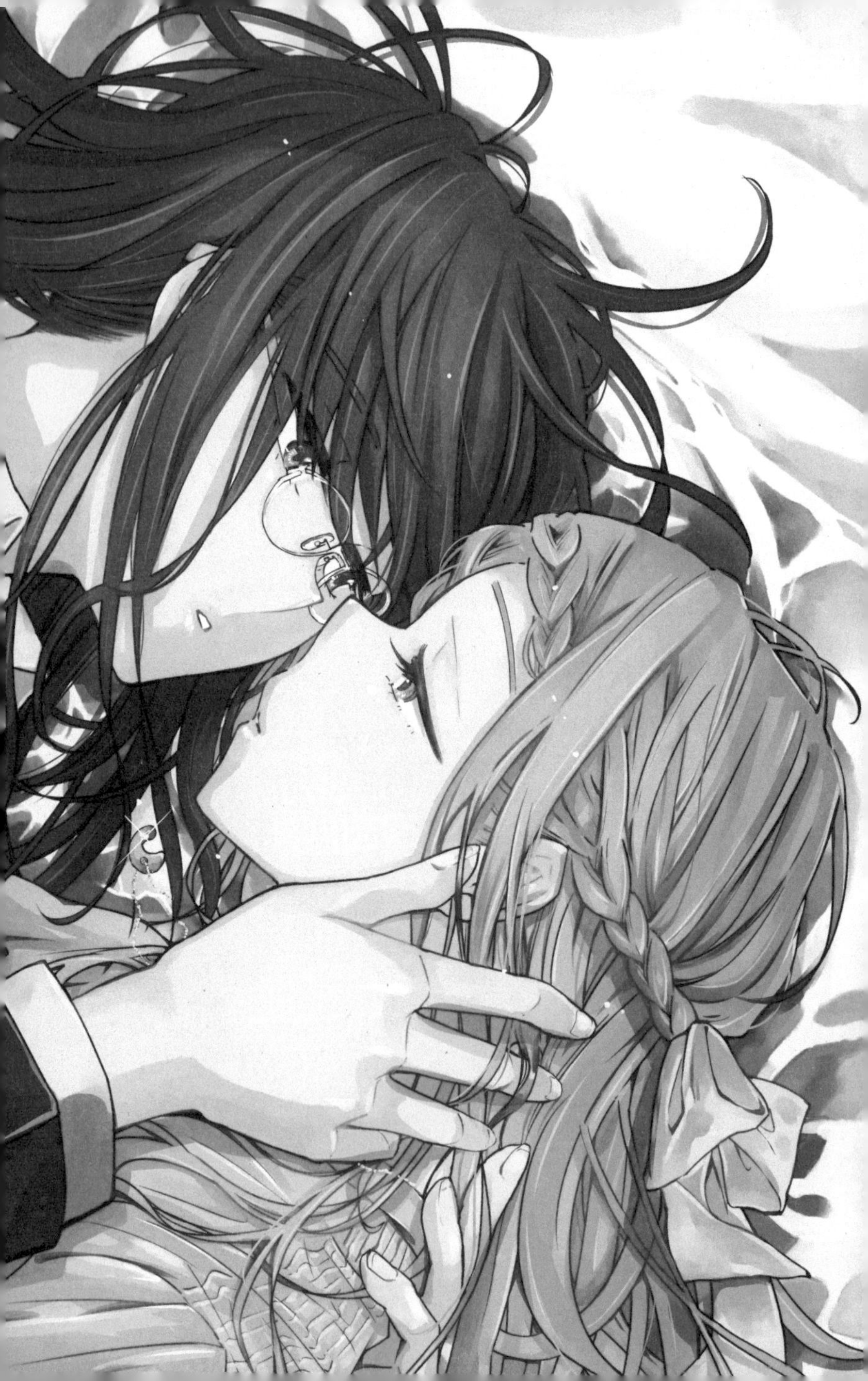

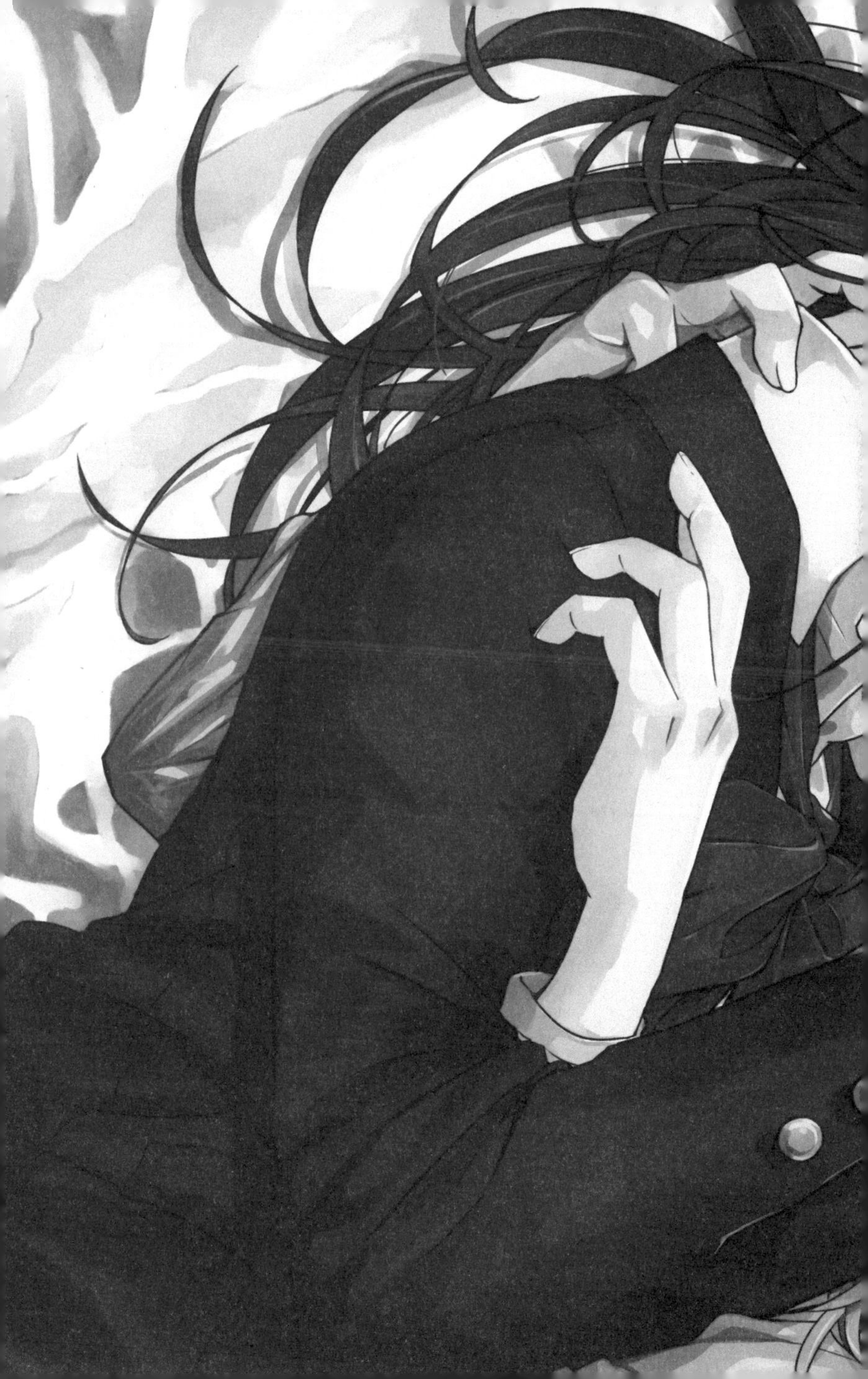

TOKYOPOP

**TOKYOPOP GmbH**
**Hamburg**

TOKYOPOP
1. Auflage, 2022
Deutsche Ausgabe/German Edition

Aus dem Japanischen von Sascha Mandler


First published in Japan in 2021 by Ichijinsha Inc., Tokyo.
Publication rights for this German edition arranged through Kodansha Ltd., Tokyo.

KODANSHA

Redaktion: Lisa Duty
Lettering: Vibrant Publishing Studio
Herstellung: Shujun Wong
Druck und buchbinderische Verarbeitung:
CPI – Clausen & Bosse GmbH, Leck
Printed in Germany

MIX Papier FSC® C083411

Wir achten auf die Umwelt.
Dieses Produkt besteht aus FSC®-zertifizierten und anderen kontrollierten Materialien.



ISBN 978-3-8420-7379-1

**www.tokyopop.de**

# Toxic Love Affair

# AFTER HOURS

## Yuhta Nishio

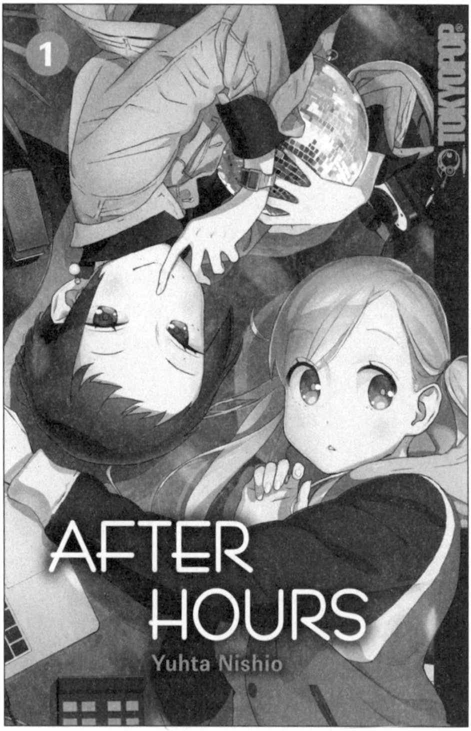


**Unsere Nacht hat eben erst begonnen!**

Irgendwann zwischen Mitternacht und Morgengrauen, unter den tanzenden Reflexionen der Discokugel, lernt Emi in einem Club die faszinierende Kei kennen. Sie lachen, trinken und tanzen zusammen und teilen sich wenig später ein Bett. Von Keis leidenschaftlicher Art angezogen, öffnet sich für Emi eine unbekannte Welt, in der sie sich selbst neu entdeckt ...

TOKYOPOP®

www.tokyopop.de

# LOVE YOU TILL YOU DIE

## Nachi Aono

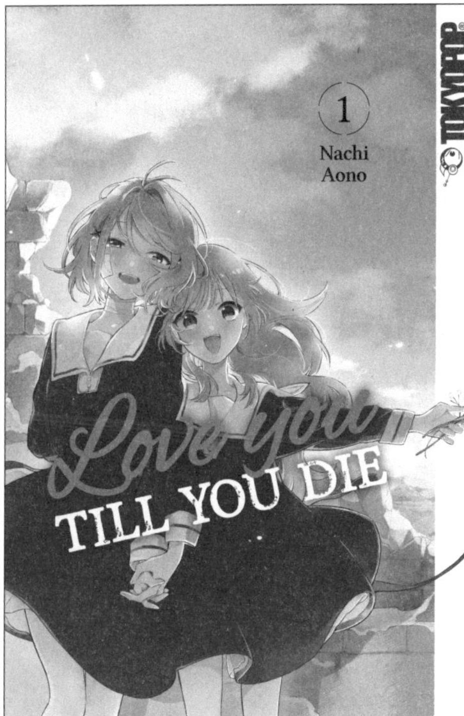


**Über das Mädchen, das nicht stirbt**

In einem vom Krieg beherrschten Land existiert ein Waisenhaus, in dem Kinder ohne Verwandtschaft nicht nur ein Zuhause finden: Dieses Heim fungiert außerdem als Magieschule, die ihre Zöglinge zu magischen Soldaten ausbildet. Eines Abends lernt die 14-jährige Schülerin Shiina, die sich nichts sehnlicher als den Frieden wünscht, ihre neue Zimmergenossin Mimi kennen. Diese gilt als Geheimwaffe der Schule und kommt blutüberströmt – aber mit einem Lächeln im Gesicht – von einem Einsatz zurück. Schnell spricht sich herum, dass Mimi eine besondere Fähigkeit besitzt: Sie kann nicht sterben ...

TOKYOPOP

**www.tokyopop.de**

# STOPP!

**Dies ist die letzte Seite des Buches!**
**Du willst dir doch nicht den Spaß verderben und das Ende zuerst lesen, oder?**

Um die Geschichte unverfälscht und originalgetreu mitverfolgen zu können, musst du es wie die Japaner machen und von rechts nach links lesen. Deshalb schnell das Buch umdrehen und loslegen!

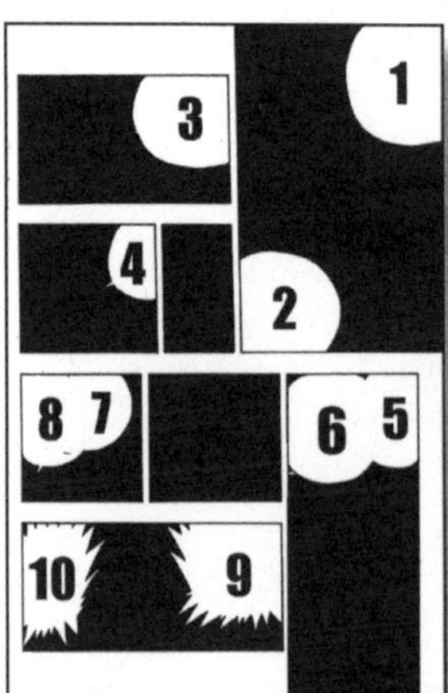


## So geht's:

Wenn dies das erste Mal sein sollte, dass du einen Manga in den Händen hältst, kann dir die Grafik helfen, dich zurechtzufinden: Fang einfach oben rechts an zu lesen und arbeite dich nach unten links vor. Viel Spaß dabei wünscht dir TOKYOPOP®!